明朝果然很有料

第一卷

小院之观
著

中国工人出版社

图书在版编目（CIP）数据

明朝果然很有料. 第一卷 / 小院之观著. —北京：中国工人出版社，2023.3
ISBN 978-7-5008-8168-1

Ⅰ. ①明… Ⅱ. ①小… Ⅲ. ①中国历史－明代－通俗读物 Ⅳ. ①K248.09

中国国家版本馆CIP数据核字（2023）第054021号

明朝果然很有料·第一卷

出 版 人	董　宽
责任编辑	刘广涛
责任校对	张　彦
责任印制	黄　丽
出版发行	中国工人出版社
地　　址	北京市东城区鼓楼外大街45号　邮编：100120
网　　址	http://www.wp-china.com
电　　话	（010）62005043（总编室）　62005039（印制管理中心） （010）62379038（社科文艺分社）
发行热线	（010）82029051　62383056
经　　销	各地书店
印　　刷	三河市万龙印装有限公司
开　　本	710毫米×1000毫米　1/16
印　　张	21.5
字　　数	320千字
版　　次	2023年7月第1版　2024年5月第2次印刷
定　　价	49.80元

序

很久很久以前，有这样一个故事：

男主是个穷小子，家里赤贫那种。十几岁他父母双亡，全家几乎死绝，男主流落到寺院打杂，再到沦落为叫花子，他硬是挺了下来。

机缘巧合下，他加入了农民军，经历重重险阻，几次死去活来，终于击败了众多竞争对手。其间，他经历了无数忠诚与背叛，仇恨与杀戮，爱与恨交织成网，人性的底线时时被击穿。

但男主总有主角光环护体，力量总比困难大。奋斗小几十年后，他达成了终极目标：制霸天下。从要饭的叫花子到一统天下，建立起自己的帝国，他完成了别人做梦都不敢想的成就。

以上情节，妥妥地是一本爽文小说。开局一个碗，结局一个国。按照现在的说法，男主很可能是穿越回去的。

然而并不是。

这些都是真实的历史。

男主的名字，叫作朱元璋，他建立的帝国叫大明，驾崩后庙号明太祖。

有人想不通，朱元璋有啥能耐，是运气太好，还是成就大业的难度太低？

实在是这个男人强得很过分。

元末，成就一番事业的难度着实不低，假如人生是穿越游戏，死了可以复活可以读档，想当一个像朱元璋这样功成名就的帝王，要读档多少次才能成功？

我觉得，大部分人一关都过不去。

不信，跟着朱元璋的人生轨迹走一遭，就让我们看一下，所谓人有冲天之志，非运不能自通，历史的游戏中，那些一条命就能通关的人，究竟是智计无双，还是运气爆棚？

目／录／

第一章 元顺帝终成亡国之君

“光明”没压过“黑暗”

故事的开始，其实没朱元璋啥事。

元顺帝至元四年（1338 年）二月的一天，春寒料峭，乍暖还寒。一个布衣芒鞋的和尚行色匆匆地穿行于江西袁州城（今江西省宜春市袁州区）的街巷中。这位和尚貌不惊人，在历史上却是个传奇人物。他叫彭莹玉，人称“彭和尚”，又称“彭祖”。

彭和尚此行肩负一个重大使命，这与他的身份有关。彭莹玉的真实身份是弥勒教第十三代传人，中土明教南支总头领。

自忽必烈于 1279 年灭亡南宋，时间已经过去了 59 年，地下反元斗争却一刻也不曾停止，其执牛耳者便是中土明教。

彭和尚来到袁州，早有座下大弟子周子旺接住。一干徒弟兴奋地将他围住，七嘴八舌地问道：“师父，是时候了吗？”

彭和尚点点头："我此行所见，新春佳节百姓没米下锅，民间怨声载道。时不我待，就在此时。"

至元四年五月，一切准备妥当，明教人众在袁州举旗暴动，振臂一呼就得到五千余信徒响应。众人推周子旺为首领，号为"周王"，胸、背各写一个"佛"字，以祈求弥勒佛保佑。

为了区别元军，起兵的教徒都用红巾把头裹起来，这个标识非常明显，所以又被大家称为红巾军。

彭和尚的影响力极大，他一带头，附近州县纷纷响应，一时间江西处处骚动。

然而，这些红巾军基本连本县都没出就被镇压了，有的就算侥幸打下几个州县，也很快被元军反攻，结果无一例外是失败。

不是说，蒙元统治残暴，民心尽丧吗？为何"光明"反而被"黑暗"镇压呢？

彭和尚他们对自己的实力估计过高，对形势判断又过于乐观，是这次起义失败的主因。

毕竟，敌人仍旧是很强大的。

在元末这个舞台，不介绍这个最强大的敌人是说不过去的。我们有必要了解一下，当时的彭和尚，后来的刘福通，和再后来的张士诚、陈友谅、朱元璋等人，面对的是个什么级别的对手。

元朝统治的三个"菜"

13 世纪，在一代天骄成吉思汗的带领下，蒙古是个令大半个地球闻风色变的名字。他们武力值爆表，开疆拓土让亚欧为之震撼，放眼整个世界史，都算得上冷兵器时代的巅峰。元朝就是成吉思汗之孙忽必烈于 1271 年建立起的大一统王朝，这些不多复述。

蒙古人在马上是王者，下马治理国家却是两眼一抹黑。关于他们的治国能力，只有一个字能形容：菜。

简而言之，主要有三个“菜”。

第一个“菜”是内斗。

内斗历朝历代都有，但哪个都没元朝狠。草原上历来信奉强者为尊的规矩，忽必烈的元朝继承了这个基因。

等忽必烈驾崩后，内斗立即开始。在传统贵族政治下，帝国的皇权非常脆弱，什么父死子继、兄终弟及那一套，在蒙古贵族那统统玩不转。大家必须要拉帮结派打得一地鲜血，才能分出个胜负。

有这样的祖传基因，元朝的帝位传承就没有正常过，不是贵族们凭武力说话，就是搞宫廷阴谋。从 1294 年元世祖忽必烈驾崩到 1333 年末代皇帝元顺帝即位，这短短四十年里，走马灯一样换了九个皇帝，平均每个皇帝在位时间不超过五年。

到了元朝末期，朝廷内斗愈演愈烈，1333 年之前的六年里，皇帝几乎一年换一位，别说百姓，官员们都没反应过来，龙椅上就又换了一张新面孔。

内斗的结果就是政局不稳，大臣们分成几派，将领们拥兵自重，中央政府的威信越来越低。

第二个“菜”是怠政。

蒙古以异族身份入主中原，随后带来的统治也充满了别样的特点。

成吉思汗能成为人类历史上军功最盛的男人，背后是蒙古铁蹄所到之处的杀戮与征服，中原只是其中的一个地区罢了。这个历史，注定蒙古在征服过程中受到的抵抗要比一般的改朝换代更为激烈。

让人意外的是，元朝的建立是血腥的，它的统治却是“自由”的。

不了解的人认为元朝的统治和建立时一样暴虐而残酷，这并不是事实。元朝的统治松散又开放，它允许多种信仰同时存在并受到保护，海洋贸易相当繁荣，商业、科技发展上也有其可圈可点之处，甚至赋税之低也是在历史上数得着的。

但这些都是表象，真实原因是元朝贵族统治的政治理念和中原汉人完全不一样。其他王朝是皇权不下县，大元却更收缩了，它的皇权几乎就不下行省。行省以下的行政机构差不多被地方豪族把持，而且朝廷还长期不开科举，豪族子弟连读书考试的流程都不用走了，使其进入地方官僚体系的难度直接降到了地板上。

这类似于一种委任式管理，说穿了就是懒政。这是一个贵族、豪绅、地主狂欢的时代，权力大家瓜分，监管形同虚设，反正只要帮朝廷把税收上去，其他的随便。

所以，元朝是吏治腐败，官员专注搜刮，百姓承受着沉重的剥削与压迫，怨声载道。

第三个“菜”是民族关系。

元朝以非官方、非制度的形式，实际上把子民分为蒙古人、色目人、汉人（北方的汉人和契丹、女真等族）、南人（南方的汉人和少数民族）四等，地位从高到低，蒙古人和色目人居于统治阶层的地位。

对于汉人和南人，元朝都是严加防范的，包括严禁他们持有武器，以及限制参加科举。如果他们犯了罪，刑罚上还会区别对待。比如，蒙古人杀了一个汉人，一般就是打五十七下板子，然后让他掏丧葬费了事，最多是流放；但若汉人杀了蒙古人，那就麻烦了，罚钱、砍头都是小事，严重的时候全家都要遭殃。

那么，汉人、南人能当官吗？不是不可以，只是不能当大官。

举例来说，元朝有个职务叫达鲁花赤（蒙古语：掌印者），有些地方有，有些地方没有。如果说有个县城，没有这个达鲁花赤，那么知县最大。但如果有一天，一个家伙拿着达鲁花赤的委任状走进了县衙大门，那知县须马上起身，跪在一边听候吩咐。

达鲁花赤这个职位，朝廷明确规定必须由蒙古人担任。如果蒙古人不够了，或者被委任的蒙古人死活不上任，那就找一个色目人担任，反正不能由汉人或南人充任。

朱元璋后来说“元时任官但贵本族，轻中国之士”，就是说的这个。所以，元朝蒙汉之间的民族关系一直比较紧张，尤其是底层人民，被欺压得非常厉害。

因此大元没有出现过什么盛世，也没有什么中兴的苗头。对蒙古贵族来说，征服一个国家容易，要统治一个国家实在太难了。

但倘若就此得出结论：元朝已是行将就木。

那是会吃大亏的。

大元对汉地的治理谈不上成功，可它的基本盘没丢。一个常被人忽略的事实是，彭和尚起义的至元四年（1338 年），元朝立国不过六十余年，可从蒙古灭金（1234 年）算起，秦岭、淮河一线以北已经与南方割裂了一百多年。

北方四五代人在蒙古（元）治下出生、成长、老去，百姓已经学会了顺从，不客气地讲，心向元朝的大有人在。而在更北的地方，元朝的统治更加牢靠，只要有钱，他们依旧能源源不断地调兵进入中原。正所谓“西北广莫无一城，控弦百万长横行”，“我朝幅员古无比，朔方铁骑纷如蚁”，这就是元朝的基本盘。

那只在汉地造反还不行吗？

那你得先问问既得利益阶层答不答应。

元朝既得利益阶层，包括士大夫和地方上的士绅、豪族、地主，他们正是要直面红巾军进攻的第一批人。这些人在元朝治下日子过得相当滋润，真的要风得风，要雨得雨，妥妥的“土皇帝”。

现在一帮农民扛着锄头要反我大元？还有天理吗，还有王法吗？

俗话说得好，“断人财路如杀人父母”，农民们造大元朝廷的反，岂不是要革整个利益阶层的命？！

彭和尚以为他们只需要对抗官府，实际他们要对抗的是整个利益阶层，这些人都自发地行动起来与红巾军斗争。

更让红巾军没想到的是，这些读书人、地主、士绅打起仗来比正规军更不要命——“兵兴以来，凡死节效命，举进士、知经学者为多”。

彭和尚就是栽在了这上面，双重打击下，未经战阵历练的红巾军很快失败了。明教人众还需要隐忍，等待他们的对手——元朝皇帝先把自己给折腾掉半条命。

这一等，就等了十四年。

元顺帝的机会

讲到元朝的皇帝，我们只需记住这么一句话：前后各有一个长命，中间全是内斗。

前一个长命的皇帝，是元世祖忽必烈，他的统治达到了三十四年。后一个长命的皇帝，便是元朝最后一个大一统君主——元顺帝妥懽帖睦尔。

身为亡国之君，妥懽帖睦尔却是个相当坚挺的皇帝，他的在位时间竟有三十六年（1333—1370 年）之久，超越了祖宗忽必烈，而且还是寿终正寝。

严格来说，元顺帝是他驾崩后敌人给他上的尊号，是个讽刺性的称呼，妥懽帖睦尔准确的庙号应该叫元惠宗。这个庙号对大多数人有点陌生，为了读起来顺口，我们还是叫他元顺帝吧。

历史上的亡国之君通常会被扣上昏君的帽子，元顺帝的水平却明显要高出一截。

妥懽帖睦尔有个悲惨的童年，他父亲和世㻋是元武宗海山的长子，本该继承皇位，却拿到了祖传的宫斗剧本。和世㻋不争了，干脆跑到中亚的察哈台汗国，在阿尔泰山下找了个当地回回女子，生下一子，名为妥懽帖睦尔，这个名字在蒙语中是“铁锅”的意思。

给儿子起个如此朴实的名字，想来和世㻋已是安贫乐道，打算安安稳稳地当个牧民了。谁知在“铁锅”九岁的时候，一个巨大的机会出现在面前，和世㻋弟弟图帖睦尔击败了篡位者，表示要迎接哥哥回去即位。

和世㻋盘算良久答应了，即位于漠北，是为元明宗。然而他还未来得及去大都就被弟弟手下毒死，图帖睦尔成了元文宗（1328—1329 年、1329—1332 年在位）。

“铁锅”的苦日子来了，图帖睦尔下诏宣布“铁锅”是个野种，将他送到大青岛关了起来。这个岛在黄海上，在当时就是个不毛之地，除了海鲜，啥都没有。

没多久，元文宗觉得侄子的日子还是太舒服，又把他转移到广西桂林大圆寺监禁。

这一路漂泊近万里，花费大半年之久，“铁锅”能撑下来几乎是个奇迹。根据记载，他身上的枷锁从没有一天取下来过，到达之时，手腕、脖颈的皮肉早已被磨烂，骨头清晰可见。

好在大圆寺的秋江大师是位高僧，他并没有嫌弃落难的“铁锅”，还主动承担起了师父的职责。在他的教导下，妥懽帖睦尔系统地学习了儒家文化，文学素养日益见长。

同时，妥懽帖睦尔也学会了动心忍性，默默等待，等待自己的机会。

命运没有让妥懽帖睦尔等待太久，四年后元文宗驾崩。临终时，他没有传位给两个活着的儿子，而是选择立侄子妥懽帖睦尔。

有人认为，这是因为元文宗笃信藏传佛教，驾崩前良心发现。但更大的可能是他儿子太小，一个七岁，另一个才四岁，按元朝帝位的游戏规则，把他们推上去也只能当傀儡。

其实封建政治哪有什么情面可讲，到底元文宗也没能保住儿子们的性命，几年之后，两个堂弟先后被妥懽帖睦尔弄死。

但是在当时，妥懽帖睦尔一无根基，二无势力，这么简单就能捡个皇位?

权臣燕帖木儿出现了，他否定了元文宗的遗诏，选了妥懽帖睦尔七岁的弟弟即位，是为元宁宗（1332 年十月至十一月在位）。

燕帖木儿是个狠角色，妥懽帖睦尔的父亲就是死在他手里。他还曾以区区十七人就发动政变，迎立的正是图帖睦尔。

燕帖木儿当权，妥懽帖睦尔的形势很不妙。这次妥懽帖睦尔的弟弟帮了他，才当上皇帝五十三天，就病死了。

这下燕帖木儿傻眼，只得把妥懽帖睦尔接到北京，但还是没让他即位。那段时间元朝帝位空悬，燕帖木儿跃跃欲试。

这样的情况只维持了半年，六个月后燕帖木儿也病死了。史书上说他死于纵欲过度，不知是真是假，反正这个人很好色是没错的。

半年时间，妥懽帖睦尔已经跟大家混了个脸熟。1333 年，十三岁的妥懽帖睦尔即位，即后来的元顺帝。

十三岁的少年，从茫茫草原到海中孤岛，再远涉重洋去到当时蛮荒的广西，几次险遭不测，终于苦尽甘来，妥懽帖睦尔已经把自己活成了一个传奇。

然而，政治的考验才刚刚开始。

和元朝许多皇帝一样，妥懽帖睦尔即位的背景是朝廷派系内斗妥协的结果。燕帖木儿虽死，但是家族力量依然庞大，再加上太皇太后卜答失里和右丞相伯颜，三方为权力互相争斗，不死不休，妥懽帖睦尔只是个傀儡而已。

五年时间，妥懽帖睦尔随时会被送去“回炉重造”，没人知道他是怎么熬过来的。

五年后，伯颜获得了胜利，这位权臣身兼三十八职，头衔通长达二百四十六字，真正是权倾天下。

伯颜他最大的成就是把元朝推向深渊。

伯颜是个坚定的民族压迫政策执行者，他当权期间，取消了科举考试。在他的主导下，汉人、南人遭到前所未有的排斥。为防止汉人造反，他还下令地方上没收汉人的铁制农具，以及禁止汉人进行文化活动。

伯颜甚至提出个耸人听闻的建议：汉人反抗朝廷的政策，应该杀绝张、王、刘、李、赵五姓汉人。

所幸妥懽帖睦尔还没和伯颜一样丧失理智，没有在这份文件上签字。

又过了两年，妥懽帖睦尔联合伯颜的侄儿兼政治对手脱脱发动政变，杀死伯颜和卜答失里，真正成为大权在握的皇帝，此时他年仅二十岁。

艰难困苦，玉汝于成，妥懽帖睦尔历经磨难终成大器。二十岁正是意气风发的年纪，妥懽帖睦尔觉得朝纲已正，是时候大展宏图了，他把年号改为“至正”。

这一年是 1341 年，周子旺死后第三年。彭和尚躲在淮西搞传教活动，收了一大批“普”字辈的徒弟，有况普天、赵普胜、李普生、项普略、欧普祥等，这些人后来名动天下。

妥懽帖睦尔与前任皇帝们不同，他是个相当仰慕汉文化的皇帝，自身也是个汉化程度很深的皇帝。他的童年和少年都在民间度过，让他了解到不少百姓疾苦。经过观察，元顺帝觉得元朝存在许多问题，如祖传的皇族倾轧、权臣当道、地方权力太大、军队越来越弱、财政越来越紧，以及最要紧的民族矛盾。

妥懽帖睦尔认为，这些问题，都能通过接受汉制得到解决。

必须承认，有这样的想法，妥懽帖睦尔的觉悟是很高的，水平起码比他父亲、叔叔都要高出一大截。

元顺帝踌躇满志，他叫来最得力的手下中书右丞相脱脱，命他全面负责革新事宜，史称“脱脱更化”，又称“至正新政”。

这是元朝的最后一个机会，很遗憾，元顺帝搞砸了。

其实从政策来看，元顺帝和脱脱很有些魄力和胆识，如重开科举，大量录取汉人入仕；推广汉学，让满朝文武一起学习儒家经典；修订律法，建设法治大元；颁行《至正条格》，打击腐败；等等。

这套组合拳招式相当漂亮，至正年间甫一亮相，就赢得汉族地主士大夫的交口称赞。后来成为大明第一文臣的宋濂，回忆起那个时代仍不禁赞叹，说元顺帝“天光下临，衣被万物，声教所及，罔闻朔南，呜呼盛哉！”

可既然这么好，妥懽帖睦尔为什么还是成了亡国之君？

要回答这个问题，我们可以看一个元末读书人的遭遇。

至正三年（1343 年），托“至正新政”之福，浙江青田（今浙江丽水市青田县）一个汉族读书人得以被重新起用，出任江浙儒副提举（相当于省教育厅副厅长）兼任行省考试官。

此人时年三十三岁，早在元统元年（1333 年）就已高中进士，时人皆称才子。作为实际上的第四等人，这位才子只能出任低级职务。他在江西高安县丞（正八品）任上干了五年，虽有心报国，但终因遭到倾轧报复，一气之下辞职回家当起了富翁。

才子出身地主家庭，在当地颇有声望，纵然他一辈子不工作，也是吃喝不愁。闲暇时，他就赋诗吟对，潜心于学问，不问仕途的日子倒也清闲快活。

忽如一夜，“至正新政”之风吹遍大地，才子终究不淡定了，读书人的理想不就是修齐治平吗？一辈子在乡间隐居，如何实现胸中抱负？

于是他接受任命，重新进入官场，期待一展抱负。

此人姓刘名基，字伯温。

严格来说，“至正新政”并不算完全失败，它确实起到了稳定汉族士大夫情绪、收买汉人地主人心的作用。这些人，后来很多站到了朱元璋的对立面，包括刘伯温在内。

这类人对新政自然是欢迎的，问题在于，最后推翻元朝的并不是刘伯温这样的地主士大夫，而是朱元璋这样的社会最底层。

刘基重新出仕后，发现新政这套东西只是表面光鲜亮丽，朝廷的执行力根本无法到达地方。

大失所望之下，刘基在一年后再次辞官。

归根结底，“至正新政”没有触及根本性问题，如权力的运行机制如何改革，底层百姓的生存逻辑如何解决。官员们上有政策下有对策地应付一下，老百姓该怎么活还怎么活，碰上个天灾人祸，全家仍旧难逃厄运。

到那时候，就会开始有人喊：王侯将相宁有种乎……

小行童朱重八

在刘基复出的这一年，在离青田七百多里的濠州（今滁州凤阳县）发生了桩不起眼的小事。

至正三年（1343 年），濠州地区发生旱灾，紧接着又发生了严重的蝗灾和瘟疫。灾荒和瘟疫席卷周边，许多人病饿而死。家里底子差点的，全家死光的也有不少。

其中在濠州城外有个孤庄村，生活着一户姓朱的人家。户主名叫朱五四，娶妻陈氏，生有四子二女，长子叫重四，次子重六，三子重七，小儿子叫重八。

这串类似代号的名字，倒不是朱五四搞秘密工作的杰作。而是自宋元以来的农村社会，没有身份的平头百姓一般不起什么正儿八经的大名，只用行辈和父母年龄合算一个数目作为称呼。比如，朱重八之所以叫重八，是因为他爹和他大伯共八个孩子，他在家族中排行第八。

朱五四拖儿带女一辈子替大户开垦荒地，却从来在一个地方待不满十年。不是他们一家子不勤奋，而是元末土地兼并已十分严重，生产资料都掌握在田主大户手里。中央政府收一成的税，经过层层操作，转嫁到农民头上时能增加数倍乃至上百倍。

朱五四租不起熟地，只能租赋税少的生地替人开荒，等生地变成熟地，他便交不起熟地的赋税，只能卷铺盖另找生地租种。

在这场天灾中，孤庄村是重灾区，很快发展到天天死人、家家死人的地步。不到半个月，朱五四一大家子死去大半，没死的大嫂带着儿子回了娘家，这个本来喧闹的家庭，只剩下重六、重八兄弟俩。

面对这样的惨剧，两个半大孩子手足无措，只能用哭泣来表达自己的心情。

但是哭过之后呢？他们发现自己什么也做不了。

朱重八实在想不明白这个世界的运行规律，为什么会是这样？

靠着邻居的帮助，两兄弟拿块破布草草地埋葬了父母，然而死亡的阴影仍然真切地笼罩在活着的人身上。葬完父母，树皮、草根也都啃光了。朱重八和二哥商量怎么办，二哥提议分开自谋生路，或许还能有条活路。

兄弟俩抱头痛哭一场后就此分别，从此朱重八再也没能见到二哥。多年以后朱重八才打听到，重六在分开后没多久就死了，尸骨无存。朱重八伤心不已，他后来在《皇陵碑》中写道：“兄为我哭，我为兄伤，皇天白日，泣断心肠，兄弟异路，哀恸遥苍。”

回到当时，朱重八的运气就好了不少，他投到当地的皇觉寺，当了一名和尚。

元朝的寺庙是个比较特别的存在，和尚们享受优待政策。

贫农子弟朱重八自然是没有资格当大和尚的，他虽然也剃了光头，身份却只是个行童（长工）——光干活没工资那种，好处是吃饭不要钱。

吃饭是要付出代价的，朱重八在寺里除了干粗活累活，还要服侍那些和尚。一个不小心，他还会迎来破口大骂甚至拳脚相加。即使这样，他也已经很满足了，在这个兵荒马乱的年代，能有个安稳吃饭的地方已经很不错了，还敢有什么奢望呢？

朱重八还是太年轻了，正所谓覆巢之下焉有完卵，饥荒瘟疫不认识什么和尚，在它们眼中，所有人都一样。入寺不到两个月，皇觉寺不可避免地受到灾祸波及，四里八乡的人越来越少，不光收不上租，连地也没人种了。

眼看存粮即将告罄，皇觉寺也要自谋生路，住持说按佛祖的意思，这种情况下大家应该出去云游，广施佛法，普度众生。

云游的专业术语叫化缘，标配是一个木鱼，一个瓦钵，往哪走随意，饿不死算你造化大。按照从低到高化缘的顺序，等级最低的小行童朱重八，成了被踢出寺门的人之一。

朱重八的人生被这场瘟疫彻底改变了，连安安稳稳地做个佃户、勤勤恳恳地当个和尚的资格都被剥夺了。

当时心情如何，悲伤已不足以形容，有个更好的词——茫然。

茫茫天下，举目已无可依靠之人，自己该何去何从？

这种经历造成的创伤永远不会愈合，几十年后，即使当了皇帝，朱元璋还是刻骨铭心。他说："凶年艰食，取草可茹者，杂米以炊，艰难困苦，何敢忘也……"

生活逼迫朱重八离开了皇觉寺，为他关上了安稳度日的大门。那个少年不会知道，另一扇不可思议的大门，正徐徐为他打开。

这一年，是至正四年（1344 年），妥懽帖睦尔登基的第十一年，朱重八才十六岁。

朱重八，还没到你闪亮登场的时候，你还需要锻炼几年。这时，舞台上唯一的主角仍是妥懽帖睦尔。

元顺帝对这一切毫无所知。

天灾并不罕见，至正四年的妥懽帖睦尔，正沉醉在他的新政中不能自拔，丝毫没注意到孤庄村这个小地方。死掉几个农民，他是不会在意的。只是他没有想到，这个十六岁的小叫花子，将在二十四年后将他赶出大都。

改革继续进行着，元顺帝收获了朝野上下一片掌声，士大夫们甚至称赞至正时期是“千载一时”。可是到第五年的时候，元顺帝在享受着鲜花与掌声的同时，也发现了一个非常要命的问题：新政推行不是免费的，大元没钱了。

元朝是盛行纸币的，当初马可·波罗访华回国后，在他的游记中写道：“区区一小块纸片，竟可以买到各种各样的商品。”

发行纸币不稀奇，稀奇的是元朝发行的纸币，它不仅具有强大的准备金，而且还按照纸币流通规律办事。这种做法在当时的世界上绝对是遥遥领先的，使得大元纸钞的信用不断提升，市场贸易一派欣欣向荣。情况直到元朝中后期发生改变，政府财政支出无度、滥发纸钞，导致钞法大坏。

滥发纸币导致通货膨胀，元代的通货膨胀是历代所罕见的。以米为例，米价在至元三年（1266 年）为每石六百文，到大德十年（1306 年）每石高达三十贯。到了至正九年（1349 年），一千贯还买不到一斗米，价格在数十年间涨了一千倍以上。

元政府账上很快就没钱了……

不得已，只能先拿准备金应急。

我们知道，纸币本身是没有价值的，它的流通保障是有与纸币所等同的准备金，没有准备金的纸币等于废纸。为了摆脱财政赤字，元朝采取动用准备金的措施救急，这无异于饮鸩止渴，只能使纸币所代表的价值越来越低。

当时没有经济学一说，元朝的货币困局几乎无解，除非元顺帝有进行货币改革的魄力与能力。

这个问题实在烧脑，没有学习过经济学理论的元顺帝搞不明白，元朝的财政状况也不允许他搞什么货币改革。

摆在元顺帝面前的只有一条路：继续印钱。

滥发货币导致通货更加膨胀，朝令夕改，让政府的公信力降到冰点。老百姓好不容易赚来一点钱，却成为废纸，焉能不怨？为了减少损失，百姓只能是想方设法地将纸币换成有实际价值的金银或实物，这在无形中又加速了通货膨胀的恶化。

至此，元顺帝的“至正新政”维持了十年，改革措施几乎全部失败。内斗永不休止，天灾此起彼伏，元顺帝也不再有至正之初的那种勤政朝气。中央政府背上巨额赤字，吏治腐败达到惊人的地步，史载“上下诸司，其滥愈甚”。

大元的丧钟开始敲响。彭和尚等待的机会来了，不过在他动手之前，却被另一个人抢了风头。

第二章 莫道石人一只眼 挑动黄河天下反

造反是门技术活儿

这个人是韩山童，明教北总头领。这个身份是祖传的，赵州韩家几代都坐镇栾城，烧香结众，秘密发展信徒，等待着“明王”出世，让世间重放光明。

当然，“明王”本人非韩家人莫属，现任“明王”正是韩山童。

韩山童准备动手了，在他起事之前，我们先对造反这个行业做个简单的介绍，看看他的胜算有多大。

古代人造反，千百年下来已经形成了一套成熟的体系，王公贵族之类的精英造反先不讨论，我们只看底层。

成本最低的造反是一个人或一家子对抗官府，这种造反只能说是找死，当地衙门的几十号人就能把你全家都逮了送去请功，这是最低级的造反。

高级一点的造反是纠集几十上百个志同道合的人，如果你能击败当地派来镇压的官兵，前来追随的人有希望增加到上千人，就有了啸聚山林当个山大王的条件，这样的造反人群一般被称为土匪。

最高级的造反是有政治理想的造反，通俗点讲就是想当皇帝。这样的造反会让现任皇帝睡不着觉，在朝廷的镇压优先级里永远排名第一。这样的造反也是技术难度最高的，它通常需要几个条件来催化。

一是要有天时，也就是造反的时机。盛世时不会有几个人跟你造反，起兵后等待你的大概率是县城的牢房。到了朝代末期，通常伴随着天灾，像洪水、瘟疫、大旱、蝗灾等等。如果皇帝昏庸、吏治腐败，或是国家已经陷入混乱，那就更完美了，越是民不聊生越有兵源。

二是要有个大家比较认可的口号，神不神鬼不鬼的都不要紧，重要的是要有人信，只要大家相信，你说自己是上帝都没关系。像秦末陈胜、吴广的“王侯将相，宁有种乎”和东汉末年黄巾军的“苍天已死，黄天当立”，就都很朗朗上口。

其他还有一些非必要条件，比如你是贵族出身，或是某个门派的掌门人，或者你有一大帮身怀绝技、死心塌地地跟你打天下的好兄弟等，这些都是加分项，可以让造反的成功率更高一点。

有了这些条件，就可以考虑跟衰弱的中央政府掰掰手腕，试试自己的力道了。即使这样也还是很危险，历史上每个朝代造反失败的一抓一大把，但为什么还是有人乐此不疲，因为回报足够大，一旦成功，你和子子孙孙就都是皇帝了。这样的诱惑，哪怕成功率不足一成，也吸引着众多人铤而走险。

对比一下条件，显然韩山童已至少满足了其中一个或几个，但这还不够，他还需要鼓动起更多追随者，让自己的造反理念深入人心。

在那个年代，用什么办法最容易鼓动底层百姓呢？

元朝本身是个相当不重视科举的朝代，蒙古贵族对普及教育压根儿没什么兴趣，更不想让汉人担任重要官职，因此其治下的百姓绝大多数都是文盲。跟这些人讲大道理是不行的，你要谈什么“华夷之辨”“民族认同”？对不起，这是什么东西？

不过有一种办法，历史上多次被证明行之有效——迷信。

至正十一年（1351 年）起，因元顺帝集中二十多万民夫军夫大修黄河堤坝，一首童谣悄悄在江淮、河南一带流行——“莫道石人一只眼，挑动黄河天下反”。

这天河工们正在干活儿，有人一镐子下去挖到一个硬物。众人七手八脚地扒开泥土一看，惊得目瞪口呆——这不是个独眼石人，又是什么？

消息不胫而走，大家都说童谣应验了，“明王”即将出世。

怎么解释？

按迷信的说法，人有三只眼，头顶上那只叫“天眼”，就是二郎神那种。若是开了“天眼”，就可以穿透凡尘俗世的黑暗和迷雾，看到至高无上的光明。

石人为什么不是三只眼，也不是两只眼，而是一只眼？因为两只世俗的眼已经瞎了。这代表着世俗已经满是黑暗，再也看不到任何光明。

石人头上的“天眼”，就预示着未来的希望，按照它的指示，它将会带领人们走向光明。这和东汉末年黄巾军说的“苍天已死”是一个意思，先让人绝望，再给予未来的希望。

石人给人的指示就是后半句——挑动黄河天下反。

韩山童这时已到颍州（今安徽阜阳界首市），会合了他的得力骨干刘福通、杜遵道等人。独眼石人，正是他派徒弟布下的局。

妥了，几十万河工翘首以待，就等着“明王”现世了。

至正十一年（1351 年）四月，韩山童等人在颍州颍上县聚众三千人起事，宣称自己是宋徽宗的八世孙，好兄弟刘福通是南宋大将刘光世后人，并宣布了自己的政治理想——“虎贲三千，直抵幽燕之地；龙飞九五，重开大宋之天”。

我们再对照一下，时机、口号、身份，甚至人才都有了，韩山童的起义是不是该十拿九稳了？

事实证明，即使有了这些条件，造反依然很可能出不了县城。

正当大家在一起宣誓起义时，风声不幸被走漏了，当地县官带着几百官兵就来抓人。

要是按照评书里的说法，起义军有三千人，官兵只有几百人，结果应该是呼喊一声杀将过去，将那狗官与官兵杀得大败。

但在现实中装备低劣、未经训练的农民军根本不是官军的对手。乱军之中，韩山童被擒走杀害，刘福通苦战逃脱，这点反抗之火差点又在县城就被掐灭。

造反的危险性仍然巨大，看起来，韩山童也不过是重复一次彭和尚的失败而已。

但是刘福通不一样。彭和尚一袭僧袍之外就只有一身武艺，他感召大家，靠的是精神力量。而刘福通是有物质基础的，刘家世代是巨富之家。他造反的直接原因是，钦差贾鲁以修河为名，假公济私（因勒索刘家珍兽白鹿未逞），改河道，毁刘宅，把刘家给拆了。

刘福通侥幸跑回颍州城，手下问了，韩老大已经死了，我们还要干吗？

刘福通咬咬牙：干！怎么不干！事已至此，不干也得干！

手下有些迟疑：可是我们有几千人，被几百官军就给收拾了，再干下去……

刘福通默然：你先让我考虑一下。当晚，他彻夜不眠，始终在思考，为什么几百人就能干垮几千人，到底是哪里出了问题？论人数，我们占优；论斗志，我们并不缺；论战斗力，就算官军强于我们，也不至于差距如此之大吧？是不是还有样东西，我一直给忽略了？

这个晚上，刘福通找到了答案。

第二天，刘福通召集手下宣布，今天起，你们的任务就是到处去找装备，兵器、甲胄、战马，能找到的什么都要，怎么好怎么来。

钱，我有的是！

刘福通想明白了，锄头、梭镖虽能杀人，却干不过全副武装的官军。农民军不是不能打，是装备和正规军差得太远。只有解决这个问题，才能转败为胜！

这个道理很正确，打仗讲究的是甲坚矛锐。一个披甲士兵打三五个同等级的无甲轻步兵毫无压力，要是他们还训练有素，能结成战阵，打十倍于己的农民军也没什么问题。

两个多月后，刘福通再次起事，这次大获全胜，起义军迅速攻克颍州城，正式开始反元大业。

黄河工地上的挑夫们也不是傻瓜，挖出石人，他们个个窃窃私语却不动弹，就是在观望。起义军占领一座城池是巨大的鼓舞，挑夫们得到了足够的信心保证，他们呐喊一声，杀了监工的官员，头上包起红巾，加入“明王”的队伍。不到半个月，刘福通的军队已扩充到五六万人，乘势又攻下了七八个州县，民谣到处流传“满城都是火，官府四散躲。城里无一人，红军席上坐”。

朝廷的地方军队能镇压几百人、几千人，当起义军人数增加到上万乃至数万人，并且有了能坚守的城池时，已经没有一个州县的驻军有实力单独把其扑灭了。

这个阶段的红巾军起义成功，功劳最大的是刘福通。这个来自颍南的男子沉着冷静，在极端恶劣的形势下表现出了出色的才能，如果不是他在起义几乎已经失败的情况下重新振作，红巾军起义的时间还不知道要被再次推迟多久。但这只是个开始，其后刘福通的表现会更令人刮目相看。

令人有些意外的是，刘福通并不是传统意义上的贫苦农民，非但不是，他的家庭和贫穷根本沾不上边。这也是农民起义的事实之一，这次起义以农民为绝对主力，首领却基本不是农民。未经历练的农民受到眼界、能力、学识等各方面的限制，并不足以担任一支起义军真正的首领，通常是由富户、地主或是军人之类来担任起义军的领导者。

韩山童或许同样出色，不过他已经没法证明自己了。

元顺帝的反击

元顺帝是个对待农民军相当狠辣的皇帝。打打杀杀好说，只要你别喊什么“王侯将相，宁有种乎”，朝廷还能给你官当。可是刘福通嚷嚷着要“复宋”，这就不能忍了，于是他下诏派也先帖木儿前去讨伐。

帖木儿在蒙古是个十分普遍的名字，大概相当于英文中的史密斯。这位也先帖木儿来头却不小，他是当朝宰相脱脱之弟，专门帮脱脱打击贪官污吏，也是元末数得着的名臣之一。

脱脱举贤不避亲，推荐兄弟挂帅征讨，虽说“打虎亲兄弟”这话没错，可打刘福通，不是像也先帖木儿反腐那么简单的。

此时，刘福通的兵力已膨胀到二十万人，一路席卷而来，很快打到了河南。

为了硬压刘福通一头，脱脱给弟弟凑了三十万人，比红巾军还多十万。为防中原军队战力不足，元顺帝还特地从北亚征调来六千回回阿速军。这支军队由车臣人的祖先阿兰人组成，他们身材高大、碧眼卷发，精于骑射，汉人称其为“绿睛回回”。

战斗在河南打响，元军气势汹汹，在先锋巩卜班率领下连战连捷，接连收复上蔡等重镇，形势一片大好。

哪知巩卜班连胜之下犯了轻敌的毛病，刘福通瞅准机会发动了一次小规模夜袭。虽杀敌不多，战果却很大，还意外斩杀了大将巩卜班。

巩卜班是有名的猛将，也先帖木儿傻眼了。这位名臣是个相当迷信的人，他深信这是不吉之兆，便下令大军就地驻扎沙河。接下来一个月，也先帖木儿元帅帐中烟雾缭绕，日日都在求神问卜，希望通过神灵指示找到破敌良机。

主帅的惶惶不安影响了整支军队，一个月不动，元军都不知道要干什么。

刘福通也不知道要干什么，这三十多万元军往那一蹲，赶也赶不走，打又打不动，他们到底想干吗？

有人出主意，上次夜袭战果颇丰，看敌人这势头应该是怕了，我们何不再试一次？

刘福通一拍大腿：有何不可！

一个月黑风高的晚上，红巾军再次发动了一次突袭。战斗规模依旧不大，刘福通的想法只是能打个小胜仗，探探敌人的虚实。

刘福通不承想，自己这次小小的突袭中了头彩，竟把元军给吓得炸了营。

“炸营”也称“惊营”，是个极其特殊的古代军事用语。它是指部队夜晚留营时，在没有接到任何指令的情况下，全体官兵莫名其妙崩溃的一种反常行动。

军营是地道的肃杀之地，中国传统军规有所谓“十七条禁律五十四斩”。打仗时，士兵都是提心吊胆过日子，精神极其压抑。加之长期对峙，士兵的心理压力极大，这时候只要有一点风吹草动，可能只是一个士兵做噩梦时的尖叫，就可以引爆营中歇斯底里的疯狂气氛。

如果军队纪律严明，统帅驭下有方，“炸营”一般不会出现。不过在也先帖木儿这里，这两个条件都不存在。

红巾军来袭，元军号令不明，个个搞不清是什么状况。元军士兵看见有人逃跑，立即跟着自相践踏，就成了俗称的“炸营”。

红巾军都看呆了，这帮元军是怎么了，我们啥都没干啊！

元朝三十万大军就这样一夜崩溃，光是兵器物资，就让红巾军赚了个盆满钵满。

元军战斗力已经拉胯到这个程度了吗？其实不见得，就说那六千“绿睛回回”，确实是很勇猛的军队，他们的祖先从北亚一直打到多瑙河，让亚欧大陆都闻风丧胆。只这六千人，就能让刘福通吃不了兜着走。

关键是，“一将无能，累死三军”。这场惨败中，也先帖木儿的表现只有“拉胯”两字能形容。部下炸营，统帅的正确做法理应是第一时间约束部下，安抚士兵，探明虚实。而也先帖木儿元帅却不管三七二十一，搬鞍认镫直接就要跑，左右拦着苦苦哀求：元帅你这一走，可就全完了！

也先帖木儿抽刀出来：我非性命耶？！——老子的命不算命？！

“绿睛回回”再勇猛，既语言不通，又无人指挥，且摊上这么个窝囊主帅，实在是倒了血霉。最后，也先帖木儿只收得万余败卒逃回大都。

一场战役的胜败绝不只是双方军队数字的比较，它所带来的影响是连锁的。最直接的影响，就是反元力量的大爆发。

看到三十万正规军都这么不经打，各地还在观望的人胆气倍增，纷纷缠上红布，拉起人马，杀死地方官，打起了红巾军的旗号。其中声势比较大的有徐州的芝麻李、赵钧用，南阳的布王三，荆樊的孟海马，以及一支在濠州聚众而起的红巾军。这支军队的首领之一，名叫郭子兴。

这一年已是至正十二年（1352 年），朱重八二十四岁。

这么些年来，他去了哪儿呢？

为什么要造反

至正四年（1344 年），十六岁的朱重八两眼一抹黑地离开了从小生活的地方。这一去就是四年多，他活了下来，而且活得还不赖。至正八年（1348 年），当皇觉寺的和尚们再次看见朱重八时，他已长成一个身形挺拔的青年，不说丰神俊朗，也是高大魁梧，双目炯炯有神，好似换了一个人。

朱重八又回到了皇觉寺，继续干他的长工，仍旧不多说话。没人知道，那几年他都经历了什么，他也从未对别人提起过只言片语。然而这段经历对朱重八是极其重要的。短短四年多，他从一个茫然的小和尚，成长为颇有见识的青年，其中到底发生了什么呢？

只有朱重八数十年后的回忆可作一些补充，他说自己“朝突炊烟而急进，暮投古寺以趍跄，仰穷崖崔嵬而倚碧，听猿啼夜月而凄凉”——经常是早上朝着有炊烟的地方急奔，生怕错过了饭点讨不到食物，晚上则投宿寺庙勉强栖身，还经常露宿荒郊野外，天为庐帐地为毡。

这很可能是真的。几年间，朱重八山栖野宿，饱经风霜，走过了许许多多名城大邑，结交了各色人等，熟悉了这片地区的河流、山川、地理，了解了人情、物产和风俗。这样身如蓬逐风、心似滚沸汤的生活，让他见了世面，扩大了眼界，丰富了社会经验，也强健了体魄。

用现在的话说，朱重八上了四年“社会大学”，还是难度最大的那种。

现在，他不再是那个没走出过孤庄村的小行童，见识和眼界都与几年前不可同日而语了。

回到皇觉寺的朱重八依然当着他的和尚，外面的消息接连不断传来。濠州出事了，郭子兴等五个元帅占领了城池，正在招兵买马。其他地方的红巾军也在接连打胜仗，襄阳、南康、徐州都被攻克，徐寿辉一拨儿人甚至已在蕲水建都称帝，元朝处在一片风雨飘摇之中。

形势可以说一片大好。自刘福通成功起事，元军一路败退，基本没打过什么胜仗。三十万大军一夜灰飞烟灭，更让人相信元朝已经是强弩之末，反元复宋似已板上钉钉。

朱重八童年的小伙伴汤和正是这么做的，而且目前混得还不错。得知重八回来了，好友汤和来信，说他已在濠州城当上了千户，事业大有盼头，速来！

这是朱重八人生面临的第一个重大考验，他有什么想法呢？答案是没什么想法，继续当他的和尚。

许多人觉得朱重八家几代受剥削，家人几乎死光，一定跟元朝不共戴天，他不反元谁反元？

这其实不是真的。

对比他的流浪足迹，我们能发现一个巧合。朱重八从皇觉寺出发，先到合肥，再到固始，又北上汝州，东至鹿邑，再至颍州，一路穿城越村，走遍了淮西和豫东。

至正五年（1345 年）前后，另一个和尚正在这片地区秘密传教，他就是文章开头提到的彭和尚。这些区域是明教的主要传播区，之前已爆发过多次起义。

朱重八几年来游历的地区，与彭和尚的活动范围高度重合。淮西彭和尚、栾城韩家、弥勒教、明教这些名字在耳中已磨出了老茧，如果有心，他早就豁出去挽起袖子跟着干了。

为什么不干？原因很实际——怕死。

朱重八已不是那个新手朱重八，在外几年的历练教会了他谋定而后动。

不停的闯荡让他多了几分豪杰之气，长期的流民生活又让他有了不同于一般农民的狡黠。当然，还有来自农民习性的稳重守成。他默默地烧掉了汤和的信，决定不去冒那个险。造反可是要掉脑袋的啊，如果命都没了，荣华富贵又有何用！

朱重八表现得这么纠结，哪有一丝一毫开国皇帝杀伐决断、运筹帷幄的影子？

事实上，他的担心是很有道理的。

这时的红巾军势头正盛没错，元朝却还远不是一栋一推就倒的破茅草房。也先帖木儿的三十万大军一夕崩溃，但元顺帝还掌握着百万级别的兵力——这还只是正规军，而比元朝正规军更可怕的力量，这时还没有显山露水，他们才是红巾军真正的劲敌。

另外，朱重八的担忧就更现实了。路上就听说红巾军不怎么团结，回到家乡后，他证实了这种说法——一个小小的濠州城就有五个元帅争权，自己要是去了，会不会被当成炮灰，很快被消耗掉？这个担忧在他加入红巾军后很快会变成现实，还差点就要了他的性命。

这是后话，当时的朱重八坚定地选择当个和尚，谁说也不管用。如果他能再坚持半年，史上最励志的平民逆袭故事就不会发生。

可是老天实在看不下去了，该你出场了，你不上谁上？

不久，一路元军以搜捕乱党为名，一把火烧了皇觉寺，赶跑了众和尚。朱重八当时正去找好友周德兴算命，等他回去后，只看到刚被官军强拆的皇觉寺，到处还在冒着黑烟。

没走的和尚看到朱重八回来了，苦着脸说："官军听说濠州城有人写信给你，嚷嚷着要搜捕你呢……"

没法子了，再不参加义军，这条小命也得交待了。

朱重八在至正八年（1348 年）回到家乡，至正十二年（1352 年）才投军，这中间有四年多的时光。显然，如果不是形势所迫，他会继续在皇觉寺苟活下去，万万不会参加红巾军。

再让我们回到开头的问题，历史的游戏中，那些一条命通关的人，到底是运气爆棚，还是能力强到爆炸？答案是心性、智慧、毅力、恒心、运气等，缺一不可。

不过还有最重要的一条：机遇。

朱重八恰好生活在这样一个危机四伏，也充满机遇的年代。

所谓时势造英雄，大概就是这样了。

不早不晚，时间刚刚好。时代已经为朱重八准备好了乐谱，此刻正等他以人生为弦，奏出命运最强音！

第三章 淮西二十四将

九夫长

在历史车轮裹挟之下，朱重八投濠州而来，由于长得比较有特点，连城门都没进就被抓了。几个士兵说他是奸细，拿了就要去砍头，朱重八怎么解释都没用。幸好士兵们在行刑前请示了一下元帅，他们的元帅叫作郭子兴。

郭子兴，滁州定远明教分部头领，当地一个小土豪。根据史料中的蛛丝马迹判断，郭子兴造反很可能不是出于自愿的，当时他五十一岁，已过知天命之年。在元代那个人均寿命下，这个年纪意味着没几年好活了，郭子兴大可守着那份家业两头讨好，实现寿终正寝。

据说刘福通起兵后，给郭子兴送来一纸文书，用词很客气，却提出一个让他无法拒绝的要求："你若不迅速带教徒起兵，明天就会有人去官府告发，说你私通明教。"

郭子兴盘算了一下，刘福通是个狠角色，说到一定做到，既然横竖都是死，那还不如挣扎一下。于是，在至正十二年（1352年）春，郭子兴、孙德崖等人聚集了数千名年少体壮的青年，起兵攻占濠州，自称元帅，是为濠州红巾军。

救了朱重八的正是郭子兴。听说抓到奸细，郭子兴来了兴趣，他打马来到城门口一看，原来是个长相奇特的青年和尚。

郭子兴笑了，要想当奸细，最好不能长得太有特点，否则容易暴露。眼前这个小伙子，面部特征实在太明显了，长得“雄豪奇伟，深目长颏”，而且他还是个和尚。如果他是奸细，那一定是个蹩脚的奸细。

郭子兴便问了：“小和尚，你是哪里来的奸细，想来干什么？”

朱重八平静地回答：“我不是奸细，我是濠州钟离人氏，应好友汤和之邀，前来投军。”

汤和恰好是在郭子兴手下当差，郭子兴疑虑顿消，看来这和尚确实是投军来的。郭子兴又问：“那你这个小和尚，可有何长处？”

要说特长，朱重八还真有一个——认字。

许多人认为重八兄从小就是文盲一个，那不是真的。在他小时候，父亲曾送他进私塾读过几个月书，所以大字他是认识几百个的，否则汤和也不会给他写信。再加上数年独立生活中的不断学习，此时朱重八的文化水平已经有了一点底子——吟诗作赋的难度太高，处理些一般的文件问题不大。

有理由相信，朱元璋这时的文化水平高于已成为军官的汤和。农民军大多连自己的名字都不会写，更别说能写信处理公文了。在这一帮大老粗里，朱重八已经算半个文化人了。

郭子兴大喜，让这样的人去冲锋，他有点舍不得。于是，他没有把朱重八编入普通队伍，而是把他收到自己身边，当了一个亲兵。

亲兵就是长官的贴身护卫兼私人秘书，整天要帮元帅办事。有过历练经验的朱重八办事精干又很会做人，很快就得到了郭子兴的器重，将他引为心腹，升为九夫长。

没多久，郭子兴发现了一个奇怪的现象，经常能看见管着千把号人的汤和，亦步亦趋地跟在只管九个人的朱重八身后，仿佛朱重八才是千户，汤和只是个九夫长。

郭子兴便问汤和："那朱重八是你尊长？"

汤和一怔："不是。"

"对你有救命之恩？"

"这倒没有。"

"那你个堂堂千户，为何屁颠屁颠地跟在他身后？"

汤和呵呵地傻笑起来："元帅你有所不知，重八职位虽低，却是个持重有谋的人物。当年在村里他就是我们的头，这十来年不见，也不知他去了何方修炼，见识气度越发不俗。若我用千户来压他，恐怕被兄弟们笑话啊。"

听了这话，郭子兴愈加留意朱重八的一举一动，果然发现这个小伙子不光会办事，还很会打仗。更重要的是，遇到难题，朱重八还很会动员团队解决问题。

换句话说，朱重八是个很有领导力的人，大家都很服他。

这就有点厉害了。郭子兴越发觉得这是个不可多得的人才，决定加大笼络力度，便把自己的义女马姑娘嫁给了朱重八。

有了元帅女婿的身份，再叫重八就不合适了。朱重八重新起了个官名叫"元璋"，字"国瑞"。

"朱"就是"诛"的意思；"元"指代元朝；"璋"是一种尖锐的玉器。这个"朱元璋"实际上就是"诛元璋"，寓意不言而喻。此名不虚，果真如此，符合事实！

到了濠州没几个月，朱元璋就一步登天，从一个小兵成了元帅心腹加府上娇客，这个成就是不是太快了点？

随即发生的事证明，郭子兴能当义军元帅，还是有眼光的。不久，朱元璋就救了老丈人一命。

智救郭子兴

濠州红巾军首领不是郭子兴一个，是五个，大家难分大小，统一称为濠州节制元帅。除了郭子兴是土豪外，其他都是农民出身。他们很自然地分为两派：郭子兴一派，孙德崖等其他四人一派。

出身不同决定了他们彼此的意见很难统一，比如孙德崖等人说军粮应该多摊派给地主，郭子兴却说地主数量有限，应当少派，派多了就把地主逼跑了，反而收不到粮。

两伙人从一开始起就面和心不和，彼此之间的矛盾越来越公开化，越看对方越不顺眼。互相防范猜忌的结果就是谁也不敢出兵去打元军，都怕让别人捡了便宜，一帮人就这样坐困濠州大半年而毫无建树。

但形势不会等人，元朝更不会自己崩溃。相反，元军在经历了开头的挫败后，已经缓过神来，开始了反攻。

至正十二年（1352 年）九月，元顺帝重新调集起了兵力，这回他派出了正确的人选：右丞相脱脱。脱脱是大元名臣，是元顺帝手上最大的王牌，他率数十万大军猛攻红巾军首领芝麻李据守的徐州。

在脱脱手下，元军重新恢复了战斗力，他们用巨炮轰开徐州城墙，攻破徐州后屠城。芝麻李阵亡，残兵在彭大、赵钧用的率领下逃到了濠州。

相比没打出过濠州的郭子兴、孙德崖他们，赵钧用等人兵力更多，名气更大。郭子兴、孙德崖等久闻赵、彭之名，“乃共推奉之，使居己上”。

但彭大、赵钧用之间也有问题。赵钧用出身农家，与孙德崖等人气味相投；彭大本是樵夫，颇有胆略，与郭子兴走得更近。

孙德崖一直想除掉郭子兴，可他又没把握。等到赵钧用来到濠州，孙德崖顿时有了主意。一天，他堂而皇之地带兵就在大街上抓走了郭子兴，毒打一顿后丢进了小黑屋。

这事性质很严重，此时朱元璋正领兵在外，城内送来情报：郭元帅被抓了，他们正准备抓你，千万不能回去（“尔主被擒，亦欲擒尔，且勿归”）。

朱元璋却一拍大腿，大事不好，于是立即回城！他潜回城内奔到郭府，看见郭家三个儿子披挂整齐，正准备带兵去救郭子兴。朱元璋立即制止，郭家三子看看他，眼神里满是怀疑。

这不能怪他们，要知道，朱元璋此时的地位是比较尴尬的。他虽是郭子兴的亲信加女婿，但在郭家还是个外人，尤其这个女婿还是个入赘而来的干女婿。

在这种事上，儿子的分量最重，一个来了不到半年的干女婿，通常只有当打手的份儿，拿主意的铁定是儿子。

“孙德崖正在抓你，你这么快跑回来，是要来救老爷子呢，还是有什么其他想法？”

该如何解释？朱元璋说了句话，打消了郭家人的疑虑：“我家人也，释疑。从我谋，请知舍人所在。”强调“我是家里人”，朱元璋的感情牌打得光明磊落。说明自己是来救老爷子的，请相信他。

听了这话，郭子兴的三个儿子安静下来，问朱元璋有什么好主意。

朱元璋不慌不忙地分析道，此事没那么简单，孙德崖与元帅早就不对路，可他为什么早不动手，晚不动手，偏偏在这个时间动手，还敢光天化日明目张胆地抓人？他不是吃了豹子胆，而是事出反常必有妖。几位公子若贸然行事，恐怕正中了他的圈套！

郭家人还是转不过弯来：我们去救老爷子，能有什么圈套？

朱元璋解释：孙德崖要是杀了元帅，理亏在他。要是咱家武装去抢人，那性质就不一样了，你们谁敢保证，火并起来，元帅身上不会多出两个窟窿眼。到时候，谁说得清是谁干的？

郭家次子郭天叙是条莽汉，他瓮声瓮气地说道：“老爷子要有个三长两短，他孙贼满门不想活了！”

朱元璋摆摆手：“诸位公子请想，孙德崖为何早晚不敢动手，赵钧用来到濠州，他就敢了？依我之见，此事背后有鬼，孙德崖多半有赵钧用做靠山。赵钧用职位既高兵力又多，咱家不是对手。这样，元帅不是白死？”

正如朱元璋所料，孙德崖一个人没这么大胆，他是请得命令后才动手的，背后正是赵钧用。

听了朱元璋一番话，郭家人冷汗直冒：“那如何是好？”

朱元璋胸有成竹：“解铃还须系铃人，孙德崖既然倚仗赵钧用。我们只需去找那个人，问题就能迎刃而解。”

那个人就是彭大。

彭大与赵钧用不和，郭子兴是他在当地最重要的支持者。郭子兴如果被害，他在濠州也站不住脚，于公于私，彭大都非救郭子兴不可。

果然彭大一听勃然大怒：“有我在，谁敢害你家元帅！”

有彭大出面，这才顺利地救出郭子兴，孙德崖手下并无一人敢阻止。郭子兴此时已被打得遍体鳞伤、神志恍惚，要是来晚一点，恐怕不死也残。

朱元璋一眼就看穿了问题本质，光出口恶气没啥用，活着的郭子兴才是好郭子兴。这样的眼光，无疑高出郭家人一个层次。

所以，首领不是人人都能当的，一个人是否有领导力，重要的两个评判标准是：下属是否愿意追随和仰望你；你是否有能力领导他人向上发展。光发命令不是领导力，手下听话也不是领导力。以这个标准看，朱元璋是拥有领导力的。这是对他的第二次考验，朱元璋又过关了。

平台的重要性

彭大、赵钧用退到濠州忙着内斗，元军却不打算放过他们，脱脱派出中书左丞贾鲁率兵追击。

这位贾鲁，正是至正十一年（1351 年）治河的那个贾鲁。贾鲁是元代著名水利专家，至正十一年底，他不遗余力地修好了黄河，副作用也着实让人始料不及。翌年，贾鲁就和脱脱一起去善后——亲自带兵镇压农民起义。

贾鲁进兵围困濠州，这一围就是七个月。至正十三年（1353 年）五月，濠州已经摇摇欲坠。贾鲁志在必得，他召集部下誓师，慷慨激昂地发表演说：尔诸将同心协力，必以今日巳、午时取城池，然后食。

贾鲁披挂上马，打算发动最后一击。但还没出营门，贾鲁突然感到一阵头晕，从马上跌落。这一倒下便再也没有起来，贾鲁最后卒于军中，终年五十七岁。

贾鲁死得很不是时候，元军失去主帅，不战自溃，濠州之围不战自解。

濠州幸运地躲过了一次重大危机。元兵一退，城里像过年一样，大家都觉得这是大功一件，该犒赏一下自己。于是，彭大升级成了鲁淮王，赵钧用不甘落后升级为永义王。当然，并没有人给他们升职，都是自封的，说直白一点，就是僭越——红巾军并没有一个坚强的组织核心，就是这么随意。

眼看众人兴高采烈，朱元璋却忧心忡忡，他找到郭子兴商量："元帅，咱们兵力、粮草都不多，孙德崖可瞅着呢。再说，倘若元军下一次再来，怎么办？"

郭子兴很是理解："你的意思是？"

"我想回钟离募兵。"

"如此甚好。"

带着郭子兴的命令，朱元璋回到家乡濠州钟离，树起招兵大旗。以人数看，这次募兵行动算不上多成功，最后只招募到七百多人，但它对朱元璋事业的影响无可估量。

明初有"淮西二十四将"的说法，指的是明太祖朱元璋手下武功赫赫的二十四员将领，他们的籍贯都是淮西。

其中，有十八人是在这次加入朱元璋麾下的，他们是徐达、周德兴、郭兴、郭英、张龙、顾时、陈德、唐胜宗、吴良、吴祯、费聚、陆仲亨、郑遇春、陈桓、谢成、李新、耿君用、耿再成。除了这十八人，七百多人中的耿炳文、孙兴祖、丁德兴等人也是大名鼎鼎的功勋战将，活下来的后来都位列公侯。

这次规模不太大的招兵，让朱元璋建立起了自己的军事骨干。

之前，朱元璋虽得郭子兴信任，待在濠州却如同龙困浅滩，空有抱负却无处施展拳脚。为啥？就是手下缺人。

钟离募兵，招来的都是子弟兵，许多是朱元璋的儿时伙伴和邻居，彼此又有乡里和宗族纽带，凝聚力是惊人的。这样的七百多人，敢打七千人。

郭子兴得报大喜，将朱元璋升为镇抚，很快又升为总管，摆明是笼络他的意思。朱元璋一跃升为领兵官，旁人看来这是郭子兴的提携，他本人却作出了一个出人意料的举动。

这天，朱元璋找到郭子兴，向他提出一个要求：辞职，离开濠州。

郭子兴听罢一惊，问道："我待你不薄，何出此言呢？"

朱元璋解释："濠州彭、赵相争，局促又不能发展，早晚必遭祸事。不如让我离开濠州开辟一方新天地，万一哪天濠州待不下去了，也好有个容身之所，再图大事。而且，我不用多带人，这次招来的几百人都留给元帅，我只带几十个贴身伴当就可以了。"

郭子兴一听有道理，这个女婿能替自己考虑又有大局观，于是转惊为喜，批准了朱元璋的要求。

朱元璋把新兵都留在濠州，只带了二十四名亲信离开，往南边的定远方向而去。这二十四人，也就是日后所称的"淮西二十四将"。

常常有人想不通，朱元璋的出生地淮西只是个小地方，怎么就出了那么多名将。这批人没有系统地学习过军事知识，也没有怎么接受军事训练，却一个个都成了名将，一路辅佐朱元璋登上帝位。莫非朱元璋真是真龙天子，这批人是上天派给他的将星不成？

真龙当然是忽悠人的，你要问"淮西二十四将"猛不猛，那肯定是很猛，但你要说他们真是天生的将才，那肯定未必。这批人之所以成为名将，最关键的原因只是跟对了人，选对了平台。这就应了那句话，鸟随鸾凤飞腾远，人伴贤良品自高，别扯什么天资过人，就算真有天才，没有平台给他，也就是个废人。

平台的作用，怎么强调都不过分，窝在村里种地感觉不到，进了社会才知道什么是平台。朱元璋给他们提供的平台就是顶级的，这才是淮西帮能纵横天下的真正原因。

其他群雄手下并不是没有将帅之才，超过"淮西二十四将"的也有一大堆，只是他们的首领不如朱元璋而已。千里马常有而伯乐不常有，要是没有朱元璋，这二十四人可能就是农民或流浪汉，跟着朱元璋，他们才能成就惊天动地的伟业。

事实就是，先有朱元璋才有二十四将。如果没有这二十四将，朱元璋到其他地方招兵买马，照样可以培养出二十四将。

因为历史选择了朱元璋，朱元璋最后成事了，所以他的手下都成了名将。如果朱元璋败了，成功的是其他什么人，自然又会冒出一群别的名将。

至于成与不成，谁能走到最后，又是诸多因素的综合运转，既有个人能力，又有造化弄人，非表象的某一因素所能决定。一个偶然的小因素小运气，足以改变历史的走向。所以，有时候跟对了人、干对了事，真的很重要。

如何对待文人

话说回来，关于朱元璋离开时给郭子兴所作的解释，还有另一方面的解读。据他后来说：当年冬，彭赵僭越，部下者多凌辱人，予识彼非道，弃数百人，内率二十四名锐者，南游定远。

这番话能看出朱元璋并不是那么一心全为郭子兴着想，他南下定远也有自己的小心思。跟着郭子兴窝在濠州，不是自己的“道”，不如舍弃一些眼前利益，换取更大的发展空间，与其说这是为郭子兴，不如说是为了自己。

朱元璋带着二十四人离开濠州，南奔定远而来。这批人极其精干，一路上边走边招兵，很快又有了小几百人的规模。朱元璋又略施小计收服了张家堡驴牌寨的一批民军，兵力扩充到了三千余人。

有了这三千多人，朱元璋再次作出了一个极其大胆的决定：进攻驻扎在横涧山的一支元军，对方的人数是两万多人。

战斗的结果，元军投降，朱元璋完胜。

三千人打两万人似乎不可思议，其实这早在朱元璋的算计之中。他早已打听好，这支部队主力是当地地主武装，指挥官却是元朝派来的一个张知院。这位张知院还是个不知什么是血与火的享乐派，部下早已跟他离心离德，如何能是朱元璋和他如狼似虎的二十四名亲信的对手?

此战意义极大。其一在于控制了当地人口，有了兵源地。朱元璋从中挑选出两万精壮，扩充成了一支不小的军队。

其二在于打出了威名。之前出了濠州，没人认识朱元璋，这仗过后，朱元璋开始名声在外，远近的人纷纷前来投靠。缪大亨、冯国用、冯国胜、李善长等人都是在这时候投到他帐下的。

其中，冯国用和李善长，对朱元璋是有特殊意义的两个人。他们的身份是谋士。

可能是受《三国演义》的影响，谋士这个词被传得比较玄乎，其实就是幕僚，从古到今都不缺少这样的人物，一点也不稀有。

问题是，并不是所有人都能用好谋士。要用好谋士，前提得要能善待读书人。很遗憾，元末大部分农民起义军都没有这个觉悟。

群雄皆是起于草莽，他们要么根本没读过书，要么文化程度有限。所谓物以类聚人以群分，读书人就显得与他们格格不入。

在古代，读书是件很费钱的事。若想读到有点功名那个层次，铁定在地方上非富即贵，否则经济条件压根支撑不住。

所以，古代的读书人通常被农民军视为异己分子。信奉的都是以武力说话，读书人只是酸腐儒而已，留他们何用。除了留几个起草文件兼记账，郭子兴、孙德崖他们抓到读书人，大多只有一个命令：砍头。

但朱元璋不一样，他从一开始就确立了对读书人的态度：招贤纳士，为我所用。

这种认识是哪来的，他没说，后人也不好瞎猜。依笔者看，可能是他在社会上流浪的经历加从事文书工作的经验，让他认识到了知识的重要性。

这段时间，朱元璋自己也在恶补文化知识。根据史料记载，这时他的文化水平已经进步到能写两句诗了，在一众大老粗里，已经算个知识分子。

知识越多越觉得自己无知，就越尊重有知识的人。

冯国用、李善长就是有知识的人。尤其是李善长，在地方上以多谋善断闻名，朱元璋任用他为文书，帮助自己干一些处理文件的工作。

一天，朱元璋在帐内大发感叹："到处天天打仗，何时是个头啊？"

李善长听到后，抬头正色道："秦末战乱之时，汉高祖从普通百姓中崛起。他生性豁达大度，知人善任，不胡乱杀人，五年成就了帝王的基业。"

朱元璋打量着眼前这个貌不惊人的读书人，说我们之前想的只是如何生存下来，能有口饱饭吃，不被别人吃掉，大家已经很满足了。至于往下该怎么走，谁心里也没个谱。

"先生，您的意思是？"

李善长顿一顿，坚定地回答："现在元朝纲常已经混乱，国家四分五裂。倘若元帅能效法汉高祖，何愁天下不定！"

朱元璋诧异地看着李善长，自己接触了这么多人，从来没人跟他说什么效法刘邦平定天下这样的话。能不能成功先另说，光这个格局李善长就高出那帮武夫一大截。

现在说能成为刘邦还为时过早，但朱元璋知道，效法刘邦他可以做到。

朱元璋站起身来向李善长行礼："我正需要眼界宽广的人帮我出主意，能得到先生您，是我的幸运啊！"

李善长的文化水平有多高呢？根据记载，其实只是"粗通文墨"，四十多岁的人了，连个秀才的功名也没捞到。搁到浙江青田刘伯温那堆进士里，也就是个半文盲。

可就是这样的李善长，在军中已经是鹤立鸡群，引经据典滔滔不绝，让朱元璋引为头号谋士。他任命李善长为掌书记，让他负责沟通上下，帮自己出谋划策。

回到本书开头的问题，元末群雄并起，朱元璋这个红巾军的一个小镇抚，凭啥能一路过关斩将，成就帝王霸业？

这个问题有许多答案，其中很重要的一个，就是善待文人，这对他以后能在群雄中脱颖而出至关重要。

朱元璋善待文人，不光是给自己招募了智囊，更是在这个阶层中树立了好口碑，他很快就会收到回报。

首战滁州

定远毕竟还是个小县城，朱元璋闹得再厉害，也就是股规模稍大一点的地方红巾军，在造反这个行业里还是个不入流的小角色。

为了实现质的跨越，朱元璋必须向外发展，他选择的第一个目标是滁州。

北宋的欧阳修说“环滁皆山也”，滁州地势险要，是块易守难攻的地方。但是，滁州的元朝守军却并不懂利用地形的优势，而选择出城结阵与朱元璋决战，这种场面最适合勇将发挥，比如朱元璋的先锋花云。

花云是“淮西二十四将”之一，元末著名的勇将，长得面貌奇伟，肤色黝黑，就像一尊黑铁塔，人称“黑先锋”，特长是冲锋陷阵。这一战花云大出风头，在战局还不明朗的时候，他带头冲锋以中央突破的战术击破敌阵，一举攻破滁州城。

朱元璋在驴牌寨和横涧山的成功说明他是个有谋略的人，但打硬仗的本事还需要接受实战检验。滁州之战才是朱元璋创业道路上真正的第一战，他向部下们证明，跟着自己，一定没错！

朱元璋在滁州混得风生水起，郭子兴却在濠州被排挤得很不如意。听到干女婿攻克滁州的消息，他赶紧带领本部人马离开濠州那个是非之地，前来与朱元璋会合。

这时朱元璋的兵力已发展到了三万多人，郭子兴手下却只有一万出头。然而，朱元璋的选择非常耐人寻味，他交出了所有兵权，自己仍然老老实实地当郭子兴手下的一个小军官。

这件事让许多人看不懂，天下大乱之时，大家都是起义军，当你的实力已经强于原来的首领时，会选择交出所有权力，当回一个不起眼的军官吗？

朱元璋交出兵权，其实是他当时的最佳选择。

朱元璋这时崭露了些许头角，但仍处在事业起步阶段。放眼整个天下，可以说他还是个无名小辈。郭子兴就不同了，这个人是老资格红巾军首领，名望远超朱元璋。朱元璋出山，打的是濠州郭子兴的旗号，许多人愿意投降，降的不是朱元璋，而是韩宋政权和郭子兴。

而且，朱元璋手下的一部分人，如邵肆、邵荣等都是郭子兴的老部下，与朱元璋是平级关系，他们仅服从郭子兴的调遣。要是硬留着这三万人，不光会被郭子兴猜忌，也会使得手下分裂。

一旦提前与郭子兴闹翻，朱元璋将会失去一切。

回过头看，朱元璋就没有自己的小心思吗？

还是在滁州，发生了这么一件事。

这天有人来报，门口有个叫花子领着两个孩子，口称是元帅姐夫，想要求见元帅朱元璋。

朱元璋听了心中一动，赶紧飞奔出去一看，果然那人是自己的姐夫李贞，他领的两个孩子也都是至亲，分别是朱元璋的外甥保儿（李文忠）、侄儿朱文正。

偌大的家庭只剩这几口，四个人都是心中酸楚，不禁抱头痛哭起来。这一年朱文正十八岁，保儿十四岁，连同孤儿沐英，朱元璋把三个孩子一起收为义子，带在身边抚养。

义子，是古代军队中一股不容忽视的力量，是笼络人才的一个重要手段。比如，同时期的王保保就是察罕帖木儿的养子，张士诚有义子五太子，明玉珍也有义子明昭。不过在朱元璋面前，这些人都要自叹不如，洪武皇帝记录在案的干儿子就有二十几位。

朱元璋为何要收这么多义子呢？根本原因是要培植绝对忠于自己的力量。

在滁州，朱元璋不得不交出好不容易打来的兵权，郭子兴却不那么放心朱元璋。朱元璋再能干，也是干女婿，怎么比得上自己的亲儿子呢？郭子兴不仅收走兵权，还对朱元璋亲自挑选的淮西班底加以笼络。

除去徐达、李善长等死忠以外，其他人并不是非跟朱元璋不可。对他们而言，郭子兴才是总元帅，总元帅就算越级指挥，他们也必须听令。

这对于献上军队却被排挤还被挖了墙脚的朱元璋来说，恐怕是极为郁闷的。郭子兴对儿子的偏爱，让朱元璋认识到父子关系的重要性。

朱元璋还没有儿子，收养义子，就是他为将来走的一步棋。

义子的关系比将领更为亲密，一旦建立了义父子关系，这两个人之间就具有了道德伦理上的关系，这种关系天然就表现为必须忠诚。

显然，义子要背叛主公，付出的代价是很高的。朱元璋手下有很多将领背叛过他，但没有一个义子叛变，就在于这些人和朱元璋之间建立了一种天然的忠诚关系。

众所周知，朱元璋创业开局之难，在中国古代封建王朝所有开国君主中是数一数二的。他是个孤儿，在郭子兴手下就是个打工的，要想真正掌握大权，必须要有绝对忠于自己的亲信。在滁州，朱元璋开始收养义子，这是他培植亲信势力的重要一步。

义子们后来果然为朱元璋南征北战，还担负起监军和节制诸将的重要任务，为大明王朝的建立立下汗马功劳。长期征战中，这些义子没能都活到朱元璋称帝，如朱文刚死于处州、朱文逊阵亡于太平，还有不少义子在复姓后姓名失传了。

其中，最出名的就是这三个：朱文正、保儿（李文忠）、沐英，他们后来都会帮上朱元璋的大忙。

第四章 高邮之战

私盐贩子

此时是至正十四年（1354年），时值元末，金戈铁马闻征鼓，风云际会，聚齐天下英雄。别看在滁州闹出了点动静，朱元璋还只是个不起眼的小角色。

江湖上没有朱元璋的传说，他在元顺帝眼里更是排不上号。在这个时候，元朝的目光聚集在江南一个叫高邮的小地方。

高邮现在以土特产咸鸭蛋闻名，不过在元末，它的出名是因为一个人，一个私盐贩子。

私盐贩子，是历史上的一个传奇行业。盐这东西，在古代属于独家经营，国家专卖。盐业专卖越严，私盐越好卖，贩盐的利润十分丰厚。

张士诚，泰州兴化白驹场人，工作是撑船运盐，真实身份是私盐贩子。元朝对别的事通常不怎么上心，涉及盐业这样的经济命脉，打击力度却一点也不含糊，惩罚的最低标准是七十大板加发配流放，情节严重的斩首抄家。

因此，贩私盐这个行当利润虽高，却风险极大。私盐贩子们必须抱团，依靠黑道才能生存。

张士诚就是这样的黑道人物，他能混出名堂不是偶然。他有两个特点，一是比较有头脑，二是特别讲义气。他们兄弟四人仗义疏财，纵横于江浙一带，张士诚逐渐混成了老大。

至正十三年（1353 年），元顺帝的改革已彻底失败，天灾人祸，物价飞涨。韩山童和刘福通在颍州点起了反元的第一把火，随后红巾军在南北遍地开花，反元成了一时潮流。

兴化的张士诚把头别在裤腰带上忙活了几年，发现不仅没挣到钱，资产还在不断缩水。正在火头上，还有盐政府官员上门吃拿卡要。

张士诚一合计，私盐行当也混不下去了，不如学习刘福通，做一番大事。

在一个月黑风高的晚上，张士诚带着十八个运私盐的扁担仔发起暴动。振臂一呼后，张士诚发现跟他有同样想法的竟达一万多人，就此不费吹灰之力地攻下泰州。随后他利用元朝招安的机会将计就计，一举占领了高邮。

现代有位名人说过：发动一场战争简单，但结束一场战争很难。这适用于所有战争，在兵荒马乱的年代更是如此。造反并不难，难的是如何收场。

对于这点，张士诚想得很清楚。

接下来，张士诚作出了一个惊人的举动——称帝。

至正十三年（1353 年），张士诚建国，国号“大周”，他自称“诚王”，年号“天佑”。

几十年以后，早已成为皇帝的朱元璋，对自己的各个对手做过一番评价，他对张士诚的评价是“士诚狡而懦”。

经验告诉我们，成功者对失败者的评价多半不能相信，朱元璋这句话只说对了一半。

朱元璋的评价，是胜者对败者的藐视，他有这个资本。不过放到元末大环境下来看，张士诚绝非泛泛之辈。

张士诚“狡”不假，“懦”是绝对不“懦”的。

相反，张士诚很强。只占据了几座城池就敢称帝，不是脑子有病就是有非凡的勇气。在张士诚之前，只有湖北的徐寿辉敢这么做，不过徐寿辉的力量要比张士诚强大很多。

那么，张士诚又是出于什么考虑敢于称帝呢？结合他后面的举动来看，笔者只能认为他勇气可嘉。

高邮之役

造反的诸侯那么多，元朝兵力有限，只能选择性用兵，第一类要镇压的，无疑是那些跳出来称王称帝的家伙。天下的皇帝只能有一个，那就是大元皇帝，要不把这些造反者先灭了，怎显大元正统？

张士诚称帝无疑捅了马蜂窝，元朝派出最得力的人选脱脱率百万大军前来讨伐，把高邮围了个里三层外三层。

面对巨大的兵力差距，所有人都沉默了，除了张士诚。

大军围城，小小高邮摇摇欲坠，张士诚并不是没有选择，建议逃跑者有之，建议投降者有之，大部分人建议他暂避风头，想办法突围。但张士诚都拒绝了——既然称帝就要承受称帝的代价。

再想一想，明知不可为而为之多是莽夫行为，张士诚又凭啥死撑呢？

原因是这个人很有人格魅力，张士诚在占领区轻徭薄赋、施行仁政，极受部下和百姓拥戴。要是换个人，下属早就四分五裂，说不定就绑了张士诚领赏去了。但在高邮，张士诚说要守城，大家都愿意拼命一搏。

即使这样，高邮显然也守不了多久，苦苦支撑三个月后，高邮已弹尽粮绝，元军只需要再来一次总攻，就能拿下高邮。

但总攻不会来了。

内讧，还是熟悉的味道。利用脱脱远离朝廷中枢的机会，政敌在朝堂不断向他发起进攻，元顺帝听信了谗言，一纸诏书把脱脱召回上京。元朝大军失去统帅，各部分崩离析，士气严重受挫。张士诚抓住机会发起绝地反击，元军无心抵抗，兵败如山倒，百万大军就这样烟消云散，反而给了张士诚不少补充，这一刻“诚王”真正有了称王的底气。

高邮之役是元末元军最大规模的一次军事行动，百万大军竟没能拿下小小的高邮，张士诚看来足够幸运，不过许多人忽略了他的坚持。

众寡悬殊之下要是张士诚没有选择硬扛到底，那脱脱的政敌就不会有理由在朝廷进言，说他长期在外独掌军权，打高邮出工不出力，也就不会有脱脱被召回这件事——此言正中皇帝软肋，素有威望的名臣脱脱率百万大军，三个月打不下一个高邮，怎不令人生疑？

机会只留给有准备的人。归根结底，张士诚能成功还是靠他自己的坚持，如果稍有懦弱，这个人在历史上早就不存在了。

张士诚的孤注一掷博出了新天地，就此声势大振，他乘势连续攻克常熟、平江、松江、常州等路，改平江为隆平府，把办公场所迁到了那里。

放眼天下，舍我其谁。张士诚出道即巅峰，江南膏腴之地尽入其手，奠定了自己的霸主地位，这一年是至正十四年（1354 年）。

张士诚在高邮大败元军的影响远不止于此，事实上，这一仗的意义大到超乎所有人想象。

百万元军这个数是实数而不是虚数，包括战兵和辅兵。要说这点元顺帝还是比较实在的，曹操能把十几万人吹成八十万，元顺帝不搞虚头巴脑那一套，百万就是百万。

百万大军出动，不用打就吓死一批人，这把天下诸侯都看傻了，能集结起这么多军队，元朝怎么看也不像要灭亡的样子啊。大家看看自己，谁也不觉得自己有抵挡元军的实力，更没人敢去救张士诚——“诸将畏，莫敢往”。

要往大了说，张士诚就是以一己之力在独扛元朝庞大的军事机器。

元朝这百万大军，是征发了漠北、西域和中原诸王诸省的兵马，由右丞相脱脱总制，史称“旌旗累千里，金鼓震野，出师之盛，未有过之者”，几乎就是元朝全部的家当。

小小高邮为啥让元顺帝这么抓狂，因为张士诚切中了大元的动脉——漕运。

高邮位于江浙行省，又是长江与京杭大运河的交汇处，元朝每年有大约一半的税收、十分之四的粮食来自那片地区。中央财政已经在崩盘之中，要再失去江浙的税源，元顺帝就只能喝西北风，能不急吗？

元顺帝征发百万大军对付小小的高邮已经让大家惊掉了下巴，高邮之役的结果又让天下的眼镜碎了一地。脱脱南征失败带来了灾难性后果，元顺帝再想派兵，发现一个严重的问题：经济彻底崩了。

打仗就是烧钱，百万大军并没有被全部消灭，大部分只是溃散了，只要有钱还能集结起来。但漕运被切断了，元顺帝就再也召集不起百万大军了，哪怕十万大军他也拿不出来。

从此以后，元顺帝再也没能拉起一支直属于他的政府军。

要是单就反元来说，张士诚的功劳在各路势力里可称数一数二，反元的第二次高潮就是从高邮之役后开始的。要是他失败了，元军就重新打通了南北的联系，各路起义军都将感受到凌厉的压迫。

有人会问，元顺帝召集不起军队，元朝不就完蛋了吗？各路起义军只需挥师直捣大都，皇位岂不是手到擒来？

当然没这么简单，元朝体制内的军队没了，还有体制外的军队。

天下群雄没有想到，元顺帝也想不到，相比元朝正规军，体制外的军队才是对各路起义军最大的威胁。这些到后面详细说。

总之，这一切的根源就在于元军这次失败的南征，从此以后，天下彻底乱成了一锅粥。

第五章 『天完』红巾军

徐寿辉

张士诚起事的时候，朱元璋还是濠州城里郭子兴手下一个小小的九夫长；脱脱南征时，他已经攻下滁州。即便如此，朱元璋也还只是个不起眼的小人物，已经称王的张士诚才是这时江南最大的人物。

与此同时，在湖北，事情也在悄悄地发生着变化。

南方最大的红巾军势力内讧了。

至正十一年（1351 年），天下到处流传着“莫道石人一只眼，挑起黄河天下反”这样的歌谣，第一波反元斗争进入了高潮。以反元为终身目标的彭和尚自然不甘落后，在他和一众弟子的谋划下，另一支起义军也在大别山里烧香聚众，打出了红巾军的旗号。区别于刘福通的北方红巾军，他们被称为南方红巾军。

不过，这支军队的首领却并非彭和尚，而是另有其人，他叫徐寿辉。

徐寿辉，蕲州罗田人，布贩出身。根据记载，徐寿辉长得威武雄壮，膂力过人，兼之面有异相，一望便知为非常人。

在《明史》《新元史》等多种史料记载中，徐寿辉都是因为相貌雄伟、身上有“神光”，而被拥戴为首领的。这种说法就跟真龙天子出生必有异兆一样，本身就有杜撰的成分。长相或许是事业的加分项，可如果没点真本事，光凭长相就能让南方最大的这支红巾军拥戴为首领?

徐寿辉，确实是有点真本事的。他与著名的南方弥勒教首领彭和尚是老相识，彭和尚的毕生理想就是反元。徐寿辉为人宽厚，喜欢交朋友，在彭和尚影响下加入了弥勒教，从此开始利用自己布贩的身份做掩护，往来发展起义队伍。

徐寿辉发展的最重要的一个人叫倪文俊，倪文俊又发展了一个部下叫陈友谅，这三个人的关系后来陷入了一个怪圈。

那为啥不是资历最老、门徒众多的彭和尚来当首领呢？毕竟彭和尚不是当地人，是因为起义失败逃避官军追捕才远避到湖北的。带领农民起义这种事，一般得由当地人来带头。一个才跑来湖北避难不久的江西人想当首领，哪怕他是彭和尚也不行，中国的地方、宗族概念可是根深蒂固。

而且，彭莹玉一直是个和尚，从没有还俗的念头。对他来说，不管谁做这个首领，只要能推翻元朝，那就都一样。徐寿辉的才能不在军事，他擅长制造吸引力，鼓动人心。起兵后，他亲力亲为，隔三岔五就带人下乡搭台唱戏，先是让人演一段武打戏，吸引人来观赏。等戏演完了，他适时地站出来，发动游说才能，常常说得人涕泪横流，热血满怀。

起义不到一个月，南方红巾军就从原来区区几千人扩张到数万之众。募兵大大成功，与徐寿辉的激情演讲是分不开的。所以，当起义需要首领的时候，徐寿辉被推为盟主是水到渠成的事，这和长相关系不大，可以说是他的人格魅力使然。

第一个称帝的造反派

南方红巾军在徐寿辉的率领下攻占蕲水后，立马就和元军硬碰硬地打了一仗。

元顺帝调来的是镇守武昌的威顺王宽彻普化。这位亲王以自己的精锐怯薛军为箭头，带着两个儿子别帖木儿和达帖木儿直捣红巾军指挥中枢金刚台，试图来一次擒贼先擒王的突袭。

宽彻普化是忽必烈直系子孙，自视甚高，满以为凭借自己的精锐正规军打这帮农民军，定能手到擒来。哪知现实却给了他一记耳光，刚一接触，元军就迅速败下阵来，连别帖木儿也被农民军活捉。

这支红巾军如此勇猛是有道理的，它里面有超级多的猛将。造反老祖宗彭和尚坐镇，他的一帮弟子赵普胜、丁普朗、欧普祥、项普略一个比一个能打，徐寿辉、邹普胜、倪文俊个个也不是省油的灯，活捉别帖木儿的正是倪文俊。

这场胜利是标志性的，红巾军乘胜出击，很快打下了鄂东的蕲州和黄州，拥有了一片自己的地盘。

紧接着，徐寿辉等人作出了一个震惊天下的举动——称帝。徐寿辉把蕲水（今浠水）定为都城，封彭和尚为军师，邹普胜为太师，其他将领各有封赏，定国号为“天完”，改元“治平”。“天完”这个国号是个天才的主意，它在“大元”的国号两个字上分别加了个盖子，摆明就是要压大元一头。

此时的时间是至正十一年（1351 年）九月，离他们起兵才过去两个月。

说到称王称帝，第一还排不到张士诚，那得数徐寿辉。称帝的好处是显而易见的，众人摇身一变都成了军师、元帅、将军，名分有了，好处也有了，将来都是开国功臣，打仗也更卖力了。

“治平皇帝”徐寿辉派出大军南征北讨，纵横驰骋于长江南北，控制了湖广、江浙以及福建的不少地方。在“天完”红巾军的扫荡之下，“西自荆湖、东际淮甸，守臣往往弃城遁”，一时间“东南无地不红巾”，动静闹得比北系红巾军刘福通他们还要大。徐寿辉建立的“天完”政权，掀起了反元起义的第一个高潮。

这时，朱元璋还在皇觉寺出家，张士诚还在走私，他们都得尊称徐寿辉一声老前辈。

看到徐寿辉称帝后这么生猛，或许就不难理解，为啥张士诚只占了个小城就敢称王。当然，张士诚建立“大周”时，“天完”军风头正劲，他还没看到徐寿辉称帝后的副作用，否则张士诚怕是也要再等一等。

称帝能振奋人心，也能引来敌人最大的关注。不称帝，元顺帝还能睁一只眼闭一只眼，派人来谈判招安，要是称了帝，那就是不死不休的对头。

红巾军四处出击固然痛快，但发展太快也有问题，成长得太快身子骨就虚了，对已占领地区的统治就不够稳固。

连续不断的胜利很容易让人感觉良好，觉得只要再加把劲，彻底推翻元朝也不在话下。问题是，元朝真的这么不堪一击了吗？

元顺帝用行动告诉他们，还早得很呢！至正十二年（1352年）三月，元军发起了反击。

元顺帝发布严令，命环绕湖北的各行省通力合作，允许他们进行跨省的军事行动，调集各省兵力进入湖北地区，与红巾军展开一城一地的血战。当初怎么失去的，就再怎么夺回来。

这时，“天完”政权占地太快太广的缺陷就显露出来了。激战之后，彭和尚、况普天、项普略等至关重要的将领相继战死，“天完”军全线溃退，占领的土地几乎全部丢失。

元军并不只是要拿回土地，他们还要徐寿辉的命。元顺帝调集二十万大军，四面围攻“天完”政权都城蕲水。徐寿辉没有张士诚的运气，蕲水不久被攻破，城内的四百多名“天完”将士被杀。徐寿辉仅以身免，拼死突围而出，钻进大山里再度蛰伏起来。

天下大势一盘棋，虽然“天完”红巾军和其他起义军之间并不存在统属关系，但徐寿辉自己也没料到，救了他一命的，正是另一支义军，张士诚。

张士诚一看称帝这么好，也在高邮同样来了这样一手，高邮的位置又特别关键，可把元顺帝给气坏了。徐寿辉钻了山沟，一时半会搜不出来，"天完"红巾军也剿得差不多了，都城、政权都被摧毁了，还能整出什么幺蛾子来？于是，元顺帝下令收兵，把军队调给了脱脱，由他统率先去灭了张士诚，这些在前面都有过交代。

张士诚不会想到，自己的举动会对天下大势造成这么大的影响。不过"天完"政权的再度崛起，其实和徐寿辉关系不大，那主要是另一个人的功劳。

徐寿辉逃过一劫，他环顾左右，发现老兄弟们死的死、散的散，兵力更是捉襟见肘，要想重整旗鼓，靠这点人确实不够。他把眼角余光一扫，发现了一个人：倪文俊。

倪文俊

倪文俊，绰号倪蛮子，渔民出身，黄州黄陂人，他是徐寿辉亲手发展起来的教众。之前与彭和尚和他手下一批猛将相比，资历不深的倪文俊不显山不露水，主要率领水军作战。

蕲水失陷后，倪文俊退到沔阳湖区，元军不善水战，只能干瞪眼。等元军班师后，没受太大损失的倪文俊，成了"天完"政权国残存的重要力量。

徐寿辉有个特点，为人宽厚，能放手任用部下。倪文俊又是他亲手发展出来的亲信，这么好的兄弟，不用他，用谁？徐寿辉在大山里发出诏书，封倪文俊为丞相，命他统兵发起反击。

倪文俊的精神头一下就上来了，倪蛮子可不是白叫的，他打仗很有一套，史载"用多桨船疾如风，昼夜兼行湖江，出人不意，临战多克捷"。反击出奇的顺利，倪文举迅速攻占沔阳，兵锋再次直指武昌、汉阳。

要问为什么这么轻松，还是因为元顺帝太重视张士诚，把大部分兵力都调走了——"未几尽抽军……官军势退，而贼势复炽矣"。

沔阳一战，是倪文俊一飞冲天的开始，也是另一个人崛起的标志。

在《明史纪事本末》里，有这样一段话："太祖崛起濠梁，而同时并兴者，则有张士诚据吴，徐贞一据蕲，明玉珍据蜀，方国珍据江东，然皆阖门坐大，非有图天下之志也。独陈友谅以骁鸷之姿，奄有江、楚，控扼上流，地险而兵强，才剽而势盛，实逼处此，以与我争尺土者，非特汉之文伯、子阳，唐之世充、建德而已。"

这番话勾勒出了陈友谅的形象，天下虽大，能有资格称得上是朱元璋真正对手的，不是张士诚、徐寿辉、方国珍他们，而是陈友谅。

陈友谅，沔阳当地人，渔家出身。根据记载，他有三个特点：姿貌丰伟；少读书、略通文义；膂力过人、娴于武艺。

在猛将如云的"天完"政权里，陈友谅起初并不显眼。徐寿辉大封群臣之时，他只得到了一个簿书掾的职务，隶属于元帅倪文俊。

起兵之初猛将太多，资历太浅的陈友谅还排不上号，这段时间他的主要工作是抢劫——"与其弟友仁、友贵至正中剽掠村落，官军累讨不能平"。这几句话告诉我们，勇武强悍的陈友谅见了官军一点也不㞞。

劫掠不算什么有前途的工作，不过陈友谅并没有气馁，他低调做人，高调做事，吃苦在先，拼杀在前，通过自己坚持不懈的努力，却并没有改变自己的命运。他的职务往上提了一点，手下从几十人增加到了上百人，离飞黄腾达还差着十万八千里。

陈友谅并没有自暴自弃，他坚信是金子总会发光，继续坚持不懈地执行抢劫任务。然而他发现越干越不对劲，"天完"皇帝的都城都被元人干没了，皇帝钻了山沟，自己手下的人也越来越少。这样下去，自己啥时才能出头？

陈友谅就琢磨了，看来要想出头光靠抢劫是没用的，非得立大功不可。哪里最容易立大功呢？徐寿辉遭受重创，倪文俊正收复失地，前线正在用人之际，陈友谅的机会来了。

所谓富贵险中求，陈友谅果断向上级倪文俊打报告，请求带上自己的几百号人去支援前线的曾法兴攻打沔阳。

看到部下这么有上进心，倪文俊也蛮高兴，给陈友谅挂了个"副将军"

的职务，还另外拨给他一千名士兵。更重要的是，倪文俊还拨给他两个将领：张必先和张定边。这两人和陈友谅一样，都是湖北沔阳老乡。三人一见如故，当即磕头结拜为兄弟，说好一定生死与共，风雨同舟，共谋前程！他们就相当于陈友谅的关羽和张飞，得此二人相助，郁郁不得志数年的陈友谅终于开始发迹，他的名字很快将传遍大江南北。

本来倪文俊给陈友谅的任务是配合友军助攻，结果这位老兄兴奋过头，行军速度太快了，等他到了沔阳，发现主将曾法兴还没到。

面对沔阳城，陈友谅做了一番风险评估后决定，不等了，就靠自己这点人拿下沔阳。当然不是强攻，而是智取。沔阳是陈友谅的老家，造反前他还当过县里的县吏，人头地头都熟络得很，他清楚地知道沔阳防御的薄弱点。

陈友谅叫来最信任的兄弟张定边，带着七个最勇猛的士兵化装成樵夫混进城里。到了晚上，张定边安排几个人在城里四下放起火来，自己则提刀直奔城门。

这位张定边其实是个超级猛将，武力值在元末数一数二。一片混乱之中，守城的兵丁哪里是他的对手，张定边砍倒门卫，放下吊桥。陈友谅早率人在门外潜伏多时，趁机一拥而入。元军已乱，无法组织起有效的抵抗，只能弃城而逃，陈友谅就这样兵不血刃地拿下了沔阳。

计策并不新鲜，但很实用。陈友谅让人初步见识了他的坚毅果敢，相比朱元璋南略定远，他的表现不遑多让。

陈友谅并没有裹足不前，他挟余威立即进军旁边的中兴城，再次轻易得手。连拿两城，陈友谅超额完成了任务，这还是在预定的主力没参加战斗的情况下。

倪文俊还没来得及向徐寿辉邀功，麻烦就来了。元军回过神来，打听到进攻两城的"天完"军人数极少，威顺王宽彻普化立即带着数万兵马发起了反击。形势有点凶险，倪文俊这支兵力如果被击败，徐寿辉就又得钻山沟。

倪文俊已经等不及徐寿辉的命令了，他马上提兵来到汉川县布防。在汉川鸡鸣汊，倪文俊利用宽彻普化船队搁浅的机会使出火攻之计，尽焚其船。宽彻普化大败，随军的妃妾都成了俘虏，儿子接待奴、佛家奴、报恩奴都死于乱军之中。

威顺王宽彻普化驻藩湖广三十年，是“天完”军强大的对手，这次被击败后他在湖广再也站不住脚，逃到了陕西，再也没有回到武昌。

蕲水解围，徐寿辉松了口气，论功行赏，重奖倪文俊是必然的。除此以外，他还在蕲水城外的清泉寺特意召见了陈友谅，亲自封他为将军，并拨给他两万人马。

倪文俊乘胜追击，再度攻取武昌、汉阳，“天完”政权声势复振。夺取武昌后，倪文俊又分兵占领了荆州、襄阳、长沙、衡州，席卷整个两湖，以及现在的江西西部、安徽西部。

“天完”政权已经有了大概三个省的地盘，军队六十余万人，是当时一个相当强大的势力了。

次年，即1356年正月，倪文俊迎立已在残破的蕲水中憋屈了一年的皇帝徐寿辉，迁都汉阳，这是“天完”政权在徐寿辉手下达到的最高峰。

陈友谅的崛起

眼见“天完”政权一步步重新强盛起来，徐寿辉却有点笑不出来。因为倪文俊看他的眼神，越来越不对劲了。

之前的倪文俊只是元帅之一，顶多只相当于彭和尚众弟子一样的角色。彭和尚失败后，他几乎只手擎天，凭一己之力让“天完”政权复起，功劳有目共睹，声望也随之日隆。丞相的位子，已经有点压不住他了。

倪文俊开始对徐寿辉横挑鼻子竖挑眼，不把这个皇帝放在眼里。徐寿辉虽是忠厚人，但也看出这样下去要出事，倪文俊不想当丞相，他是想当皇帝。

问题一旦上升到政治层面，那就说什么都不管用了。至正十七年（1357年），徐寿辉和左右图谋，想除掉倪文俊。巧合的是，倪文俊想的也是怎么除掉徐寿辉。

这就是比拼实力和手腕的时候了，倪文俊虽然觉得自己羽翼已丰，但老实人徐寿辉却教他重新做了人。

倪文俊争权失败，只得逃离汉阳。去哪儿呢？他环顾一番，看到高耸的黄州城，有了主意。黄州，是他一个属下的驻地：陈友谅。

陈友谅在倪文俊手下数年，不久前倪文俊又刚为其请功，让他当上了大将，倪文俊觉得这是个可以依靠的心腹。老上级落难了，到陈友谅这里避一避风头可还行？陈友谅说：不行。他设下伏兵，一举诛杀了倪文俊。

这是一次成功的投机行为，杀死倪文俊，陈友谅在政治上捞足了资本，他被授予宣慰使一职，再一次得到徐寿辉的另眼相看。更重要的是，陈友谅接管了倪文俊的地盘和军队，本来只有几万人马的他，一下子跃升为“天完”政权数一数二的强大力量。不久，他改任平章政事，入驻武昌、汉阳，“天完”的核心地区都被他所控制。

斩杀倪文俊这件事，许多人指责陈友谅做得太阴险，这多少有点妇人之仁了。倪文俊争权失败意味着他已经难以在“天完”立足，要么被其他人杀死，要么投降元朝。陈友谅不做，别人也会做，那为什么陈友谅不能做？

倪文俊是个意志不坚定的人，在对徐寿辉动手之前，他就联络过元朝，希望能被收编。只要元顺帝给他湖广行省平章当当，他立马就可以率部投降，同时还能把手里的人质威顺王王子别帖木儿给放了。只是因为条件没谈拢，倪文俊才转而动起了徐寿辉的脑筋。这样的人，只能称之为莽夫，办事不经脑子，想到哪算哪，最多也就是个“天完”版董卓。

陈友谅不同，他是个真正的枭雄，其心愿是成为曹操。

这是格局的问题，也可以称之为野心。

现实就是这么无情，战争是最残酷的，政治斗争更是从来没有亲情友情可讲。道德只是天下大定后才有条件讲的，在乱世并没有什么用，实力才是最大的资本。

这个道理在之后还会被一再证明。

安庆之战

事实证明，陈友谅不是只知道内斗的人，他的立场自始至终很鲜明，那就是反元，这点终其一生也没有任何动摇。

手里有了兵，陈友谅立即着手反元大计。从至正十八年（1358年）开始，他分兵进入江西，自己则亲自率军攻入安庆路。

安庆路治怀宁，即今天的安徽省安庆市，这个地方对陈友谅至关重要。

在整个江南，有两个最重要的核心区，一个是武昌，一个是集庆，即今天的武汉和南京。这两个核心区，又有一条大动脉把它们联系到一起，它的名字叫长江。安庆就在这条大动脉中间，长江在安庆穿城而过，两边是山区，地形崎岖，难以行军打仗，唯独留有一段四五十公里的狭长区域。所以，安庆自古以来就有"万里长江此封喉，吴楚分疆第一州"的称呼。无论是从集庆方向进攻武昌方向，还是从武昌方向进攻集庆方向，安庆都是非常重要的战略节点。

既然安庆这么重要，为什么大小红巾军都不去攻占它呢？不是不想，而是打不动。因为在安庆驻扎着农民军的可怕对手——余阙。

余阙，出生于庐州，是汉化的唐兀人。唐兀是元朝时的称呼，在宋朝这个民族有个更响亮的名称——党项，曾建立过西夏国。

西夏被成吉思汗所灭后，一批西夏人被迁到了江南，他们被划入色目人的范畴。元朝对这些西夏人还是比较信任的，时有唐兀人出任大将和官员，在合肥一带甚至有过唐兀人组成的唐兀卫亲军都指挥使司。

余阙没有祖上的风光，他少年丧父，家道中落，十三岁才有钱读书。根据他的文章所述，余阙这些唐兀人皮肤较黑，善骑射，个子比汉人高不少。他们一样慷慨仗义，与邻居相处和睦，和其他人并没有什么不同。

在乡人的帮助下，余阙才有条件一直读书。三十岁时，余阙一举高中榜眼，赐进士及第，他是科举史上合肥可考的第三名文榜眼。与他同时考中进士的还有另一个后来著名的人物刘基（伯温），两人有同年之谊，来往密切。

但对农民军而言，榜眼余阙是不存在的。在他们眼里，余阙哪里像个读书人，分明是避之唯恐不及的煞神。

安庆是重镇，红巾军必欲得之而后快。至正十二年（1352 年），“天完”皇帝徐寿辉御驾亲征，亲自领兵围攻安庆。眼看安庆告急，元廷任命监察御史余阙为代理淮西宣慰副使、都元帅府佥事，领兵救援安庆。

余阙带着粮食和部下从小路进城，没有急于交战，而是把所有粮食集中起来，让好久没吃饱饭的军民饱餐了一顿。吃完他抹抹嘴，对手下说道：“还想吃饱饭吗，那就跟我出城，打败敌军，任尔等饱餐。”

徐寿辉都没弄明白自己是怎么败的，眼看安庆已摇摇欲坠，哪知元军会突然像打了鸡血一样跟自己拼命。他派人一打听，原来城里来了个叫余阙的人。

从此“天完”军有近四年没敢碰安庆。到了至正十六年（1356 年），“天完”勇将赵普胜不信这个邪，决定自己再去跟余阙碰一碰。赵普胜是彭和尚的弟子，元末有名的悍将，人称“双刀赵”，普通元军看到他的旗号就闻风而遁。

至正十六年（1356 年）到至正十七年（1357 年）两年内，赵普胜接连两次进攻安庆，却是连战连败。以勇悍出名的赵普胜发现对面的元军统帅比自己还勇还悍，最终也没能撼动安庆分毫。

余阙在安庆数败红巾军，震动“天完”国，“天完”红巾军中流传着“自军兴以来，元疆吏中以褚不哈守淮安，余阙守安庆为最著”。

安庆，就像一颗钉子，约束着“天完”政权的发展。“天完”政权要向外扩张，必取安庆。但是最能打的赵普胜都拿不下安庆，派谁去打有把握呢？陈友谅想来想去，派谁也不放心。那就只能自己去了。

至正十七年（1357 年）秋，陈友谅气势汹汹地杀奔安庆而来，没费什么周折就杀到安庆城下。余阙紧闭城门，任凭“天完”军如何叫骂，也不肯出城交战。

陈友谅一看，余阙也不过如此，没啥好说的：攻城。甫一交手，余阙就给了陈友谅一个大大的下马威。"天完"军从陆路、水路数次发起攻击，四战四败。余阙不光指挥若定，还亲自上阵手刃数人。

陈友谅终于明白了徐寿辉、赵普胜为啥都无法撼动安庆，他不禁悲叹："儒者之勇如此，使天下皆余公，何患城守之不固哉？"

如果是其他人，连战连败下可能会想到撤兵。这正是余阙的战略，在开头集中兵力给敌人以重大打击，让敌军知难而退，因为安庆并没有力量长期坚守下去。

可惜这次，他的对手是陈友谅。凶悍顽强，是陈友谅的另一个特点。在他的军事生涯里，这个特点成就了他，最后也埋葬了他。

陈友谅并没有撤军，却也没有进攻，而是调来更多的军队，分兵攻下安庆附近州县，切断余阙的补给通道。三个多月后，他发起了规模更大的攻势。

安庆城里的余阙，这时已经精疲力竭了。被围数月，安庆已和外界隔绝，成了一座孤城。陈友谅可以得到补充，余阙却不能。士兵越来越少，粮食开始告急，如果没有援兵，安庆被攻破只是时间问题。援兵呢？没了，都在高邮之役被张士诚给折腾光了，各城的守军自保都不够，更没有兵力来增援安庆。

陈友谅大集诸部，竖起栅塔、飞楼等大型攻城器械，昼夜环攻安庆城。余阙宁死不降，杀伤红巾军甚众。十天后，陈友谅发起总攻，他亲自领兵攻打西门，赵普胜攻东门，饶州红巾军攻南门。

余阙已没有足够的兵力防守三个城门，西门首先被攻破，红巾军从城外蜂拥而入。余阙兀自率部众巷战，身负重创十余处后引刀自刎，沉于清水塘中。他的妻女听到余阙战死，皆投井自尽，还有众多不愿投降的部众纵火自焚。

严格来说，余阙的军事生涯从至正十二年（1352年）才正式开始，此后五六年间，他率兵与红巾军激战百余次，罕有败绩。自从被派到安庆，以孤城抵挡红巾军大军，余阙早知必死，却从未动摇过。

这份忠义与勇气也得到了敌人的尊重。攻占安庆后，陈友谅深感其义，厚葬余阙于正观门外。几十年后，朱元璋又为其立碑。嘉靖年间，安庆知府陆钶在墓址建造了大观亭，如今已成为安庆胜景之一。

余阙就此与北宋包拯、明代周玺一起，被并称为“庐阳三贤”。

安庆之战是一场硬仗，陈友谅动员了所有能调动的力量，围攻数月才拿下安庆，战役的激烈程度为元末罕见。陈友谅的坚持得到了回报，消灭了“天完”军最强硬的对手余阙，他的盛名开始传遍大江南北。

陈友谅的回报并非仅仅一座安庆，战斗力最强的余阙都无法挡住陈友谅，接下来的事情就轻松多了。在一年多的时间里，陈友谅率军攻取汀州路、打下信州路，随即又经略衢州，攻陷襄阳路，元将非死即逃，再也没人挡得住陈友谅。

一番攻城略地下来，陈友谅发现自己已经“几天下半”，安徽、江西、福建、湖广等大片地区已尽在其手。“当是时，江以南惟友谅兵最强”，要说反元，还得看陈友谅。

第六章 朱元璋生命中最危险的时刻

朱元璋的挫折

陈友谅好不容易攻下安庆后，发现他的另一个重要目标——集庆，已经不存在了。不存在的意思是集庆现在已不叫集庆，它有了新名字——应天，这是朱元璋给改的。

陈友谅的反元大业进行得轰轰烈烈，张士诚在东南称王，朱元璋也没闲着，他已不声不响地占领了集庆路。

让我们倒回到至正十四年（1354年）。

这一年，张士诚正在承受着称王的后果，小小高邮正苦苦抵抗着脱脱的大军。徐寿辉刚在大败之后从山沟里钻出来，陈友谅还是个元朝的小县吏。

脱脱领大军出征，目标可不仅是消灭张士诚。高邮才多大？别说百万大军，只十万人马一围就已经水泄不通。百万大军，往哪儿搁？

张士诚只是脱脱出征的第一步，脱脱带出如此庞大的兵力，是要重新打通大元南北的生命线。受到元军威胁的绝不仅仅是高邮，方圆几百里都在脱脱的兵锋之下。这么多军队不可能都堆在高邮，必然要攻占周围其他州县，才能维持大军的供给。比如，离高邮不到两百里的六合。脱脱围住高邮后，分兵进攻六合。六合守将无法抵挡，赶紧派人向滁州的郭子兴求救。

该不该救六合呢？于情，大家名义上都是小明王部下，一个系统的兄弟部队；于理，六合是滁州的屏障，元军一旦攻下六合，下一步很可能攻打滁州。

六合守将觉得，郭子兴必救六合。郭子兴觉得，打死我也不能救六合。

听到六合被围的消息，郭子兴把头摇得像拨浪鼓：元军号称百万，谁敢去救？

朱元璋提出异议，说要保滁州，非救六合不可，唇亡齿寒的道理，各位都不懂吗（“救则生，不救则死，六合既亏，唇亡则齿寒”）？

郭子兴看了朱元璋一眼：不是我不救，要去你自己去。这句话意思是让朱元璋知难而退，朱元璋却理解成了这是元帅的激将法。

等朱元璋领兵进入六合，登上那并不高大的城墙，才明白自己还是太年轻。元军的兵力优势不是一个“多”字能形容的，简直就是密密麻麻，一眼望不到头。

兵法云：十则围之，五则攻之，倍则分之。元军没有注意到朱元璋这个小人物，他们也没有耐心在这个小县城浪费太多时间，很快就发起了猛攻。

这趟六合之行，朱元璋最大的收获是见识了什么叫排山倒海。一波波攻势如乌云压顶般翻滚而来，六合的城防工事全部被摧毁，守军修筑堡垒拼死抵挡，但很快又被踏平。这根本不是一个级别的较量，六合已彻底无法防守，朱元璋只好尽力掩护城里的老弱妇孺撤退到滁州。

这场失败，后来在明朝官方史书中被记作“微失利”，而朱元璋自己却说：“六合之败，吾深戒之。”朱元璋终于明白了，为什么郭子兴和众将都不敢去救六合。

说到底，之前取得的一系列小胜利让朱元璋膨胀了，以为元军不过如此。他还没有搞明白，对手是几千上万人，还是上十万人，不是简单的数学题，而是两个完全不同的军事概念。朱元璋还缺乏面对大兵团作战的经验，他也没有打过什么正经的守城战。未来的明太祖，这时还没有脱离小军头的本质。

那么滁州怎么办，元军的下一个目标，不应该正是滁州？

这里必须夸一下朱元璋，六合虽败，但他并没惊慌失措。在撤退途中，他利用元军前锋轻敌追击的机会设下一支伏兵，不光击退了追兵，还抢到了不少马匹。

虽是小胜，但看着这些战马，朱元璋眼珠一转，有了主意。他叫来手下吩咐道："你们去找几个乡绅，让他们带上缴获的军马，再添上一批牛羊和酒食，去元军营中犒军。"

手下劝阻，说这一去岂不是羊入虎口，连人带马不都得让他们吃喽。

朱元璋不以为然，说这一去元军必退。

这个想法很有创意，起义军慰劳元军，听上去就像左脸被打肿了，再把右脸伸出去一样，有点贱兮兮。不过在当时，右脸伸出去并不一定会被打。

许多人以为各路起义军都和元军是死对头，见面非得掐个你死我活，那是一种固有思维的错误理解。元末各家起义军和元朝的关系是件相当复杂的事情，他们中许多都是两面派，一边与元朝谈判接受招抚，一边消灭其他义军壮大自己的力量。元朝也很为难，造反的人太多，只能先选跳得最高的打。对那些威胁不那么大的、敌意不那么足的，元朝多半是能谈就谈，设法先稳住再说。

朱元璋的名头不那么响亮，反而成了一个可以利用的微妙关系。经过分析，他认为元军的真正目标并不是滁州而是高邮，自己当出头椽子是个很愚蠢的行为。如何弥补？缴获的战马正好是个可以利用的机会。

朱元璋派人带话，说这都是一场误会，我们只是为大元结伴防御贼寇而已。这点薄礼聊表歉意，我们愿继续供应军需。高邮的张士诚还猖狂得很，请大军还是去打他，实在不值得在我们这群良民身上浪费时间。

正如他所料，脱脱的命令只是平了六合，并没有下令继续攻打滁州（至高邮。连战皆捷。分遣兵平六合）。滁州只是个次要战场，并不在元军的计划之中。丢失军马是军中重罪，不管朱元璋是不是真的良民，既然拿回了军马还得了好处，元将就没必要去攻打滁州了。

好一个“死道友不死贫道”。在这件事上朱元璋的态度相当暧昧，后人褒贬不一，还有人认为他其实已暗地降元。从后果来看，不管降不降元，朱元璋的选择确保了自己不至于付出更惨痛的代价。朱元璋虽是农民出身，但忠厚老实跟他的关系可不大，那更像徐寿辉。而如果是陈友谅，多半会选择不见棺材不掉泪血拼到底。

每个人不同的性格让他们作出不同的选择，朱元璋在政治上有极高的敏感度，这个天赋很可能是与生俱来的。后人可以称之为狡黠，也可称之为机智精明，看从哪个角度理解了。

元军暂时去了别处，滁州受到的威胁依旧存在，一旦脱脱攻下高邮，郭子兴这批人还得挨打。无意中张士诚当了一回“救星”，挽救了郭子兴和滁州城，他也不会料到现在这个小军官朱元璋后来会要了自己的命。

不过那是后话了。这个时候，朱元璋自己还在焦头烂额中。

离死亡最近的一刻

至正十五年（1355 年）春，利用元军兵力薄弱的空当，郭子兴派张天祐和汤和攻下和州（今安徽和县）。不久张天祐却打来报告，说和州不能守，我们还是带着人口财物撤回滁州好（欲收子女财物归滁州）。

郭子兴思考一番，叫来了朱元璋，让他去和州当总管，让张天祐回来。朱元璋顿时有点尴尬。

张天祐不是傻瓜，他为何放着和州不守？一则，和州是沿江重镇，周边仍有大量元军，他们不会轻易地放过和州。二则，和州距离滁州较远，无地利之优。倘若元军杀过来，确实很难守住。

但在郭子兴看来，直接放弃心疼，让小舅子冒险又划不来。他要选个人去守和州，朱元璋非常合适。

在朱元璋表现出超出同僚一大截的能力后，郭子兴对他的态度就发生了变化。郭子兴还有小舅子，有亲儿子，一个入赘的干女婿风头太劲不是好事，所以郭子兴开始对朱元璋有意压制和打击。

据说有一次，郭子兴的儿子忌恨朱元璋，便在郭子兴面前说朱元璋有了二心，郭子兴把朱元璋关了禁闭。郭子兴的儿子想从此除掉朱元璋，就告诉伙房不得送茶饭。从早到晚，朱元璋水米未进，这可急坏了马氏。她便到厨房拿了刚烙好的烧饼，偷偷地给丈夫送去。刚出厨房，恰好有人走来，慌忙中她把烧饼放入怀里。等见了朱元璋，解怀取饼时，却发现胸前皮肉已被烫焦了一大块。

此事不能确定真假，但可以肯定，郭子兴并不希望朱元璋威胁到老郭家的地位。就算和州真的守不住，借此机会打压一下朱元璋也好。

朱元璋提出困难，郭子兴发怒："给你三千兵，总可以了吧？"话说到这个份儿上，朱元璋只好勉为其难地来到和州。

事情果然如他所料，和州城内的一万人马，只有三千人听朱元璋指挥。张天祐走了，郭子兴的部下还在，他们的职位不比朱元璋低，资历比朱元璋更老。以郭子兴赘婿身份而来，并且没有绝对优势兵力的朱元璋，话语权并不强。

怕什么来什么，朱元璋来到和州不久，元军果然来了。大元枢密副使绊住马与民兵元帅陈野先杀入和州境内却没攻城，他们陈兵于鸡笼山上。这步棋很高明，鸡笼山正位于滁州与和州往来之咽喉，扼住这条喉管，就切断了和州与滁州的联系；滁州若来援救，绊住马也能半路截击。

元军不急着攻城，只要等和州城粮尽，便可轻易地拿下和州。朱元璋自然明白这个道理，要想不坐以待毙，只能主动出击。他召开军事会议，提出进攻元军，却换来濠州将领的集体沉默。要他们守城可以，要他们拿本部人马跟着这个名义上的上级去血拼，很多人并不愿意。

朱元璋正无可奈何，汤和站了出来，说愿意去！

汤和，朱元璋的发小，许多人觉得他是朱元璋嫡系，其实不是。汤和既不是朱元璋钟离募兵募来的，也不在"淮西二十四将"之中。朱元璋蹭蹭冒头，汤和也在成长。滁州之战，他阵斩元军守将；和州之战，他舍命冲锋攻下吊桥。虽说汤和和朱元璋关系很好，但他仍是郭子兴嫡系。郭子兴提拔他为管军总管，与朱元璋同级，手下也有三千兵力，是和州城内的二号人物。

汤和公然站队朱元璋，毅然表示愿意豁出去跟着他出击，其他将领不得不跟从，和州之危遂解。这件事后来在《明太祖实录》中是这么记载的："时同列犹顾望异同，独和毅然以所领兵从上击陈野先，败之。"

这次表态之后，汤和所部、郭兴、郭英、邓愈、谢成等逐渐向朱元璋靠拢，使他实力大增，为受到打压的朱元璋站稳脚跟提供了极大的帮助。当然根源还在汤和，他的挺身归附，来得太及时，也太关键。

十五年后（洪武三年，1370 年），朱元璋在封爵时给汤和的铁券上写下了这件事——"此虽龙之化，实云之助也"。我固然是真龙，可要没你汤和这朵关键的云彩，什么时候能起飞，还有点难说。相信那一刻，朱元璋看着汤和，眼里是有光的。汤和这次雪中送炭式的挺身而出，朱元璋后来记了一辈子。哪怕汤和后期表现得比较平庸，依然位列开国六国公之一。汤和的功劳完全无法和另外五人比肩，这个爵位几乎就是朱元璋半卖半送塞给他的。在朱元璋手下能得到善终的开国功臣不多，汤和是其中之一。

这事以后，郭子兴也没办法再否认朱元璋的成绩，正式将他升为和州总兵官。坐镇和州后，朱元璋整顿军队，恢复生产，逃亡的百姓纷纷回城居住，和州城开始变得兵精粮足。

这个消息传到孙德崖耳朵里，他打起了主意，濠州城小缺粮，和州粮足，何不去分一杯羹？说干就干，他连个招呼也没打，点起人马直奔和州，还直接就住进了和州州衙，一点也没拿自己当外人。

和州总兵官、军政第一人朱元璋为何不加阻挡？倒不是不想，而是他不敢。孙德崖的资历比他老，兵力比他多，动起武来势必两败俱伤，朱元璋还不一定讨得了好。

孙德崖跑来混吃混喝的事很快让郭子兴知道了，他如何能忍？好你个孙德崖，上次拘禁之仇我还没报，竟敢自己送上门来！他顿时火冒三丈，气冲冲地带兵连夜从滁州赶来。

孙德崖得知也觉事情不妙，他告诉朱元璋："你丈人来了，我和他尿不到一个壶里，我还是先走吧。"

朱元璋当然是求之不得，可是郭子兴转眼便到，孙德崖有好几万人，不是说走就走得了的。孙德崖先跑了，城里的部队闹起事来，如何是好？朱元璋便做和事佬："不如这样，我在前面带着元帅的部队先出城，元帅您殿后，以免发生误会，伤了和气。"

主意不错，朱元璋却低估了郭子兴的愤怒。他带着孙德崖的部队出城十里后，只听孙军后方鼓噪起来：城里打起来了，孙元帅被他们绑了！朱元璋一听不妙，孙德崖被抓，自己并不知情。但在这当口上，孙德崖手下定然以为是朱元璋跟郭子兴串通。要是孙德崖被杀，他还不得偿命？

来不及解释了，朱元璋拨转马头就跑。孙军怎肯放过，几十人策马紧追，一箭正中朱元璋。朱元璋带箭狂奔，逃了一阵被后骑追上，一枪就将他刺下马来。追兵赶上，用铁链套住朱元璋的脖子，有性急的举刀就要砍杀。

这大概是朱元璋军事生涯里离死亡最近的一刻，身带箭伤，又受枪伤，铁链锁颈。这一刀落下，朱总兵就得提前去见天上的亲人了。

当然这一刀最后没落下来，有人拉住说，先确定元帅是生是死，若元帅被害再杀他也不迟。总算郭子兴还没杀掉孙德崖，此事最后以两军互换人质而平安解决。虽说如此，朱元璋还是在孙德崖军中被囚禁了三天，吃了几顿毒打不说，还几次险遭不测。

此事发生的时间是至正十五年（1355年），二十七岁的朱元璋入伙两年，他表现出了不小的潜质，却也几次险些丢掉性命。从六合到和州，朱元璋接连遭受挫折，要说他以后能当皇帝，估计没几个人相信。

所谓"天选之子"都是忽悠人的，乱世中生存得靠运气，更得靠能力。这时的朱元璋明显能力还不足，眼界和格局还没有被真正打开，来自现实的毒打让他对世界有了新的认识，这是一个人真正成长必经的阶段。

在天下大乱的时候，这种成长往往要付出生命的代价。有的人没能闯过去，就会死；有的人闯过去了，在下一关还是可能会死。这是一场乱世中的生存竞赛，要想成大事，活得够久是第一个前提。

到这里，可以回答一下开头那个问题。此时距朱元璋父母双亡已过去十一年，他遭受的生死考验和重大选择已接近两位数。

朱元璋的生死考验还远没有结束。

第七章 集庆之役

太平大礼包

事情照这样发展下去，朱元璋顶多就是郭子兴手下一个军头，郭子兴的上限决定了朱元璋的上限，他最后能混成什么样，还是很难说。

然而，时代终究给了朱元璋一个机遇。几个月后，郭子兴竟突然病死，死因据说是上次没能杀掉孙德崖，气出了毛病。失去首领是件很大的事，它意味着濠州红巾军出现了权力真空。

郭子兴长子已经阵亡，在他死后，有资格成为这支队伍新任首领的有三个人：郭天叙、张天祐和朱元璋。郭天叙是郭子兴次子，但他在军中的力量最小；张天祐是郭子兴的妻弟，也是重要将领，手下有一万余人马；朱元璋的身份是干女婿，手下有两万多人。

选谁当首领是个比较头疼的问题。郭天叙拥有名义上的继承权，却无实力可言；张天祐有一定的话语权，兵力不及朱元璋；朱元璋掌握的军队最多，可论资历、论辈分都排不上，要想服众也有难度。

于是，大家公推张天祐去亳州觐见小明王，汇报这里的工作。“龙凤”政权任命郭天叙为都元帅，朱元璋为左副元帅，张天祐为右副元帅，确立了以郭天叙为统帅的新一代领导集团。按照尚右为尊的习惯，朱元璋成为和州的第三号人物。

三人的实际分工是这样的，郭天叙是统帅，张天祐主抓政治，朱元璋主管军事。所以尽管只是三号人物，朱元璋掌握着至关重要的军事决策权。

接下来摆在大家面前的一个问题是，孙德崖等人依然对和州虎视眈眈，如果不图谋发展，这支起义队伍会被困死。

当时的和州就是今天安徽省马鞍山市和县。和州东面紧靠长江，与江南隔江相望，江对面是元朝的一个重要行政区划：太平路。太平路治当涂（今安徽当涂县），领当涂、芜湖、繁昌三县，隶属江浙行中书省。太平位于产米区，粮库里堆积着小山一样的粮食，若能攻下太平，粮食供应就有了保障。

更大的意义在于，攻下太平，濠州红巾军就跨入了江南，正式成为一支摆脱地域限制的军队，获得更广阔的战略空间，这比之前占领的滁州、和州都要靠谱多了。

面对困境，众人一致决定，南渡长江，进攻太平路。按职责分工，这个重要任务自然由军事主官朱元璋负责。

想法很好，朱元璋却焦灼不安，这不是对他的信任，而近乎是种刁难。因为濠州红巾军是支陆军，从没打过水战，更没有水师。没有水师如何渡江？攻打太平几乎是个不可能完成的任务。正在朱元璋心急如焚时，手下前来报告：巢湖水师派人前来请求支援。朱元璋纳闷了，巢湖水师隶属“天完”红巾军序列，历来对自己抱有敌意。此番前来，莫非有诈？再仔细一问，朱元璋不禁大喜过望。

巢湖水军，首领是李普胜、赵普胜、俞廷玉父子、廖永安兄弟，驻扎在巢湖一带。赵普胜、李普胜是彭和尚的弟子，至正十二年（1352 年），李普胜占据无为州，赵普胜占据含山县，各自率领部众结成水寨。

彭和尚失败后，赵普胜、李普胜与附近的廖永安兄弟、俞廷玉父子等队伍联手，与庐州的左君弼相呼应，共同抗击元军。后来左君弼与巢湖水师发生矛盾，左君弼经常派兵攻击。为了争夺控制权，李普胜、赵普胜秘密联络左君弼，要把俞廷玉等人拿下。俞廷玉眼见形势凶险，赶紧派长子俞通海前来求援，表示情愿率部归顺朱元璋。

简直是天助我也，可以想象朱元璋听到这个消息后的狂喜。他立即亲自带领几员大将到巢湖与俞氏父子、廖家兄弟密议，随后略施小计轻松除掉李普胜，赵普胜逃奔徐寿辉。

巢湖水师来投，朱元璋一夜之间多出了一万余部众、上千艘战船、数万石粮食，以及俞廷玉与三个儿子俞通海、俞通源、俞通渊，廖永安、廖永忠兄弟，以及桑世杰、张德胜、韩成、赵庸兄弟等身经百战的水军骁将，这些全都是朱元璋所急需的。

但在这时，巢湖水师与濠州红巾军只是合作关系，两方组成的是一个联军。要到后来，朱元璋才用自己的手段对它形成了绝对控制，让这支水师成为日后大明水师的雏形。

似乎还嫌馅饼不够大，老天又给朱元璋送来了一名将星。不过，此人是孤身而来，身份还有点尴尬，他是个强盗。强盗姓常名遇春，凤阳府怀远县（今安徽省怀远县）人，自幼力大过人，学武有成，精于骑射。

元末天下大乱，常遇春为了吃口饱饭，投到绿林大盗刘聚麾下，成为一名拦路抢劫的强盗。当上强盗的日子可以大碗喝酒，大口吃肉，常遇春颇觉新鲜。可是半年多下来，常遇春就厌恶了这种过一天算一天的生活，他觉得人生不能就此荒废，好男儿应成就一番事业。经过一番比较，他选择前来投奔朱元璋。

见了这个大个子，朱元璋皱了皱眉头："你是不是挨了饿，想到我的队伍来混饭吃？如果是这样，你趁早滚蛋吧（吾安得汝留也）。"常遇春目不斜视，铿锵有力地答道："我在刘聚手下打家劫舍，并不愁衣食，只是刘聚只知抢掠和盗窃，并无大志。我听说将军是位贤明智者，因此前来投奔，为将来的前程愿效死力。"

朱元璋见常遇春身材魁梧、体魄健壮，便问："你能跟我过江打仗吗？"常遇春出语忠恳："将军指到哪里，我愿打到哪里，渡江之日，愿为先锋。"

朱元璋眼里有电光一闪，振奋道："我军渡江在即，正是用人之际，你若果能建功，他日定不负你。"

这句话后来果然实现了。

时机已经成熟，至正十五年（1355 年）六月，朱元璋大集诸将，水陆并进，在太平府城西北三十里处的采石登陆，顺利攻克沿江堡垒，一举占领太平路。随后朱元璋又出兵攻克溧水、溧阳，迫近集庆路。

朱元璋的人生重大转机，亦在此时出现。

如果说在渡江之前，朱元璋还只是郭子兴集团的一个高级军官，一门心思地打好他的仗就行。那么在郭子兴突然去世后，时代就把朱元璋推到了一个比较特殊的位置。

拿下太平路后，朱元璋改太平路为太平府，设太平兴国翼元帅府，出任"太平兴国翼大元帅"。

郭子兴已殁，郭天叙、张天祐能力平平。虽然仍是三位元帅一起办公，但朱元璋兵力进一步扩大后，已实际成为太平府第一人，以濠州红巾军左副元帅的身份运筹决策。

一山怎能容三虎？朱元璋口中不说，心里已暗暗打起了主意。他接下来该怎么做呢？

鼎足江东，以观天下之衅

朱元璋暂时没有时间过多地考虑这个问题，渡江以后他们很快发现，生存情况依旧很恶劣。拿下太平，粮食倒是有了，新的问题又出现了。太平已在江南，濠州红巾军都起自淮西，渡江作战让他们远离腹地进入了广阔的南方区域。

这支武装力量在这里没有任何根基，元军从四面八方疯狂地向太平压来——“时太平四面皆元兵，曼济哈雅、阿勒呼木等以巨舟截采石，闭姑孰口，义兵元帅陈额森与其将康茂才水陆分道寇城下。”

众多强敌虎视眈眈，濠州集团时时有倒悬之危。如果得不到当地人的支持，光凭武力是难以持久的。

朱元璋正在犯愁，两个人的出现让他松了口气。这是两个当地文人，一个叫李习，一个叫陶安。

陶安和李习不是单独来的，他们带着一大批父老乡亲前来迎接大军。前一秒还在犯愁如何取得民心的朱元璋，下一秒就乐得嘴都合不拢了，他立即与陶安会谈，向他问计。

陶安开始有点保守，无非说些元帅英明神武，还会打仗之类的套话。朱元璋略感失望，单刀直入地问道：“足下之言甚善，吾欲取集庆，何如？”

没法装傻了，陶安的锋芒在这一刻毕露，他回答道：“金陵古帝王之都，龙盘虎踞，限以长江之险，若取而有之，据其形势，出兵以临四方，则何向不克？”

事实是不是这样呢？是的，这大家其实早就知道。早在定远时，冯国用、李善长就说过类似的话。

那朱元璋又为何要问，岂不是多此一举？并不是，因为集庆不是那么好打的。集庆就是后来的南京，是元文宗图帖睦尔当亲王时的封地。等到他登基后，便将自己龙兴之地的名字从建康改为集庆，寓意是“汇集喜庆”。

集庆是历代都城，城池坚固，元兵众多，这些不必多说。集庆又是集庆路的治所，牵一发而动全身，集庆被攻，附近元军必定闻风而动前来救援。

当初彭和尚曾派弟子项普略围攻集庆失利，项普略被守将福寿俘杀，从此“天完”红巾军再也没敢动集庆的脑筋。

集庆虽好，却属实难攻，这个难度是战役级别的，不像打个滁州、攻个和州那么简单。万一失败，刚渡江的濠州集团很可能站不住脚，失去已有的一切。

冯国用、李善长和朱元璋一样，初来乍到搞不清情况，并不知道当地人对自己这支军队是什么态度。陶安、李习等人是当地士人的代表，陶安的这一番表态，给朱元璋吃了颗定心丸。攻集庆，我们支持你！

当初李善长对朱元璋说要学习刘邦，朱元璋记在了心里。不过以李善长的才学，并不足以真正为他指点江山。渡江后到底该怎么发展，朱元璋自己也是蒙的。陶安、李习的水平就比李善长高多了，得到当地士人的支持后，一幅蓝图逐渐在朱元璋胸中清晰起来。

鼎足江东，以观天下之衅！

陶安纵论天下，也就是鼓励朱元璋逐鹿中原。太平—金陵—江东—开国，连接成一幅较为明朗的帝业宏图。决策攻取集庆，朱元璋才摆脱了地方军阀小家子气的影响，成长为一个真正的枭雄。

为啥要善待文人？因为他们代表着一个阶层！

朱元璋的特别之处在于，能真正地任用文人，听取他们的意见。这就有点了不起了，在那个武力至上的时代，能有这个认识是很厉害的。

陶安、李习归附后，他们的门生故旧也纷纷加入朱元璋阵营，这些人里不乏王恺、潘庭坚等经世之才。正是在太平文人集体归附后，朱元璋才组建起了自己第一个真正的幕府，拥有了真正的参谋部。

在这一刻，朱元璋望向集庆城方向，下定决心喊出一声：先取集庆，再图天下！

一连串的阴谋也由此而起。

强者的阴谋

决心归决心，集庆确实是块难啃的骨头。

至正十五年（1355 年）七月，濠州红巾军二号人物张天祐领兵攻打集庆，被守将福寿击败。九月，郭天叙、张天祐领兵再攻集庆。不料随征的降将陈野先临阵复叛，濠州红巾军再次大败，损失达到两万人。兵力损失还在其次，这次失败更严重的后果是，郭天叙和张天祐直接死于乱军之中。

虽说将军难免阵前亡，可这两位是全军一、二号人物啊！早不死，晚不死，哥俩为啥偏偏在这时候一起死？最大的受益者当然是朱元璋，此事导致朱元璋大权独揽，成为濠州集团军政第一人。

是巧合，还是刻意？后人对此莫衷一是。要想解开这个秘密，得问问其中的关键人物：陈野先。正是因为陈野先临阵反戈一击，才直接酿成红巾军失利，郭、张阵亡的悲剧。

那么，陈野先是个什么角色呢？

陈野先，蒙古名为“esen”，翻译为野先，亦叫额森。也就是说，陈也先是个汉化的蒙古人。

陈野先出身巨富之家，对农民军切齿痛恨，之前在和州就是他屯兵于鸡笼山，给朱元璋制造了不少麻烦。朱元璋攻占太平路后，元军一度发起反击。陈野先率领的数万义兵是其中一路，朱元璋用计将他击败于太平城外，陈野先本人被生擒。

陈野先被抓，人马并没被消灭。为了招降他的部下，朱元璋不仅没杀陈野先，还提出跟他“结为昆季，誓血为盟”，约他一起进攻集庆。

陈野先当然明白朱元璋的心思，他爽快地答应下来并做约定，九月一起前往收编旧部。实际这只是陈野先的权宜之计，他的真正计划是利用朱元璋跟他去搞收编的机会，将其生擒活捉。

朱元璋知不知道呢？根据史料记载，他不但知道，连陈野先的行动细节都清清楚楚——“及闻再出师攻集庆，私谓其部曲曰：汝等攻集庆毋力战。俟我得脱，还当与元合。”

耐人寻味的是，朱元璋找借口拒绝了陈野先要求他前往接收兵马的要求，却并没揭穿他，反而仍旧与他约定“共攻建康府”。

按此计划，九月攻打集庆，本来该由朱、郭、张三人共同参加。但是朱元璋没去，不但没去，还把陈野先和他部下划拨给了郭天叙。

郭天叙、张天祐自然不知陈野先是假投降，仍按原计划执行。到了临阵之时，陈野先果然反戈一击，与福寿里应外合，将郭、张二人擒杀。

整件事的过程大致如此，很明显这是借刀杀人。借元将之手，杀死郭子兴儿子和妻弟，朱元璋是否忘恩负义呢？有句话这样说：所谓封建政治，就是让该活的人活着，让该死的人去死。

郭子兴死后，他的儿子和嫡系仍然控制着旧部，并拥有相当高的政治地位。郭天叙正年轻，张天祐正当壮年，他们之间是舅甥关系，比朱元璋这个干女婿亲密得多。三人团队中，老大、老二占有大义又有一定的兵马，实力不容小觑。

如果朱元璋不完全扫除障碍，那么他在政治和军事上都永远无法达到顶峰。换句话说，不除掉郭天叙、张天祐，濠州红巾军不光不是朱元璋一个人说了算，还面临着可能被杀掉的危险。如果郭、张成功攻下集庆，他们的威望和实力都将大涨。到那时，死的是朱元璋，还是郭、张，就不好说了。

换了任何人是朱元璋，会为了两个没有血缘关系的人，赌上自己的性命吗？

造反不是请客吃饭，没点手段，谁能在元末那个乱世活到最后？

正所谓“天下事，有所激有所逼而成者居其半”。

——天下之大，有人因为利益和贪婪行事，有人因为无奈和悲愤行事，共同点在于，他们都是被时代推着走的人。

乱世中只有强者才能存活，弱者只有被抛弃的份儿。任你是谁，也不能逃脱这一定律。

集庆之役

郭天叙、张天祐阵亡，集庆战役才真正开始。

集庆确实难攻，因为它不是一座孤城。真正攻克集庆的方法，就和后来清军攻天京一样，务必拔除它外围的据点，让集庆陷入孤立无援的境地。

至正十五年（1355 年）十一月起，朱元璋亲自领兵攻打采石，并派出手下强将攻打集庆外围。打到次年三月，溧水、溧阳、句容、芜湖这些城池都已被攻克。

不是说集庆难打，怎么还挺顺利？关键在于出兵的时机。单靠朱元璋不可能如此轻松，可在至正十五年底这个时间节点，另外一个人帮了他的大忙。

至正十四年（1354 年），张士诚击溃元朝大军，休养生息半年左右，他在长江三角洲地带发起了新的攻势。到至正十六年（1356 年）二月，“大周”军已攻下湖州、松江及常州等路，并继续向浙西推进，声浪比朱元璋大了许多。

这简直是天赐良机，趁着江南元军注意力被吸引大半，朱元璋得以攻陷集庆周边，并靠巢湖水师击败元将蛮子海牙的水军，集庆与外界的水路联系也被切断，这才成为一座孤城。

集庆的命运注定了，至正十六年（1356 年）三月初一，朱元璋亲率大军水陆并进。先在城外击败元将陈兆先，逼降他的三万多军队，随后架起云梯攻破城池。守将福寿是个硬骨头，宁死不降，领兵巷战到了最后一刻。

攻下集庆，朱元璋得到了军民五十多万，降将中还有水军元帅康茂才。记住这个人，他在后来还将建立奇功。

朱元璋倚仗太平府，攻下集庆，借其兵力资财，派出徐达连克镇江、金坛、丹阳、广德等地。至正十六年（1356 年）七月，他改集庆路为应天府，写信向小明王报捷。信里朱元璋写得很真诚，说自己就是个臣子，以前跟郭子兴反元，以后就跟明王反元。以什么身份，明王看着办就成。

我们知道，小明王就是一个名义上的皇帝，真正做主的是刘福通。刘福通也是个明白人，他知道朱元璋信里那么说，心里未必那么想。但实际上，自己根本控制不了他，还不如索性做个顺水人情。

于是，朱元璋被升为“龙凤”政权的枢密院同佥，独掌元帅府事。这个职位大概类似于一个军区司令员的级别，朱元璋正式迈入所谓的朝堂。

朱元璋不负众望，他派出徐达、汤和、廖永安水陆并进拿下镇江、广德，为小明王打下了一片新的天地，“龙凤”政权又多出了一个江南等处行中书省的地盘。这时区区枢密院同佥就不够分量了，刘福通又封了朱元璋一个江南等处行中书省平章。

行中书省平章，就是这个行省的军政一把手。朱元璋的职务是江南等处行中书省平章，就相当于几个省的军政一把手，地位大升。

荣誉纷至沓来，朱元璋的日子却并没有看上去那么风光。放眼四周，依旧是虎狼环伺。东面有元将定定把守的镇江；东南有私盐贩子张士诚；东北有地主武装张明鉴；南面是元将八思尔不花；西面是“天完”政权的势力范围；西南是元将石抹宜孙、石抹厚孙。

可以说，朱元璋只是暂时地解决了温饱问题。他还要感谢的是小明王和刘福通。要不是有他们在北面顶着，朱元璋在应天几乎就是只秋后的蚂蚱，蹦跶不了多久的。

因为北面的敌人最可怕。

察罕帖木儿

讲了这么多，刘福通、陈友谅、张士诚、朱元璋这些人闹翻了天，元朝皇帝妥懽帖睦尔有何感想呢？元顺帝并不是只知道看他们表演，大厦将倾之际，他也是做了一番努力的。百万大军固然被他作没了，但并不意味着元朝没人了。相反，朱元璋们真正的对手已经出现了。

在金庸先生的名著《倚天屠龙记》里，明教众人有个绝大的对手——郡主赵敏之父，汝阳王察罕帖木儿。小说里他是蒙古天下兵马大元帅，兵多将广，手下兼有武林人物助阵，义子王保保也是一时人杰，是抗元力量的最大敌人。

察罕帖木儿，史上确有其人，并且金庸先生在书里写得已经算比较客气了。要按照历史来说，察罕帖木儿对当时各路起义军就是泰山压顶一般的存在，如果不是后来发生的意外，包括朱元璋在内的各路人马的生存都是大问题，要想统一全国，恐怕只能做梦想想。

好多人以为元末政府腐朽不堪，元军不堪一击，个个混吃等死，就等着起义军来收割了。哪有这么容易。

元朝政府腐败不假，不少元军战斗力不高也是真事，但真正有战斗力的，不是元朝政府直属的正规军，而是众多名将指挥的自己的嫡系部队。

元朝不但有名将，为数还不少。掰着指头数一数：前面的脱脱不算，至少还有察罕帖木儿、孛罗帖木儿、王保保、李思齐、张良弼等。

其中，察罕帖木儿可称名将中的名将，在这些人里可称为第一。按照西方中世纪的惯例，他大致可以被这样称呼：木华黎的后裔、梁王阿鲁温之子、汝宁府达鲁花赤、河南行省平章政事、陕西行台御史中丞、大都守护者、红巾军的梦魇、刘福通的克星、朱元璋的受降人。这么多头衔可不是吹的，都有其来历，那是察罕帖木儿靠实力实打实挣来的。

至正十一年（1351 年），刘福通成功起兵。短短几年，他率部屡败元军，席卷江淮，到至正十五年（1355 年）已拥立小明王韩林儿为帝，建立起了“龙凤”政权。

元军的表现确实很差劲，他们大部分战术呆板、指挥不力、军无斗志，似乎早已失去了祖先们无往不胜的荣光。

刘福通此时兵力再次暴涨，号称有百万之众。他要的是“反元复宋”，一鼓作气直捣黄龙！为此，刘福通接连派出四路大军北伐，关中、陕西、山东、山西处处杀声震天。到至正十七年（1357 年），中路大军已攻克北宋旧都汴梁。

红巾军气焰张天，照这样发展下去，大都也撑不了多久，什么元顺帝、陈友谅、朱元璋、张士诚之流，到那时只能在刘福通面前俯首称臣。前提是，刘福通没有撞上察罕帖木儿。

察罕帖木儿，蒙古贵族出身，成吉思汗四杰之一木华黎后裔，家族世代在元朝为官。可惜到了察罕帖木儿这一代，家道虽不能说中落，但也不复之前荣光。察罕帖木儿自幼好学，参加会试却铩羽而归，此时正是高不成低不就，正在等待属于自己的机会。

根据记载，察罕帖木儿不但颇有盛名，还生有异相。这位仁兄身长七尺，眉毛修长超过双目，左边的脸颊有三根毫毛，每当生气的时候便会竖立起来，有匡复时局的大志。

相比朱元璋等人，察罕帖木儿面对的其实是个危局。当年铁木真、忽必烈等人横刀立马、纵横天下的时代似乎已经过去，怎么看，大元王朝怎么像元顺帝的名字一般，已然成了一口千疮百孔的铁锅。

面对如此烂摊子，察罕帖木儿却说："我责无旁贷，官军不行，我们上！"他在当地组织起几百人的民兵，号称"义兵"，也叫"乡军"，与红巾军交战，保卫地方。虽然只是民兵，但在察罕指挥下，这些临时武装却爆发出比正规元军更强大的战斗力，屡次击败前来进攻的红巾军。察罕帖木儿趁机一鼓作气进行反攻，收复了不少城池，自己的实力也壮大起来。

自从脱脱百万大军在高邮崩掉以后，元顺帝日夜都在发愁，因为没钱没兵了。有察罕帖木儿这样一支自带干粮的劲旅横空出世，让他大喜过望，朝廷下旨正式收编了察罕帖木儿的这支军队，给他们正规军的番号，加封察罕帖木儿为中顺大夫，由他全权负责汝宁府剿匪事宜。

起义军的真正对手，终于出现了。

其实回过头再看元顺帝的"至正新政"，并不能说完全失败了。长达十年的励精图治为元朝争取了大量的士大夫和缙绅阶层，乡里民间支持元朝的人绝不在少数。在他们的号召下，许多地方都自发组织起乡军、"义兵"自保，抵抗起义军的进犯。

乡军也并非只有察罕帖木儿一家，还有李思齐、张良弼、王宣等人，都是凭乡军起家，搞得有声有色，得到了元朝册封，被收编为正规军。

这些原本的乡军才是红巾军真正的对手，毕竟他们是为自己的利益作战，所以格外卖命，因为输了就什么都没有了。事实证明，只要有好的统帅，乡军的战斗力并不输起义军，其实后来晚清曾国藩、李鸿章等人的湘军、淮军也是同样的套路。

察罕帖木儿不只是好的统帅，而且是特别好的统帅。从至正十二年（1352 年）起兵起，经历四年征战，察罕的战绩是不败。

不打仗也能保持不败，察罕帖木儿是连战连胜。

数数他的战绩：

至正十二年（1352 年），与李思齐一起击破罗山红巾军。

随后屯驻沈丘，屡战屡捷。

至正十五年（1355年）——注意这个年份，这一年脱脱的大军在高邮崩了，元顺帝惊慌失措。不过，察罕帖木儿给了皇帝生活的勇气，他进入河南作战，击破刘福通。又在荥阳夜袭叛变的苗军，尽俘之，安置在中牟。

刘福通不忿，北方红巾军大张旗鼓，发兵三十万前来中牟决战，察罕帖木儿大破之，一直追杀出十多里。

至正十六年（1356年），刘福通的西路军攻破潼关，进入河南。察罕帖木儿率军围剿。西路红巾军无法抵挡，从河南进入山西。察罕帖木儿紧追不舍，红巾军回师继续交战又被击败，只得退回陕西。

眼看察罕帖木儿用得顺手，元顺帝继续命他出征陕西，虽然派出的还有李思齐、刘哈剌不花等几路兵马，其中的主力还是察罕帖木儿。

察罕帖木儿不只是猛，还会用计。至正十七年（1357年），他布下一手瞒天过海，引红巾军主力围攻凤翔，自己则设下伏兵。元军里应外合，大破红巾军，被杀者数以万计，伏尸百余里。

接连被察罕帖木儿击败，西路红巾军再也没有实力折腾了，只得退入宁夏，从此一蹶不振。

上面这些还是小胜，察罕帖木儿真正高光的时间要从至正十八年（1358年）开始。

同一时期，朱元璋刚攻下集庆不久，兵力不出十万，地盘依旧还很小。

1358年二月，从陕西被调回的察罕帖木儿在太行山南麓伏击北伐的中路红巾军，将他们赶出山西。中路红巾军放弃了原来的计划，绕个大圈子避开察罕帖木儿转而攻击上都去了。

五月，察罕又击退刘福通大将周全，守住了洛阳。

刘福通派出的各路北伐军，不是被察罕遏制就是被他击败，剩下的不敢与之交战，只好远远避开，各路人马都没能达到预定的战略目标。刘福通恨得牙痒痒，要是没有此人，自己早就北伐成功，攻下大都了！

察罕帖木儿自然不会忘记刘福通，稳定形势后，他的下一个目标正是刘福通！

五月，察罕帖木儿集结人马进攻汴梁。刘福通此时兵力和地盘缩水严重，元军却越打越顺，把汴梁城围了个水泄不通，红巾军屡次出城作战，无一胜绩。

到八月，城内粮草已尽，刘福通不得不护着韩林儿突围而出。狼狈到连城内的皇后都没能带走，数万官员、家属都被俘虏，要多惨有多惨，简直就是当初徐寿辉的翻版。

不同的是，有张士诚的助攻，徐寿辉还能东山再起，而刘福通却不能了。此战后，盛极一时的刘福通实力尽失，从此依赖于其他人的保护，失去了逐鹿天下的资本。

可以说，察罕帖木儿一手打垮了实力强大的北方红巾军，名头响彻南北，要说这时的天下第一名将，非他莫属。

看到这里，应该明白了这段时间元军都在干些什么。脱脱之后，忠于元朝的“义兵”崛起，成了元顺帝的顶梁柱。由于地理的原因，他们够不着南方，必须先解决火烧眉毛的北方红巾军。察罕帖木儿等人没让元顺帝失望，几年下来把刘福通打得一败涂地，就此一蹶不振。

刘福通相当于一块肉盾，吸引了元军强大的攻势，而陈友谅、张士诚、朱元璋他们，却趁这个机会在南方翻江倒海地搅了个底朝天。

占领集庆，是朱元璋霸业的开始，不过在当时，也是他麻烦的开始。

在这一年，察罕帖木儿还没有攻下汴梁，刘福通还在进行着绝望的抵抗。在江南，朱元璋和张士诚却不约而同地把目光投向了一个地方——浙西。

第八章 湖州之战

浙西之战

元朝的浙西属于江浙行省，它实际包括了今天的浙江、苏南、皖南地区，是个相当富庶和重要的行省。

攻下集庆，在江南初步站稳脚跟后，朱元璋顺势派兵进攻宁国路。这一仗打得出人意料，势头正盛的濠州红巾军被驻扎在宁国府（今安徽宣城）的元军悍将朱亮祖打得大败，折损大将邵肆、韦德成。

还没来得及报仇，浙西又有了动静。至正十六年（1356 年）正月起，在朱元璋攻下集庆前，张士诚率本部自高邮渡江攻取常熟；二月，他攻下平江路，改为隆平郡；三月，张士诚从高邮搬到了隆平府，又派弟弟张士德攻取常州路、湖州路，改称为毗陵郡、吴兴郡。原来局促在淮东的张士诚，一只脚跨到了浙西。

也是在三月，朱元璋攻下集庆，改名应天，和张士诚成了邻居。朱元璋集团和张士诚集团终于相遇了，近在咫尺，兵戎相见。

后人说张士诚胸无大志，可在至正十六年（1356 年），他绝不是个善茬。邵肆、韦德成阵亡于宁国之时，张士诚已经乘虚而入，派人进攻朱元璋控制的镇江，其前锋已深入距城不远的瓜埠。城内军心大动，守将陈保二叛归张士诚，还挟持走了几名将领。

朱元璋已顾不上宁国，火速派徐达、汤和、廖永安水陆并进，在龙潭击退张士诚大将吕珍，解了镇江之围。

吕珍这个人对朱元璋所部作战败多胜少，所以有人说他是个草包。其实，吕珍也很能打，他是张士诚起家的十七名兄弟之一，为张士诚南征北战，是“大周”政权数一数二的大将。常遇春曾说：“吕珍亦善战，士诚倚之至。”至少他前期的战绩是不差的。

可是看看朱元璋派出的阵容，吕珍想不败也难。当时，朱元璋的枢密院共有这几个人：徐达、汤和、邵肆、邵荣、廖永安，他们的职务都是枢密院同佥。

其中邵肆、邵荣是郭子兴旧部代表，廖永安是巢湖水师代表，徐达、汤和是朱元璋的人。从这份名单可以看出，朱元璋此时对军队的掌控并没有达到随心所欲的地步，他还需要平衡军队中各方派系的实力。

这个阵容里，徐达、汤和、廖永安（追封）都是大明开国后的公爵，最强一档的级别，叫吕珍如何抵挡。解围镇江后，朱元璋并未撤军，而是再次增兵进军常州路。一时间，常州城下大军云集，徐达、常遇春、汤和、廖永安、胡大海、朱文正等重要将领悉数到场。

朱元璋选择与张士诚正面争夺浙西，他们之间长达十几年的恩怨也就此拉开序幕。

经过半年多的争夺，徐达、汤和、耿炳文分别攻下长兴、常州、宜兴，把毗陵郡改为常州府，取得第一阶段的胜利。这样，浙西的一半就落到朱元璋手中，两军形成了中分浙西的战略局面。

时不我待，挟连胜之余威，至正十八年（1358 年）二月，朱元璋派邵荣、徐达率军攻打浙西重镇湖州，又派廖永安、俞通海、桑世杰攻打江阴，想要一口吞下全部浙西。彼时朱元璋渡江后拳打元朝，脚踢张士诚，可以说是风头正劲。张士诚不过就是个私盐贩子而已，何足道哉！

张士诚确实是个私盐贩子，可他也是个枭雄。接下来，他就会让朱元璋遭遇过江以后的第一场挫折。

邵荣、徐达围住湖州猛攻半年之久，迟迟无法攻克。廖永安等在望亭、新安击败张士诚军，在马驮沙又与吕珍血战一场。这次吕珍扳回一局，阵斩巢湖水师重要将领桑世杰，击退红巾军的攻势。

张士诚并没闲着，湖州被围，他的应对出人意料。他没有直接出兵增援湖州，而是选择从长兴进军，向太湖以西不断发起攻击，威胁朱元璋刚拿下的常州府。

这是一支奇兵，张士诚还是懂点兵法的。常州有失，应天就将受到直接威胁。这一招“围魏救赵”不但能解湖州之围，还能顺带捞取好处，把刚丢掉的毗陵郡抢回来。

情急之下，朱元璋调汤和前往抵挡，两军在常州反复拉锯，战况相当激烈。张士诚攻势强劲，刚投降的宜兴复叛，其前锋一度推进到了溧阳，离应天已不到二百里。

朱元璋水军最高将领廖永安率水师前来援救，在常熟获得小胜后被诱入太湖。吕珍在此设下伏兵，廖永安作战失利，又遇上战船搁浅，被吕珍生擒活捉。

不得已，朱元璋只得收缩兵力，从浙西和淮东两个战场同时撤兵，调回兵力防御，湖州之围宣布破产。

湖州之役给了顺风顺水的朱元璋一个教训，能在乱世中生存到今天，很多人都有自己的本事，过于轻视对手是要吃亏的。朱元璋终于意识到，凭现在的实力还无法吃掉张士诚，自此对浙西采取守势，这才把目光转向了浙东。

军队如何生存

我们常听到一句话：战争是政治的延续。可谓至理名言。表面上看，湖州之役朱元璋输在军事层面；往深层次看，政治起到的作用要更大些。

元末天下大乱，遍地烽火，各支起义军良莠不齐。他们往往更像流寇，军纪严明和他们没什么关系。朱元璋的军队，军纪虽不算很差的那种，但也绝说不上对地方秋毫无犯。

这似乎有点矛盾，前面不是讲了朱元璋听从儒生建议，军纪严明，得到民心支持吗？并没有错，民心是要争取，但军队的生存优先级是排在第一位的。起义军要养活军队，就免不了要骚扰地方。

在渡江前后，朱元璋供养军队的方法和其他起义军并没有什么不同，多半是采用强征的办法。比如说，所谓红巾军，天下没有上百路，怕是也有几十路。只要有个首领拉起点人马，头上缠块红布，那就算红巾军了。这些农民跟着造反并没啥太高的追求，能吃到口饱饭，能活下去不被饿死就成。

在乱世中吃军粮是比较稳妥的办法，军队缺粮？你试试看！士兵逃跑还是小事，闹起哗变来，把将领都给杀了也不是不可能。

现实情况比较尴尬，起义军的性质无一例外是对抗朝廷，几乎没人愿意主动给他们提供粮食。怎么办呢？他们的办法很简单也很粗暴——每到一地，在显著的地方贴上告示，要求百姓们供应粮草，给部队提供补给。

没几个人愿意给，也没几个人不敢不给。如果达不到数量，会有严厉的惩罚措施，包括但不限于明抢——“所得郡县，将士皆征粮于民，名曰寨粮，民甚病之”。

这是“寨粮”，还温柔一点，还有更狠的“捎粮”。

大部分起义军出征时是不带粮草的，要解决补给问题，攻入敌境后就靠“捎粮”了。如何捎？朱元璋的军令说得很明白：凡入敌境，听从捎粮。若攻城而彼抗拒，任从将士检刮，听为己物；若降，即令安民，一无所取。如此，则人人奋力向前，攻无不克，战无不胜。

不管是“寨粮”还是“捎粮”，与明抢没有太大的区别，所以大凡农民起义，地方上都会遭到破坏。这就是残酷的现实。古代战争的破坏度是惊人的，保境安民只是口号，纵兵劫掠才是常态。因为不强行征发军粮，士兵就会饿死；强征军粮，就难免对地方造成破坏。

解决的办法并不是没有，一些觉悟高的起义军在经历初期的劫掠之后，转而吸纳地方精英人物，收拢人心，开始注重生产，为建立政权作打算。而大部分起义军意识不到这点，即使意识到了，能力的限制也让他们无法杜绝破坏行为。

层次，就这么拉开了。

张士诚和朱元璋，都是属于前一种。张士诚起兵比朱元璋早，领悟得也比朱元璋早，他本就是地方知名人物，支持他的人不少。高邮之战又让他声望暴涨，由此“大周”政权也积累了更多与地方打交道的经验。

朱元璋就要晚一点，这也是形势所迫。江淮地区本不如江浙富足，几年来到处战乱，带走了大量农村青壮年，粮食产量又下降不少，根本征不到足够的粮食，还是只好靠强制的办法。

直到过江以后，诸将都提出建议，地盘越来越大，不能再这么搞下去了，否则老百姓受不了。朱元璋也觉得这不是长久之计，那怎么办呢？幕僚们给他出了个“广积粮”的主意，如何做可以参考古时的屯田之策。朱元璋采纳了这个建议。1356 年，朱元璋设立“营田司”，用军屯的方式解决军粮问题，并从 1359 年起，宣布“罢各郡县寨粮”。

这个决定影响重大，从这时起，朱元璋才走上了边生产边创业的道路，格局一下子打开了。

回到浙西，张士诚早已建国称帝，建立起了一套规章制度，地方上对他的认可度要高于朱元璋。此时的朱元璋集团，属于北方红巾军韩宋政权的南征军，在浙西认同度不高，被认为是叛军。如果在朱元璋集团和张士诚集团里二选一，地方土豪大多数会选择南方的张士诚，这才是朱元璋在浙西遭遇挫折的真实原因。

争夺浙西的尾声绍兴之战，朱元璋派悍将胡大海进攻绍兴。绍兴对朱元璋极度抗拒，全城皆兵，吕珍大受支持，三败胡大海。为纪念吕珍保卫绍兴之功，绍兴士人还在卧龙山的西面为他建立了生祠。

湖州之战里，宜兴数次降而复叛更说明问题。数年来，朱元璋几次用兵宜兴，宜兴挡不住攻势，每次都是举手投降，可等到大军一走，不久就又叛归张士诚，原因就是当地土豪抗拒朱元璋，接纳张士诚。

要等到朱元璋以后有余力削平当地土豪后，宜兴才算真正归附，但在与张士诚相持时，朱元璋还不敢这么做。

第九章 浙东攻略

攻略浙东

在浙西吃了亏，朱元璋这才转向浙东。攻略浙东的重头戏是宁国之战。

谁是元末明初第一猛将，这是个没有标准答案的问题，许多人认为是大明鄂国公常遇春，也有人认为是陈友谅悍将张定边。这二人难分伯仲，但若光看临阵战绩，朱亮祖应该也有资格竞争一下。

朱亮祖，元末在家乡庐州六安召集乡兵，保御乡里，因战绩出众，被元廷授为义兵元帅。之后，他占据宁国，让朱元璋损兵折将。朱亮祖不除，浙东无法平定。这次朱元璋派出徐达、常遇春的最强阵容，势要拔除这颗“钉子”。

宁国虽小，城池却坚固，兵少的朱亮祖更是毫不示弱，领兵出城左冲右突，如入无人之境。常遇春大怒，出马阻拦，反被朱亮祖击败，带伤而回。朱元璋诸将竟然无人敢当其锋芒，纷纷躲避。

击伤常遇春，力阻徐达，这份战绩确实耀眼。徐达攻势受阻，坐困城下。朱元璋怒了，他亲自来到前线督战，并表示“如斗之城，敢抗吾师”。说归说，其实朱元璋也没什么妙招，只得一边围困，一边赶制大型攻城器械围攻，“命造飞车，前编竹为重蔽，数道并进攻”。

朱亮祖虽勇，毕竟孤立无援，守将之一杨仲英眼见不能抵挡，暗地里开城投降，朱元璋这才拿下宁国。朱亮祖被生擒后，朱元璋怜其骁勇并没有杀他，只是捶了他三棒将其收降，此后朱亮祖成为他帐下勇将。

拿下宁国路，朱元璋随即分兵占领池州、徽州、扬州，进攻婺州。这次还是久攻不克，不得已，至正十八年（1358 年）十二月，朱元璋再次亲领十万大军出征婺州。朱元璋在城外击破石抹宜孙派来的援军石抹厚孙和胡深后，婺州守军终于陷入绝望，开城投降。

朱元璋在婺州设中书浙东行省，在门口插上两面黄色大旗，上书“山河奄有中华地，日月重开大宋天”，端的是威风凛凛，一副大宋忠臣的做派。至于这个“宋”是韩宋的“宋”，还是南宋的“宋”，都能说得过去。

第二年（1359 年），小明王升朱元璋为左丞相，他又出兵占领诸暨、衢州、处州等处。至此，浙东大部已被平定。

刘伯温出山

攻下浙东，多了一大块地盘，朱元璋却依旧有点烦闷。胡大海看出朱元璋的心思，说：“我攻打处州时，听当地人说处州青田有位贤者很有才能，可惜一直不受元朝重用，如今正隐居在家。如能请得他出山，元帅心事可解。”朱元璋来了兴趣，便问此人姓甚名谁，有何才干。

胡大海一五一十地回答，这人名叫刘基，是青田大族，世有名望。他本人中过进士，人称“浙东四学士”之一，颇有文韬武略。

朱元璋正听得高兴，胡大海欲言又止：“只是……”“只是什么？”“只是这个刘基自许大元忠臣，对义军极为敌视，他还曾写过几首大逆不道的诗，直斥我们是盗贼，说您是……贼酋。”

刘基刘伯温，好久没提到他，这些年，他干什么去了？其实也没干什么，至正十二年（1352 年），刘基曾再次短暂出山，这次是在处州出任元帅府都事，与元将石抹宜孙一起防御另一路农民军方国珍。

刘基很强硬，他力主主动出兵剿灭方国珍。这搞得方国珍紧张万分，出重金贿赂元朝高层官员，于是刘基再次被免职回到老家青田。

胡大海所说确是实情，以刘基为首的浙东豪族，是代表社会中坚力量的缙绅阶层。他们在元朝的统治框架里有自己稳定的位置，因此试图维持元朝的统治。朱元璋等红巾军代表的是旧秩序的破坏者，将对刘基的利益产生威胁，所以后者一向视农民军为敌。辞官回乡后，刘基与农民军还是势不两立，他在家乡组织民兵防御地方，方国珍也不敢前来进攻。

朱元璋的烦恼与刚渡江后是一样的，无非就是如何取得民心，站稳脚跟。目睹张士诚在浙西的根据地建设相当成功，自己刚拿下的浙东却人生地不熟，要是得不到当地人的支持，岂不是要重蹈浙西覆辙？

听胡大海这么一说，朱元璋反而笑了：“难道你以为，我会杀了他吗？我取天下，正要读书人！去请刘基，马上去，一定要请来。”朱元璋派出处州总制孙炎为特使，带上礼品直奔青田而来。

孙炎也是江南名士，但是他先天硬件比较欠缺，身高只有六尺，相当于现代一米五六左右，而且是面黑如铁，其貌不扬，甚至有些丑陋。如果只是颜值不高也就算了，关键孙炎还是个瘸子。以普通人的眼光，这个孙炎也够不幸的，什么不好的事全让他给赶上了。可人家一点也不自卑，朱元璋攻下集庆后，孙炎与杨宪等儒士主动出迎，博得了好印象。加上孙炎很有学问，情商又高，所以很快就在朱元璋集团中站稳了脚跟。

朱元璋选孙炎，是看中他的智慧，孙炎办事也相当卖力。他跑到青田一连请了刘基三次，刘基就是不肯出山。不肯归不肯，孙炎如此三顾茅庐，刘基也感觉很不好意思，故而让人给孙炎带去一把祖传的宝剑，意思是：我宁愿把传家宝给你，也不去当朱元璋的官。

孙炎十分聪明，哪能不懂刘基的意思。但是，孙炎决意要办成这件事。

他把宝剑封好，作了一首《宝剑歌》，大概意思是：您的意思我懂，但是我认为，宝剑当献天子，斩不顺命者，人臣不敢私！

孙炎的执着与软硬兼施终于打动了刘基，据说当孙炎再次来到青田武阳村时，刘基主动出门相迎，并在家中设宴款待。孙炎尽管是个残疾人，却相当地自信。在与刘基喝酒聊天时，他天南海北地说个滔滔不绝，让人一下子感觉到来者才识过人。其实，刘基心里也清楚朱元璋的潜台词：你看，这样一个其貌不扬的瘸子都有这么高的水平，告诉你，我朱元璋身边有的是能人志士。做人不要太傲气，如今我派孙炎来当说客，你都不为所动，这也太倨傲清高了吧？

刘基的顾虑不是没有道理，自己是元朝的臣子，理应为元朝尽忠甚至殉职，现在这些都未能做到，反而要背叛。这就好比古代一个女人嫁了出去，尽管丈夫很没用，甚至夫妻关系很恶劣，但他还没死，她怎能改嫁？这叫什么？不忠且不说了，最重要的是失节！那是要遭受天下人耻笑和谩骂的呀！再说，如今天下大乱，凭几根破枪，占个山头，就敢称王称帝，几个能长久？

听孙炎这么一说，刘基的想法发生了动摇。现在屡次派人来奉劝自己出山的那个朱元璋，听说他志向远大，礼贤下士，在婺州兴办郡学，礼聘了一批儒士，更在应天云集了一批天下英才。看来他还真是个人物，难道自己治国平天下的愿望在他那里有可能实现？

正当刘基的思想发生变化时，朱元璋再次派出的特使樊观也来到了青田，传达了朱元璋对刘基的敬重敦请之意，同时还捎上了陶安、李善长的劝说诗信。

刘母看到儿子刘基犹豫不决，也出来劝慰道："你担心上了应天后家里不知怎么办，其实没必要这样。如今天下大乱，要不是辅佐真主，平定祸乱，即使你一直待在家里，这个家也是很难一直保全下去的呀！"

至此，刘基终于被说动，在做了一番家事安排后，他就跟朱元璋的使节一同上路了。

与刘基一同上路前往应天的还有他的几位朋友：龙泉章溢、丽水叶琛等。他们的人生轨迹与刘基类似，都是名望极高的浙东文士。连同先前归附的金华宋濂一起，朱元璋集齐了“浙东四学士”，还专门在应天修建了一所礼贤馆供这些贤士居住。

来到应天后，刘基等人发现朱元璋的许诺并不是随口一说，言行确实一致，心里的石头也落了地，从此开始死心塌地为朱元璋效力。

花这么大工夫去请几个读书人，是否值得呢？答案是绝对值得。

元末，进士这个阶层相当敌视农民军，他们往往宁愿死战到底也不肯投降。例如，刘基的同年进士余阙。招降一个元朝进士，本身就是比较了不得的事情，刘基等人来投朱元璋，更大的意义是代表浙东缙绅阶层的归附。

这批人先前各自组织武装，结寨自保，共同镇压反元起义军。“浙东四学士”的投降是个明确的信号，这表明浙东对朱元璋的抵抗力量大为减弱，又为朱元璋赢得了礼贤下士的好名声，地方上的秩序也得到了保证。

从情感上说，朱元璋和手下将士大部分是贫苦出身，他们天生和缙绅、地主阶层是互相敌视的。朱元璋却能凌驾于这些情感因素之上，招揽人才为自己服务，这份胸襟和气魄非常人所能及，也是他高于元末群雄的能力表现。

朱元璋深知，能否取得缙绅、地主们的支持，对于一统江山至关重要，招揽刘基的举措正是为此，以刘基为代表的缙绅们，也为朱元璋一统天下发挥了巨大作用。

从冯国用、李善长，到陶安、宋濂，再到刘基、章溢、叶琛，每一步棋都为朱元璋带来了巨大的收获。谁说学习没用？学习有用得很！

第十章 如何弑君才是正确的选择？

陈友谅的野望

经过陈友谅、张士诚、朱元璋这三位一通砍瓜切菜的操作，这盘叫天下的棋局又发生了变化。浙东、浙西的元军几乎已不存在，反元大业一片大好。

慢点，这三位的衣服怎么有点不一样哪？没错，他们的衣服确实是不同款式的，因为根本就不是一个系统。朱元璋隶属于北方红巾军“韩宋”政权；陈友谅是南方红巾军“天完”皇帝徐寿辉的属下；张士诚更厉害，他是“大周”皇帝。

不是一个系统的三个人，能做到团结起来一致反元？不先解决谁服从谁的问题，那是不可能的，否则，背后被捅刀子怎么办？所以，正确的做法是谁都不反元，不光不反元，彼此还得先凭实力决个雌雄。

至正十九年（1359 年），混战开始了。

三月，东面的张士诚反攻严州（今杭州桐庐县、淳安县、建德市），取得一些战果后被李文忠击退；三月，西面“天完”军赵普胜部进犯宁国，攻破青阳、石埭，朱元璋部下将领段兴、王掌卿阵亡；三月，朱元璋派陆仲亨进攻衢州路，被吕珍击退；四月，赵普胜亲自领兵攻下池州，朱元璋的枢密分院院判（相当于军分区司令）赵忠被俘；七月，常遇春再次进攻衢州，激战两月后攻克，改衢州路为龙游府；七月，朱元璋派朱文正率陆军，廖永忠、俞通海率水军，大举进攻安庆，围攻两月后不克，退军；九月，徐达反攻池州得手；十月，邵荣、俞廷玉水陆并进进逼枞阳（今安徽铜陵市枞阳县），“天完”军抵抗顽强，形成胶着；十月，张士诚反攻江阴，被吴良击退；十月，驻扎在安庆的赵普胜出兵偷袭枞阳朱元璋水军，在江中暗设铁索，击杀俞廷玉，邵荣的陆军因缺少掩护亦溃散。

这一年，朱元璋在东西两线同时陷入激烈的战斗中。按道理本该是三人乱斗，由于地理的关系，朱元璋被夹在两大枭雄中间，陈友谅和张士诚都够不着对方，只好一起先打朱元璋。尤其是雄踞长江上游的“天完”勇将赵普胜，时不时就来找麻烦，一年内击杀朱元璋数名重要将领，搞得他坐立不安，颇有左支右绌，难以为继之感。

然而，也是在这一年年底，命运再次眷顾了朱元璋。赵普胜再也不会来找麻烦了，他死了，而杀死他的竟是自己人——陈友谅。

陈友谅攻下安庆以后，接着席卷了安徽、江西诸地，正志得意满。可是陈友谅环顾四周，发现自己的地位有些尴尬。

陈友谅在诛杀倪文俊之后才崛起，他的资历在“天完”政权中还属于小字辈。纵然彭和尚、项普略等都已阵亡，还有一大批资历比他深厚的元老，比如赵普胜、欧普祥、明玉珍这些手握兵权的大将。这些人对陈友谅并不俯首帖耳，他们大体上接受皇帝徐寿辉的统领。但陈友谅仅算暴发户而已，就连提携他的倪文俊，当初这些人都不放在眼里，何况陈友谅。

这些人处于半独立状态，其中最强的就是赵普胜。“双刀赵”号称“天完”政权四大金刚之一，他的勇猛天下皆知。这还不算，他的部下也是猛将如云，丁普郎、傅友德、张志雄这些都是让朱元璋相当头疼的名字。

这些“普”字辈的反元前辈也让陈友谅寝食难安。尤其是赵普胜，长期与朱元璋作战，立下不少战功，风头隐隐有盖过陈友谅之势。如果把赵普胜搞掉，就能吞并他的军队，还能杀鸡儆猴，凌驾于那些“普”字辈之上。更深一层的意思，赵普胜不除，陈友谅就没办法实现自己的抱负。

理论上说，陈友谅的想法没什么错。我们无须从道德的高度来谴责他，权力之路本就是成王败寇，把赵普胜和陈友谅换个位置，“双刀赵”未必不会对陈友谅有什么想法。可是，对付赵普胜，不一定非杀了他不可，而且还是以那么极端的方式。

消除赵普胜的潜在威胁，可以有很多种方法，比如以顺江东下进攻朱元璋为幌子，来一手驱虎吞狼，将赵普胜吞并；或者，来个“杯酒释兵权”，把赵普胜诓来软禁起来，趁机接收他的部众；再不济，制造一起意外事故，借刀杀人，也不是太难的事情。

陈友谅偏偏用了最陈友谅的方式——鸿门宴。

至正十九年（1359 年）九月，陈友谅诈以会军为期来到安庆，赵普胜不疑有他，烧羊出迎。宴席上，陈友谅摔杯为号，以图谋不轨的名义将赵普胜“执而杀之”。“天完”名将赵普胜，就这么不明不白地死了。

陈友谅或许是从诛杀倪文俊的事情里得来的灵感，认为这样最干脆、最稳妥。等到事情干完以后，他才发现有些不妙。

杀死倪文俊和杀死赵普胜，性质上是完全不同的。倪文俊背主，“天完”上下人人可杀之。你说赵普胜图谋不轨，证据呢？不能陈友谅上下嘴皮一碰，他就不轨了吧？

世间的“义”这个字，还是要讲的。即使人性本来如此，也要尽量设法做到程序正义。不是说程序正义就一定代表正义，可如果程序都不正义，又怎么堵住天下人之口？

陈友谅没有理由就杀害赵普胜，是为不义。陈友谅进城接收赵普胜的军队，听说主将被杀，驻扎在外的丁普郎、傅友德拒绝归顺，发誓要为赵普胜报仇。他们干脆一不做二不休，投奔了陈友谅的敌人朱元璋。

其中有一个人例外，赵普胜麾下猛将张志雄，绰号“长张”。陈友谅来到安庆时，张志雄正跟随在赵普胜身边，他目睹了主将如何被诓骗后杀害的场景。但是，张志雄并没有追随傅友德他们的行动，而是平静地接受了陈友谅的改编，还说服部下不要冲动。

陈友谅很满意地看着张志雄，将他们编入了自己的军队。他不知道，这个决定将给他带来什么样的后果。

杀死赵普胜的影响立即体现了出来，镇守袁州（今江西宜春）的欧普祥是赵普胜的师弟，公然宣称陈友谅悖逆不道。与此同时，好好待在汉阳皇宫的徐寿辉，莫名其妙地发出一道圣旨，宣布自己要迁都龙兴（今江西南昌）。

把这两件事联系到一起，陈友谅似乎明白了什么。

龙兴在汉阳和袁州中间，如果让他们搞到一起，麻烦可就大了。陈友谅是个凶残的人，也是个果敢的人，他没有丝毫拖泥带水，立即赶到自己控制的江州（今江西九江）设下伏兵。江州是徐寿辉的必经之路，陈友谅将他迎入城中，马上紧闭城门，把他的部下全部消灭。干完这些，陈友谅干脆将“国都”迁到江州，自称汉王，效仿起了曹操。至此徐寿辉完全落入陈友谅控制，失去了行动自由。

杀害赵普胜是手臭棋，控制徐寿辉却是步好棋。徐寿辉在手，陈友谅就有了发号施令的权柄，哪怕反对派心怀不满，也不敢明目张胆地举旗反抗他，因为陈友谅可以用曹操那样“挟天子以令诸侯”的手段对付他。

这时陈友谅已尽有江西、湖广之地，在决出雌雄之前，他不会去主动攻击元军，而要继续扩张，膏腴之地江浙就是他的下一个目标。

略略稳定形势后，陈友谅作出决定，顺江东下，去消灭朱元璋。

如何弑君才是正确的姿势

当时，陈友谅疆土最广，军力最强，锋芒最盛。他看朱元璋的眼神就像看笼子里的鸡，只要大军出动，便可手到擒来。

陈友谅看朱元璋不顺眼，朱元璋也一直看不惯陈友谅。就像看邻居发财比自己破财还难受一样，看到“天完”军抢地盘，朱元璋心里比自己丢地盘还难受。

为了削弱陈友谅，早在赵普胜攻打安庆的时候，朱元璋就暗地为余阙提供帮助。朱元璋不但派兵保护余阙派来买盐的元军，甚至还请他们吃饭。

当陈友谅的势力终于扩张过来时，先出手的是朱元璋。陈友谅攻下池州，朱元璋眼馋不已，他派出徐达、常遇春伏击“天完”军，夺取了池州。有点过分的是，获胜之后，常遇春杀性大发，把抓到的三千俘虏都给砍了脑袋。这件事让陈友谅暴跳如雷，发誓非灭了朱元璋不可。

如今，陈友谅杀了赵普胜，控制了徐寿辉，时机成熟了。

陈友谅继承倪文俊的传统，集结起自己的精锐水军，顺流而下，直奔应天而来。军队规模看上去不是太大，大点的战舰也就一百多条，还有几百条小战船。

可就这几百条船，却把应天的朱元璋集团吓得魂不附体。朱元璋为啥这么害怕呢，因为陈友谅的战舰不是普通意义上的战船。

根据史料记载，陈友谅的主力战舰长十五丈，宽两丈，高三丈，船分三层，船面有士兵骑马巡逻。换算成现代的尺寸，就是五十多米长，十来米高的巨舰。在古代，船只的大小和坚固程度直接决定着水战的胜负，如果战船的差距较大，优势方就能依靠船只的优势以泰山压顶之势碾碎敌方的战船。

由于体量巨大，陈友谅的战船上还能装备投石机、火炮等各类远程武器——“楼船者，船上建楼三重，列女墙战格……置砲车、礌石、铁汁，状如小垒”，它们能射出不同尺寸的石弹，重量在三公斤至十公斤不等，射程达到七十五至一百二十米。这样的巨舰，陈友谅有一百多艘。

那么，朱元璋不是有巢湖水军吗，不是也有一千多艘战船吗？有是有，可那确确实实只是正常的船而已。

朱元璋的水军，以快船为主。这是种小型战船，适合执行哨探和突袭，却无法承受大船的撞击。朱元璋也有较大一些的战船，那是来自元军的缴获，根据出土的元末沉船考证，这些船有二十多米长，五六米宽。这些船虽然看上去也不小了，不过它们只是单层船板的结构，对陈友谅的大船只能仰视。

这样一来，双方吨位的差距就有点大了，两种船放到一起看就完全不是一个级别的，类似于现代驱逐舰和航母的感觉。

这实实在在是当时中国最强大的舰队，陈友谅对自己的水军实力十分自豪，并颇具想象力地给这些巨舰都起上了威武霸气的名字，比如混江龙、塞断江、撞倒山、江海鳌等。

被“大舰巨炮”支配的战栗，朱元璋早在14世纪就已体会到了。

陈友谅大军浩浩荡荡而来，战太平，夺采石，气吞万里如虎。朱元璋的勇将花云和义子朱文逊战死。顺利拿下太平，朱元璋眼看就要臣服在自己脚下，陈友谅感觉即将达到人生的巅峰，但总是还缺点什么。

缺啥呢？缺个名分。什么丞相、汉王，这些名头都镇不住陈友谅了。彭和尚、倪文俊这些人厉害吧，他们还活着的时候，一个个被元军打得找不着北。“天完”势力如今发展到极盛，不是靠的这些人，而是靠的我陈友谅！

徐寿辉能力平平，又没有实力，更过分的是，他居然还想跑去跟项普略合谋！这样的人，还能留着他过年吗？

进驻采石后，陈友谅派部将请来徐寿辉，假称有事商量。徐寿辉已经预感到不妙，但又不敢不来，迎接他的是陈友谅阴冷的目光。

这天窗外狂风大作，电闪雷鸣。陈友谅已经不想跟徐寿辉解释了。“找我何事？”“没什么事，你已经没用了。”说完，站立在徐寿辉身后的力士用铁鞭砸碎了他的脑袋。

做完这一切，陈友谅便以采石的五通庙为行宫，即皇帝位，国号“汉”，改元“大义”。汉王陈友谅终于成了“大义皇帝”陈友谅。

平心而论，陈友谅想当皇帝的想法有错吗？身处他那个位置，是没啥问题的。乱世之中，实力才是话语权。陈友谅确实实力强悍，他有这个本钱。当时，“天完”皇帝徐寿辉已成傀儡，被取代只是个时间问题。只是谁也没想到这一切来得这么快，这么激烈。

陈友谅必须当皇帝，徐寿辉必须死，这毫无疑问。但怎么死，却大有讲究。

在玩弄权术这方面，陈友谅和朱元璋不是一个段位的。朱元璋的情形和陈友谅差不多。刘福通等人被察罕帖木儿打残后，朱元璋集团实际就等于了北方红巾军。刘福通一死，小明王也必须死，皇帝只能一个人做。

不过，小明王可不是朱元璋杀的。至正二十六年（“龙凤”十二年，1366 年）十二月，长江上发生了一起不幸的沉船事故。一条战船渡江时意外漏水沉没，船上的一名重要乘客没能逃出生天，落了个尸骨无存。

这名乘客就是小明王韩林儿。

耐人寻味的是，当时前去接小明王渡江的，正是朱元璋手下水军元帅廖永忠。廖永忠大半辈子漂在水上，保护不了一个韩林儿渡江，实在有点匪夷所思。但按照官方说法，这是一起意外，不存在任何外力参与的证据。死于事故的王侯将相多了，哪怕是廖永忠，他也没有未卜先知的本事，事情就这样定性了。

虽然廖永忠已经相当尽力了，可朱元璋还是不依不饶，不肯原谅廖永忠，将他狠狠地大骂一顿不算，还罚了他好多钱。

想到小明王与自己的君臣情谊，朱元璋伤心得不能自已。即使皇上没了，他仍然坚持使用“龙凤”年号号令诸军。直到一个多月后，大家都觉得没有皇帝不像话，可是韩家已经没有继承人了。在群臣的强烈要求下，朱元璋迫不得已才改元称帝，将这一年定为吴元年（1367 年）。

不是我朱元璋想当皇帝，大家非让我当，我有什么办法？

朱元璋这手段跟陈友谅比，那就是一个天上一个地下。陈友谅只知道打仗，他的手段顶了天也就是搞个鸿门宴，类似于项羽。朱元璋可是刘邦的级别，要论斗争手段，陈友谅还差得远。

陈友谅公开杀死徐寿辉，迫不及待地称帝，绝对是步臭棋。倒不是说陈友谅的力量被削弱了，而是它把“天完”政权的问题表面化了。

镇守巴蜀的“天完”大将明玉珍愤怒了：“友谅以臣弑君，复可事乎？”江西西部的欧普祥，再次把陈友谅骂了个狗血喷头，他们共同宣布不受陈友谅节制。

说实话，这些人本来就没打算听陈友谅的话，他们是“天完”政权内部事实上的割据势力，只是打着徐寿辉的旗号而已。就算徐寿辉不死，陈友谅要想去收编他们也只能靠武力。

但徐寿辉在的时候，大家好歹能心照不宣地虚与委蛇一下，脸皮还没撕破。陈友谅除掉徐寿辉自己称帝，那就是逼着他们做选择了。见识了陈友谅的雷霆手段，谁还敢选择他？

什么“以臣弑君，复可事乎”，那都是场面上的话，本质上就是：你别想吃掉我，你别过来，过来我就跟你拼命。

明玉珍、项普略这些人的影响还可以忽略。这事影响最大的是陈友谅自己的部下，里面还有大量当初跟着徐寿辉一起起事的将士，老好人徐寿辉死得这么惨，老兄弟们心里会怎么想？陈汉政权的执政基础受到了动摇，这才是最致命的。

要问陈友谅为啥这么迫不及待称帝，只能理解为他攻下太平后感觉过于良好，如果他略受点挫折，说不定就不会这么着急。这么来看，花云的牺牲还是有价值的。如何弑君才是正确的姿势，朱元璋和陈友谅的做法告诉了我们截然不同的答案。

第十一章 龙湾之战

诱饵康茂才

称帝显然不是只有坏处，也有不少好处。已成皇帝的陈友谅，给应天投下了恐怖的阴影，在他的进攻下，应天外围迅速沦陷。这是要拿应天城献祭啊！城里的文武官员都吓慌了。

陈友谅太可怕了，没人觉得能抵挡他的舰队。朱元璋集团的大部分人主张逃跑，暂避锋芒；一部分人主张朱元璋亲征，和陈友谅拼个鱼死网破；还有一小部分人有不同的意见，他们建议就地投降。

朱元璋气得不轻，别人可以逃跑、投降，换身衣服照样有官当，唯独他不能。不吃掉朱元璋，陈友谅是绝不肯善罢甘休的。朱元璋只有一条路，那就是坚决抵抗。

还没统一好思想，朱元璋就又收到一个令人绝望的情报，陈友谅已派人联络张士诚，与他东西夹攻，共取应天！

这下众人集体沉默，当世两大枭雄夹击而来，还不把应天压成馅饼。朱元璋的眼光扫向幕僚们，他们个个低头不语。朱元璋愤怒了，平时都自比萧何，遇事就成了项伯，自己难道养了一批酒囊饭袋吗？！

直到朱元璋看到一个人，刘基。他在角落里一言不发，眼神中却透露出不一样的信息。

刘基投奔自己已有段时间了，因为他懂天文，朱元璋主要把他当占星师用。可刘基也号称多谋善断，他的眼神显然有话要说。

朱元璋屏退左右，将刘基召入密室问策。刘基说的第一句话是：凡是主张投降或是逃跑的人，应该立刻杀掉，以免他们扰乱军心。这才是朱元璋想听的话，抵抗是毫无疑问的，他想知道的是怎么抵抗。

“陈友谅骄气冲溢，目空一切，正是我们的机会。”

“你有何高见？”

“为今之计，上策是利用其骄傲自满，诱敌入伏，一举重创之，灭其锐气。”

“那么张士诚呢？”

“不用管他，他不会来。”

“为何？”

“主上请想，陈友谅如果拿下应天，下一个目标会是谁？”

朱元璋笑了。

张士诚最希望的是朱元璋和陈友谅拼个两败俱伤，而不是让陈友谅毫发无伤地就灭了朱元璋。陈友谅的野心昭然若揭，朱元璋要是没了，他下一个目标会是谁？所以，做做样子配合一下是可以的，真正卖力是不可能的，张士诚更乐得坐山观虎斗。

此时正是朱元璋创业的关键阶段，百废待兴，又是突临强敌、内部看法不一的危急关头，刘基寥寥数语，拨开迷雾，点破形势，团结人心，谋士的作用就在于此。

搞明白这个关节，张士诚的威胁就可以暂时忽略。通盘考虑后，朱元璋决定采纳刘基的建议，先集中力量打击陈友谅，这位可是真来要他的命的。

怎么打，硬拼肯定不行，得想办法智取。

陈友谅是强大的，也是骄横的，泰山压顶的攻势之下，他不认为应天能抵挡他的无敌舰队。尽早攻下应天，活捉朱元璋，结束这场无聊的游戏吧！

正如刘基的分析，把握住陈友谅的人性与企图，计策也就呼之欲出，那就是诱敌深入，集中优势兵力打一场伏击战。

可陈友谅也不是傻子，如何让他按照朱元璋想要的路线，进入埋伏圈呢？那就要看布下的诱饵能不能让陈友谅上钩了。

这颗诱饵，叫作康茂才。还记得康茂才吗？攻下集庆后，朱元璋得到了一大批元朝降将，其中就有水军元帅康茂才。除了当过元朝的将领，康茂才还有个背景，他和陈友谅是老朋友，关系熟络到连家里的老门房都是陈友谅介绍来的。

朱元璋很敏锐地捕捉到了这个情报，他不但没有介意，还暗地授意康茂才可以继续和陈友谅保持一些联系，将康茂才作为一颗棋子埋了起来。如今，棋子可以发挥作用了。

得到朱元璋密令，康茂才派老门房跑到陈友谅军中，和盘托出他掌握的军事情报，力劝陈友谅兵分三路直取应天，可保将朱元璋集团一网打尽，并表示自己愿以一军与陈友谅里应外合，可让“大义皇帝”兵不血刃地拿下应天。

陈友谅喜极，问康茂才现在何处，老门房说现守江东桥，只待陈友谅率军抵达这座木桥，高呼一声“老康”，自己便率众反戈一击，助老友成就霸业。

看起来简单，这条计策却是条连环计，环环相扣，把陈友谅无敌舰队的下场都给安排好了。陈友谅兵力强大到即使中计，朱元璋也没有把握将其击败，所以要劝他兵分三路；即使分兵，朱元璋还是没把握吃掉陈友谅的主力舰队，江东桥就是关键。

康茂才没有说谎，江东桥确实是木桥，但那是在用计之前。等陈友谅中计，朱元璋连夜组织施工队，不分昼夜地把它改建成了一座石桥。看到是石桥，陈友谅便会知道中计，以他好猜忌的性格，必定率军回撤，短时间内将导致舰队出现拥堵，难以施展开来。

那么，朱元璋会在江东桥设下埋伏吗？并不会。此时陈友谅处于高度戒备中，且全军都在舰上，朱元璋的水军弱小，还是没有绝对的把握击败陈友谅。

江东桥只是计策的一环，陈友谅以为撤军就能止损，殊不知撤军之时，才是他真正落入陷阱之时。

计中有计，玩的就是一场心理战。

陈友谅吃下了康茂才这颗诱饵，他兴冲冲地亲率主力进入秦淮河，赶到江东桥。一看是石桥，他的心里就发了毛，扯破嗓子连呼“老康”，四周只有一片寂静。

不好！陈友谅心情一下跌到谷底，中计了！他越发胆战心惊，立即安排军队戒备，手忙脚乱一番后，又惊奇地发现：周围似乎安静得太过诡异了！如果是中计，此时不应该杀声震天，伏兵齐出吗？这到底是怎么回事？

陈友谅生性多疑的性格害了他，如果他把石桥毁掉，继续前进，一切都会不一样。但他认为事出反常必有妖，石桥背后肯定隐藏着不可告人的秘密。等到全军警戒撤离江东桥，发现什么事也没发生。是老康搞错了，还是自己搞错了？陈友谅也有些糊涂，莫非这是一场误会？

中国有句很魔性的话“来都来了”，这是个中国式的哲学。“来都来了”短短几个字，能让人在短时间内失去理智，抛弃其他条件的干扰，执着于眼前的目的。这句话，对于执着的陈友谅来说再适合不过。

陈友谅从不会甘心承认失败，他传令弟弟五王陈友仁率领先锋部队驶向龙湾先行抢滩。那里地形开阔、水位又浅，正适合部队展开，他要以龙湾为跳板，指挥大军登陆。

龙湾是个理想的选择。可陈友谅不知道的是，江东桥只是故布疑阵，龙湾才是朱元璋选定的伏击圈，陈友谅就这样一步步进入了真正的陷阱。

龙湾之战

龙湾当时是秦淮河的入江口，位于卢龙山（今狮子山）西、仪凤门外，是一片很大的区域。卢龙山下有一片平缓开阔的水域，最适合登陆。

朱元璋早有安排：常遇春、冯胜率兵三万埋伏于隐蔽处；邵荣率水军在龙湾口外埋下暗桩，以拒敌舰；杨璟、张德胜、朱虎分别率舟师出龙江关外，作为机动水师；徐达带领预备队居中策应。朱元璋自己，则坐镇江边的卢龙山顶，与诸将商定，一切看他旗语为号。

朱元璋精锐尽出，就等着陈友谅了。

陈友仁忠实地执行了哥哥的计划，顺利从卢龙山下龙湾江面登陆，立起营栅，等着汉军主力的到来。

远远地，陈友谅的庞大舰队接近了登陆场。一切都很顺利，江东桥那个小插曲已被陈友谅抛到脑后，等大军登陆集结完毕，一场新的荣耀正在等着他的将士们。恰在此时，负责哨探的探马前来报告：江边的卢龙山顶上有红旗挥动。一丝不祥的预感在陈友谅心头升起，这个朱元璋想干什么，难道龙湾是个圈套吗？

这时陈友谅还有机会撤退，前提是舍弃已登陆的陈友仁和万余兵马。但这个代价实在太大，陈友谅无法接受。

为何不搏一搏呢？就算有埋伏，只要动作够快，合兵一处在岸上站稳脚跟，朱元璋又能奈我何。兵法上说，背水一战，置之死地而后生，陈友谅的模板是项羽，当初项羽就是这么做的。

陈友谅想的是背水一战，朱元璋想的却是半渡而击。眼看陈友谅的舰队抵岸开始登陆，朱元璋下令：挥动黄旗。“寇至则举赤帜，举黄帜则伏兵皆起。”

山顶黄旗招展，四周伏兵高声呐喊，团团围住汉军这支精兵。不得不说，陈友谅的自负是有道理的。在敌众我寡，遭到突然打击的极端劣势下，陈友仁临危不惧，指挥部队结阵硬扛骑兵的冲击。常遇春派出的第一拨骑兵全数阵亡，他亲自领兵再战，仍然“数战不利”，无法冲破陈友仁的壁垒。

眼看汉军就要络绎不绝登陆，幸好邵荣沿江而来，向陈友谅发起了冲击。但是，邵荣船小兵少，并不能扭转局面，只要击溃邵荣，汉军仍然能实现既定的计划。

陈友谅站在他的旗舰上，注视着战局的发展。眼看派去阻击邵荣的舰队逐渐逼近，只要他们再努力一下，就能碾碎邵荣那批小船。朱元璋，你太天真了，这点力量就想阻挡我吗！

陈友谅闭上眼睛，打算欣赏小船被压碎的咔嚓声，敌方士兵落水的哀号声。可是等了半天，这些声音并没有传来。他睁开眼睛，看到气喘吁吁跑来的部下。

“陛下，张志雄叛变投敌，正与邵荣一起攻击我军！”目睹主将惨死的张志雄选择了隐忍不发，他并没有忘记心中的仇恨，当陈友谅派他率部前去阻击邵荣时，他明白机会来了。陈友谅，我等的就是这一刻，我要让你明白，不是所有人都会屈服在你的淫威之下。无故杀害赵普胜，这是你应得的报应！

张志雄率部下集体倒戈，与邵荣合兵倒卷而来，陈友谅的舰队毫无防备，顿时被冲得大乱。陆上汉军与舟师的联系被迅速切断，陈友仁已首尾不能相顾。

朱元璋又举起黄旗，徐达、张德胜等赶来会合，终于以局部优势兵力击溃了登陆的汉军。陈友仁顶到了实在无法支撑之时，才率残部撤退。不料遇上退潮，江边的巨舰遇上了大麻烦，史载“舟胶浅，卒不能动，杀溺死者无算，俘其卒二万余人”。

陈友仁侥幸登船逃走，陈友谅的旗舰也告搁浅，只得另换小船逃走，庞大的舰队大部分不是被焚毁就是被俘获。

龙湾之战，胜在谋略，也险些败在谋略。朱元璋的计策很毒辣，他已经尽可能计算到了每一个细节。但战场上的事情就是这样，它不是电脑程序，无法计算出“人”这个最重要的变数。

朱元璋算不到陈友仁的战力如此强悍，要是没有邵荣及时赶到和张志雄的临阵倒戈，龙湾之战的结果还很难说。

好在，朱元璋最后还是赢了。

龙湾之战，意义非常。本来在赵普胜的压迫下，朱元璋两面受敌，相当难受。没有想到陈友谅接手后，反而让朱元璋打出了一波绝地反击，这让素来自负的陈皇帝情何以堪！

应天转危为安，朱元璋的实力也扩充不少，但要说他就此能和陈友谅一决雌雄，那还为时尚早。虽然陈友谅在龙湾吃了个大败仗，但他仍拥有强大的力量。哪怕他在逃跑路上，还在采石顺便杀掉了朱元璋总领水军的将领张德胜。这位张德胜，可是曾三次击败赵普胜的水军勇将。

陈友谅的威胁暂时解除了，朱元璋此时却要面对另一个大麻烦。

第十二章 邵荣谋反案

邵荣谋反案

陈友谅败了，败得很惨，元气一时难以恢复。朱元璋很是风光了一阵，时间长达一年半。从至正二十年（1360 年）六月到至正二十一年（1361 年）里，他乘胜收复了太平，并攻下安庆、信州，迎来了一个向西大发展的时期。连袁州的欧普祥也向朱元璋纳款归附，朱元璋命他仍统率本部兵马，镇守袁州。

时间进入至正二十二年（1362 年），麻烦事出现了。这一年的主题只有两个字——叛乱。

二月，金华苗军叛乱，朱元璋重将胡大海被杀；同月，处州叛乱，嫡系耿再成，曾为朱元璋招揽刘基、章溢、叶琛等人的孙炎被杀；三月，洪都叛乱，著名文士叶琛被害；六月，安庆叛乱；十月，池州叛乱。

一系列的叛乱说明，朱元璋的胜利并不稳固，陈友谅、张士诚仍有很大的号召力。只要朱元璋表现出一丁点颓势，会有更多地方追随叛乱的脚步。

不过，最令朱元璋恼火的还不是这些新打下地盘的叛乱，而是来自内部的问题。

在与朱元璋争夺天下的两个敌人陈友谅和张士诚的战争中，邵荣这个名字出现率很高。他一路为濠州人马南征北战，立下了汗马功劳：龙湾之战中及时赶到阻击陈友谅，立下一等功；至正二十二年（1362 年），他领兵平定处州苗人降将副元帅李祐之等人发动的叛乱，再立新功。

洪武三年（1370 年），明太祖大封功臣，凭邵荣的功劳，封个公爵完全不在话下。当然公爵名单里并没有邵荣的名字，他已死于至正二十二年（1362 年），被朱元璋所杀，罪名也是叛乱。

根据正史记载，邵荣被派出平定处州兵变，凯旋后，他与赵继祖两人密谋，欲发动政变暗杀朱元璋，以邵荣取而代之。不巧，事情被检校宋国兴得知，告发给了朱元璋。朱元璋摆下一出鸿门宴，在酒席上将两人擒获，用铁链锁着脖子亲自审问："我跟你们一起打天下，事业成功，有的是荣华富贵，为何要谋害我？"

邵荣回答："我们常年在外打拼，太辛苦了，不能在家与妻子相守同乐，所以走上这条路。"说罢，他追悔流泪不已。倒是赵继祖说得实在，他大声喝止邵荣："要是早下手的话，就不会跟今天这样，像条狗一样死在床下。事已至此，哭有何用！"

念及邵荣的功劳，朱元璋想从轻发落，常遇春力劝："邵荣是个忘恩负义的人，主公今天饶了他，难保他将来不害我们。就算您不忍心杀他，我们也绝不肯再与他共事！"朱元璋无奈，含泪下令把两人缢死。

叛乱背后

检校告发，邵荣承认，常遇春落井下石，证据确凿，此事铁板钉钉。不过从邵荣的供词来看，感觉他的理由非常牵强。再翻看其他史料，不难发现邵荣叛乱之事很可能有隐情。

邵荣的身份不简单，他是郭子兴旧部。彼时朱元璋集团的部队，主要由三部分组成：一是朱元璋的嫡系人马，这些人唯他马首是瞻；二是巢湖水军，这部分人相对地忠于朱元璋，仍保持着一定的独立性；三是郭子兴旧部。

郭子兴、郭天叙死后，小明王册封郭子兴小儿子郭天爵为中书右丞。郭天爵认为兄长郭天叙的死是阴谋，他以郭子兴接班人自居，在一定程度上给朱元璋制造了障碍。至正十八年（1358 年）七月，郭天爵以“与群小阴谋”的罪名被朱元璋处死。

郭天爵死后，郭子兴旧部发生分化，宋朝用、宋国兴父子等人倒向朱元璋。邵肆、邵成、邵荣、毛广、赵继祖等虽接受朱元璋的指挥，但仍继续保留着小团体。

有人说了，郭天爵都死了，“郭家军”就不存在了，不都是“朱家军”了？事情并没这么简单，这些旧部的将领大多是郭子兴起义的嫡系，加入军队较早，资历比较老。他们不得不归顺朱元璋，但并不认可朱元璋是自己的主公。潜意识里，他们接受的是小明王的册封，仍然是“龙凤”政权的军队。随着战争的进行，这些人有的阵亡了（邵肆战死于宁国），有的神秘消失了（毛广、邵成在史书中失去记载），邵荣成为幸存的郭子兴旧部中职位最高的武将。

朱元璋攻克集庆后，邵荣就得到了“江南行枢密院同佥”（相当于军委副主席）职务，与朱元璋平级，远高于徐达的“元帅”职衔。当时，得到“江南行枢密院同佥”的一共有三人，除了邵荣，还有邵肆、廖永安。不难看出，“郭家军”的代言人就是邵家兄弟，他们仍然是拥有相当实力的。

至正十九年（1359 年）初，徐达、常遇春、胡大海升为“行枢密院同佥”，邵荣相应地升为平章，与朱元璋平级。直到数月后，朱元璋得到“江南等处行中书省左丞相”职务，才压过邵荣一头。后来，廖永安与邵肆相继战死，朱元璋集团中最初的三位武职高官，仅剩邵荣一人。此后，邵荣一直在诸将中职位最高，直到他被处死之前。

巢湖水军这部分，廖永安在至正十七年（1357 年）被张士诚俘虏后，朱元璋提拔的不是与廖永安资历相同的俞廷玉，而是资历较浅的廖永忠。俞廷玉后来被“天完”大将赵普胜所杀，朱元璋逐渐实现了对巢湖人马的绝对控制。

剩下的，就是郭子兴旧部这一部分最难处理了。

朱元璋做事不像陈友谅那么冲动，他的办法是小刀子割肉，一步一步削弱这些人。他派出嫡系中的嫡系——义子兼外甥李文忠来到邵荣身边。李文忠常年跟随邵荣征战，可以说是在邵荣的言传身教下成长起来的。他既跟着邵荣打仗，又以朱元璋义子的身份监视着邵荣，朱元璋一边利用邵荣、赵继祖，一边削弱他们的力量，提拔自己的人。

邵荣是军中的二号人物，战功卓著，可他毕竟不是朱元璋的嫡系。尤其是，据说邵荣恃功而骄，有点小事就口出怨言。有这么个二号人物在身边，朱元璋很难睡得着觉，于是就有了清洗邵荣的动机。

可是，为什么是在至正二十二年（1362 年），这个叛乱此起彼伏、危机四伏的年份？这要与同一年在外部发生的事联系起来看，关系到那个让起义军头疼的察罕帖木儿。

第十三章 元末第一名将

察罕死，天下无人矣

至正十九年（1359 年）八月，察罕帖木儿终于攻克了韩宋政权首都汴梁。刘福通带数百骑护送韩林儿自东门夺围而遁，逃奔安丰（今安徽寿县）。元军俘获韩林儿的皇后，及红巾军家属数万人，官员五千余人。

刘福通主力已经被察罕帖木儿击垮，但山东仍有大量红巾军。至正二十一年（1361 年），察罕帖木儿兵分三路进军山东，三路皆捷。北方红巾军丢失了山东全境，仅存益都（今山东青州）一座孤城。

察罕帖木儿的下一个目标会是谁呢？北方的屏障已不复存在，察罕帖木儿拿下益都只是时间问题，朱元璋即将暴露在元军的兵锋之下。

朱元璋早期的发展模式类似于闷声发大财。依赖的是刘福通、徐寿辉、张士诚在北、西、东三个方向替他挡着大元精锐，他只管闷头发展，完成发育。现在形势不妙，三面屏障成了三面受敌，如此恶劣的形势，朱元璋有些吃不消。尤其是察罕帖木儿这个凶神恶煞，等他拿下山东全境就会直奔自己杀来，朱元璋恐怕是难以抵抗。

朱元璋慌了，一个察罕帖木儿，比张士诚和陈友谅加起来都难对付。韩宋政权鼎盛时号称拥兵百万，战将千员，却被察罕帖木儿打成了零头，朱元璋自比那些老前辈何如？想来想去，朱元璋觉得只有一个办法：投降元朝。

许多人想不到浓眉大眼的朱元璋也会背叛起义队伍。其实朱元璋是个很现实的人，对元朝的感情相当复杂，这点后面会详细说明。至正二十一年（1361 年），朱元璋不认为自己能抵挡察罕帖木儿的兵锋，更怕陈友谅、张士诚在他背后插刀，因此他决定屈膝，派出使者向察罕帖木儿示好，换取他不来进攻自己。

示好当然不是口头表示一下，而要拿出诚意，就得归顺元朝。朱元璋也认了，再怎么样也比被消灭了好。

无论朱元璋的投降是权宜之计，还是打算玩一手诈降，总之，他确确实实地连续派出了两拨使者，带去重礼和他的亲笔信表示诚意。察罕帖木儿奏明朝廷，回复说愿意接受。元顺帝派出使者，带去了册封的命令，授朱元璋为荣禄大夫、江西等处行中书省平章。

使者是元朝户部尚书张昶，他带着诏书走水路，航海来到方国珍那里，准备从浙东再出发去应天。但朱元璋留了个心眼，他知道山东还有个益都没被察罕帖木儿攻下，便决定再观望一下。方国珍两次派人通知，都被朱元璋找理由扣留了使者，不予回复。

这个小花招改变了整件事的结果。

至正二十二年（1362 年）秋天，张昶终于来到应天，朱元璋已经拖不下去了，准备接受元朝册封，俯首称臣。事情就在此时发生了逆转。

察罕帖木儿率军围城，山东红巾军全部退到益都全力拒守。正在相持不下，红巾军降将田丰、王士诚对察罕帖木儿不满，趁他前来巡察的机会，将察罕帖木儿刺杀！一代名将，就这么死于仓促之间，那所有的荣耀都悉数散尽，成为满天星火。当年气吞山河，想要光复河山的愿景，到这一天，算是彻底枯萎了。

消息传到大都，朝野震动，我们无从得知元顺帝的心理活动，想必他是相当崩溃的。元顺帝只得命察罕帖木儿养子扩廓帖木儿（汉名王保保）接收其养父的全部兵马，继续围攻益都。先预告一下，这位王保保也是位超级猛将，他将接过养父察罕帖木儿的枪，成为朱元璋一生之敌。

本来察罕帖木儿死了，王保保仍然有能力南下。可是元军之间也是有派系的，察罕帖木儿活着时还能总领全军；察罕帖木儿一死，王保保就镇不住各路人马了。尤其是与察罕帖木儿素有矛盾的孛罗帖木儿，看到察罕帖木儿的主力还在山东，他竟然直接出兵进入了空虚的山西。

屁股还没坐热，老窝被人端了。王保保已无力南下，只得回军与孛罗帖木儿交战，两人在山西大打出手。

察罕帖木儿一死，天下形势为之一变。摇摆了数月，几乎就要降元的朱元璋终于改变主意，扣留了张昶，为己所用。

这一切，都是因为察罕帖木儿的意外死亡。察罕帖木儿和朱元璋是同龄人，都生于 1328 年，被刺时仅有三十四岁。

不难看出，如果察罕帖木儿活着，朱元璋只能举手投降。他是当时元朝唯一一个有能力整合北方元朝军事资源的人。如果没有察罕帖木儿的横空出世，北伐这事估计就在刘福通手上成功了，元朝可能就直接被韩宋推翻，也就没朱元璋什么事了。

根据记载，察罕帖木儿被刺，除了元顺帝痛哭，他的对头孛罗帖木儿也失声痛哭："察罕若在，我省用多少气力！"意思是察罕帖木儿一死，往后自己非累死不可。哭归哭，孛罗帖木儿手上可没闲着，直接端了王保保的山西老窝。

倒是北方百姓的悲伤来得真切一些，"中原闻察罕死，妇人小儿皆为流涕"，可见这位察罕帖木儿的人品和军纪，那是相当可以的。

对朱元璋来说，压在胸口的一块大石头落地了。

明末有句话——"传庭死而明亡矣"，讲的是崇祯时期名将孙传庭在陕西败于李自成之手。元末也有句话，是在听说察罕帖木儿被刺消息后，朱元璋惊呼："察罕死，天下无人矣！"

如果察罕多活个一二十年，这个天下是谁的天下，还真是犹未可知。相比那些战殁于一场轰轰烈烈旷世大战之中的名将，察罕帖木儿的死法实在是有些让人唏嘘。

朱元璋实现对军队的绝对掌控

再把察罕帖木儿之死和邵荣被杀连起来看，就比较有意思了。察罕帖木儿在年初出兵山东，三个月打下济南，围攻益都。邵荣死于三月，察罕帖木儿死于九月，朱元璋在察罕帖木儿围攻益都期间联络投降。几乎可以说，邵荣一死，朱元璋就开始了与察罕帖木儿的勾搭。

如果邵荣还在，这件事会不会有变数呢？

至正二十二年（1362 年），朱元璋仍然奉小明王为皇上，名义上接受韩宋政权的领导，他身处的位置其实和称帝前的陈友谅类似。假设，陈友谅想投降元朝，“天完”政权那些手握兵权的大将会怎么想？那些“普”字辈的老前辈，会服从陈友谅的决定吗？

邵荣也是个坚定的抗元派，他是韩宋政权的官员，是郭子兴旧部代表，是军中的二号人物。他参军比朱元璋早，年龄比朱元璋大，对朱元璋未必服气。万一朱元璋说要投降，而邵荣却跳出来说坚决不投降，那朱元璋怎么办？

再讲远一点，至正二十六年（1366 年），小明王就将死于一场意外事故。到时候，万一邵荣也像当初陈友谅杀死徐寿辉后，像那些“天完”大将一样跳出来说：“元璋以臣弑君，复可事乎？”朱元璋怎么办？

无论朱元璋想与元朝勾搭，还是想除掉小明王，邵荣都是个隐患。朱元璋需要保持对军队的绝对掌控，邵荣这样的人物于他而言，就是一颗定时炸弹，这是他所不能容忍的。所以，这一年，朱元璋即使在连遭叛乱的紧急关头也要清洗不同派系的邵荣，来为自己的下一步做打算。

再回看一下整个过程：

至正十五年（1355 年），郭子兴病亡；同一年，郭天叙、张天祐死于集庆之战；至正十八年（1358 年），郭子兴最后一个儿子郭天爵被处死；至正二十二年（1362 年），郭子兴旧部中职位最高的二人邵荣、赵继祖被处死。

邵荣谋反案，就是朱元璋确立对军队绝对指挥权的最后一块拼图。事实证明朱元璋成功了，邵荣、赵继祖事件以后，郭子兴旧部的独立势力不复存在。在以后的战争岁月中，尽管有强大的外部压力，也曾一度陷于危境，朱元璋却再也没有遇到来自内部的挑战，直至顺利完成全国统一大业。

第十四章 洪都之战

御驾亲征

察罕帖木儿的意外身亡改变了大局，元军系统的王保保和孛罗帖木儿打得不可开交，益都还在包围之中。退守安丰的刘福通觉得自己的机会来了，他亲自统兵救援益都，想要收复北方失地。

没想到察罕帖木儿虽死，王保保却也不是善茬，红巾军再次被元军打得大败而归，反而加速了益都的陷落。刘福通赔了夫人又折兵，北方红巾军的临时都城安丰已成了一座彻彻底底的孤城。

这一切逃不过张士诚的眼睛，至正二十三年（1363 年）二月，他派吕珍进攻安丰。安丰粮尽援绝，已无力支撑。这时刘福通能指望的只有朱元璋了，他派人到应天求救。

要不要救安丰呢？以刘基为首的众谋士说，万万不可！万一友谅来攻，应天危矣！朱元璋却慷慨激昂：于情，我是明王属下；于理，安丰是应天屏障，救安丰就是救应天，安丰必救。

这番话似曾相识，当初脱脱大军围攻六合，朱元璋也是这么干的，最后差点连滁州也搭进去。可他不是明明说吸取教训了吗（六合之败，吾深戒之）？

救安丰容易，陈友谅咋办？朱元璋没有回答，他吩咐点起兵马，说要亲自统兵前往救援安丰。

后来发生的故事，让许多人觉得这是个错误的决定。因为陈友谅不但敢来，还带来了全部兵力跟朱元璋决战，要不是路上发生了点小意外，应天早就被攻破了。

不过再仔细看一下时间线，人们能发现朱元璋的决定才是深谋远虑。

至正二十三年（1363 年）二月，朱元璋还没杀到，刘福通已经阵亡。朱元璋赶跑吕珍，救出小明王，把他迁到滁州居住。明面上，朱元璋为小明王建造宫殿，以君臣之礼相待，要什么给什么；暗地里，朱元璋换掉了左右服侍小明王的人，把他们都换成了自己的人。这一幕在中国历史上发生过太多次了，不久之前，陈友谅也是这么做的。

至正二十三年（1363 年）三月十四日，小明王封赠朱元璋三代，封他本人为中书右丞相，也就是皇帝的第一副手。

朱元璋兵发安丰，陈友谅岂能不知。自从在龙湾失败后，陈友谅就一直在走背运，好在至正二十二年（1362 年），朱元璋一直在忙着处理内部事宜。利用这个机会，陈友谅拼命发展，差不多恢复了鼎盛时期的力量。

陈友谅怎肯错过这个好机会？这次他不光敢来，还带出了所有兵力。汉军舰队比上一次更加吓人，史书上是这么记载的：舰高数丈，外饰以丹漆，上下三级，级置走马棚，下设板房为蔽，置橹数十其中，上下人语不相闻，橹箱皆裹以铁。至于规模，仅巨舰就有数百艘之多。这次陈友谅几乎是空国而出，还带上了文武百官和他们的家小，兵力达到了 60 多万。陈友谅决心毕其功于一役，彻底消灭朱元璋，在应天庆祝胜利，这才是“大义皇帝”的性格！

皇帝御驾亲征，汉军势如破竹。陈友谅心情大好，他站在旗舰的甲板上，眺望着下一个目标：洪都。

拿下洪都在陈友谅看来是顺理成章的事。洪都临水，就在上次，汉军就曾趁着水涨船高，直接从船上攀附登城，轻松地攻入城中。

可洪都又丢得非常草率。陈友谅杀害赵普胜后，赵普胜手下许多将领投降了朱元璋。洪都守将是陈汉政权的“江西行省丞相”胡廷瑞，他虽不归属赵普胜，却也感到非常不安。朱元璋抓住机会写信劝降，并举投降的陈氏诸将为例，劝他打消顾虑。胡廷瑞接到信后决定投降，洪都又兵不血刃地回到了朱元璋手里。

接收洪都后，朱元璋吸取教训，下令把城墙改筑，改为去江岸三十步，如此一来，从船上登城已不可能。这并没有影响陈友谅的心情，数十万大军拿下个洪都莫非还有什么悬念不成，等把洪都收入囊中，大军就能顺江而下，直抵应天。

洪都就是原来的龙兴路，今天的南昌。对于它的战略地位，初唐四才子之首王勃的《滕王阁序》中讲得很清楚：襟三江而带五湖，控蛮荆而引瓯越。

洪都的守将是朱文正，他麾下还有参政邓愈、元帅赵德胜、牛海龙、指挥薛显等将领，总共有大约两万人马。陈友谅空国而来，号称大军六十万，挤干水分，一半数量的战兵应当是有的。双方的兵力比是一比十五。

邓愈、赵德胜是朱元璋老部下，都有统帅之才；牛海龙、薛显，是与傅友德并称的人物，都不是泛泛之辈。但洪都的主心骨，却是主帅朱文正。

朱文正是朱元璋亲侄，也是他的义子，只比朱元璋小几岁，年幼时一起长大，叔侄关系极为亲密。两人分别十多年后，才得以重新相认，此后朱文正军功卓著，也被飞速提拔。到了至正二十二年（1362 年），朱文正已成为大都督，节制诸军，成为朱元璋军中的最高军事统帅。

长久以来流传的朱文正花天酒地、不务正业的说法，多半是来自野史，并不足以采信。恰恰相反，朱文正很早就表现出了过人的军事能力，克太平、取建康，多有战功。否则就算是朱元璋之侄，把他塞到大都督这个职位，也压不住众将。

朱文正面对汉军压境，只有死守一途，唯有拖住汉军主力，寄希望于朱元璋回援才有生路，否则洪都一破，应天就门户大开。洪都共有九门，朱文正安排诸将防守，自己亲率两千精锐作为预备队，居中调度。

撼山易，撼朱文正难

至正二十三年（1363 年）四月二十三日，洪都之战开始。

汉军首先选择抚州门攻击，士兵们下船登岸，推着攻城兵器黑压压地直冲城墙，水面又有战舰上的投石机发石相助，城墙很快被打开了一个缺口。

防守抚州门的是邓愈，他眼见势急，火速调来他的撒手锏：三百火铳兵。

邓愈，原名邓友德，字伯颜，泗州虹县（今安徽省泗县）人。邓友德不在朱元璋的“淮西二十四将”之列，他与常遇春一样，在至正十五年（1355 年）才投奔朱元璋。有所不同的是，邓友德不是单枪匹马，而是为朱元璋带来了所部万余人，因此深受器重，职位由管军总管起步，朱元璋赐其名为邓愈。

火铳其实不是什么新鲜玩意，它由宋代突火枪改进而来，早在大元至顺年间就已出现，元顺帝曾通过什伍相联的方式集中使用过火铳。火铳不稀罕，火铳兵也不稀奇，关键在于邓愈一下子调来了三百杆火铳。要知道，成建制的火器部队得到永乐年间才会出现，此前在起义军的战斗中，还未有集中使用火器部队的先例。

或许是与元军作战时受到启发，邓愈集中起三百名火铳手，一声令下，大量铜火铳齐射，一时烟火缭绕、蔚为壮观。汉军不明就里，一下子倒下一片，顿时军心大乱，稍稍后退。

趁此机会，邓愈赶紧命令士卒竖起木栅，抢修城墙。朱文正得到报告，立即调牛海龙等前往增援，并亲自带领预备队到抚州门督战。

激战持续了一整天，有朱文正黑着脸坐镇抚州门，守军无一人敢说半个退字，皆以一当十。汉军虽然凶悍，可攻城不比野战，人数优势体现得不是那么明显。双方血肉搏杀一直持续到次日天明，城上城下都是尸骨累累，汉军愣是不能冲进缺口，反而看着缺口慢慢地给堵上了。

煮熟的鸭子飞了，陈友谅的沮丧可想而知。

洪都守军也付出了巨大代价，总管李继先、元帅牛海龙、赵国旺、许珪、万户程国胜等都告阵亡。

损失点兵力对陈友谅还算不上什么，抚州门难啃，那就换个地方打。第二天，他下令更换目标，攻击新城门。

新城门的守将薛显有点与众不同。他从来都只负责进攻，很少打防御战——薛显战胜攻取，克建殊勋，一时之智勇也。就算被安排守城门，他也没忘自己的天赋。

汉军仗着人多，气焰骄横，只知进攻而完全没考虑防御。薛显抓住这点，突然杀出城外，杀了汉军个措手不及，斩敌平章刘进昭、擒其副枢密赵祥等。攻城受挫还被突袭，汉军为之气夺，攻势又告退却。陈友谅气炸了，新城门比抚州门还狠，转而令汉军攻击章江门。

洪都临水，为了保证供给，朱元璋虽下令将城墙后移，却还保留了几个水门，章江门就是其中之一。但在章江门镇守的还是薛显。没办法，洪都城门太多，守将不够，朱文正只能一人分配几个城门防守。

吸取上次的教训，这回汉军士兵全副武装，头顶盾牌，小心翼翼地接近城门水关，防备薛显再来一次突击。一切都很顺利，城头的火力远没有前面两个门那么强烈，水门里也没有冲出战船。眼看闸门已近在眼前，接下来只要斩关落锁，汉军就能从水道进城。

汉军大喜，选择水门太正确了，看来薛显只懂进攻，不懂防御，更不知如何防守水门。然而下一秒，他们的表情就变了。只见从闸门里，不知何处一下子密密麻麻地伸出来无数根长矛，戳向汉军士兵与船只，顿时一片人仰船翻。

长矛是最普通的兵器，汉军也大量装备，他们回过神来，抽出长矛打算跟守军对面对捅。随即汉军发现一个很严重的问题，守军的长矛能捅到他们，他们的长矛却捅不到守军。原来，这是薛显特制的加长长矛，比正常的长矛要长出一倍有余。这样，隔着水闸，汉军就成了光挨捅的一方，却没办法还手。大号长矛形成了一道拒马，将汉军船只顶回水闸三五米开外。

这才是发动攻击的时候，刚才还挺安静的城头突然热闹起来，汉军头顶上下起了雨。不是普通的雨，它的成分包括但不限于：箭、铅子、石头、燃烧罐等危险的杀伤利器。这谁顶得住，在一片咒骂声中，汉军再次狼藉败退。

这表明，匹夫之勇只能痛快一下，有勇有谋才是薛显本色。

新城门、章江门、水门、桥步门、士步门、宫步门、抚州门、琉璃门、澹台门……数天内，汉军绕着洪都九个门转了一圈，最后又回到了原地，因为没一个门是好啃的。尤其神奇的是，朱文正总能出现在最需要的地方，并且手下总带着为数不少的预备队随时准备填坑。

陈友谅发狠了，一个门不行，就同时攻击几个门，朱文正还能有分身术不成。但他可能忘了，洪都不只有朱文正，朱元璋把这么多大将派到洪都，不是没有道理的。

一个洪都，有大都督朱文正挂帅，手下有李继先、牛海龙、薛显这样的猛将，配置已经相当高了。再给配上邓愈、赵德胜这样的人物，邓愈当时的官职是“江西行省参政”，总制各翼兵马；赵德胜是“江南行枢密院事”，压根就不应该出现在洪都。

啥意思？朱元璋早料到陈友谅必攻洪都。朱文正是他最信任的至亲，也是最强的大将之一，前文提到过义子的作用，朱文正就是来总制诸军的。一个朱文正还怕不够，再加上邓愈等人，这样将确保众将士一定会死战到底。其他人可能会投降、背叛，朱元璋相信朱文正不会。

能打多久打多久，能拖多久拖多久，陈友谅这样做事一根筋的性格，洪都不下，他是没法安心攻击应天的。

战争，尤其是冷兵器时代的守城战，是极其考验守军谋略和意志的。在那个没有坦克、大炮的年代，如果城墙防御不是太差，守军意志足够坚决，城内又有足够粮草的话，要攻克一座坚城相当困难。比如，唐代的张巡，当时的张士诚，都是朱文正的榜样。

撼山易，撼朱文正难！

双方打打停停，在朱文正的指挥下，守军死守不退，汉军遗尸累累却无所进展，空有大军的陈友谅无法拿下洪都城，气得他暴跳如雷。

此时，洪都也已筋疲力尽，摇摇欲坠。

看看洪都战死的将领们吧。元帅赵德胜（后追封梁国公），指挥防守时腰部中了一支弩箭而亡，箭头深入六寸，差不多被射了个对穿；枢密院判李继先在抚州门阵亡；左翼元帅牛海龙战死在城头；左副元帅赵国旺，带兵出城火攻敌舰，被敌军追赶到城门下跳水而死；百户徐明在突击中被擒处死；右翼元帅同知朱潜、统军元帅许珪都在战斗中阵亡。

原来朱元璋派来这么多人不是没有道理的。即使有这么多守将，再打下去，也就只剩朱文正、邓愈两个光杆司令了。但是，洪都毕竟还在朱文正手中，他不倒下，陈友谅就别想拿下洪都。

或许有人问，既然拿不下，何必全军被牵制在此。陈友谅为何不留下部分兵力继续围困，自己率领主力直取应天，毕竟应天才是最重要的目标。

陈友谅也有他的难处。

第一个原因是性格。

陈友谅是枭雄，性格狐疑多变。他认准的事，必定要一条道走到黑。在安庆是如此，在龙湾是如此，在洪都更是如此。这种性格让他创造了辉煌，也让他经受过失败。对以自我为中心的陈友谅来说，其他人都不值得信任。自己在，都没攻下洪都，难道自己走了，手下这帮人就有把握围住朱文正？被朱文正突围怎么办？被朱文正反杀怎么办？况且，倾全国之力拿不下一个洪都，皇帝陈友谅颜面何存，岂不是被人笑话？

第二个原因更为实际——粮草。

汉军劳师靡饷，粮草耗费是个天文数字，供应是个巨大的问题。洪都位于鄱阳湖与赣江交汇处，如果不能拿下洪都，给朱文正以喘息之机，难保他不会出奇兵断汉军粮道。对陈友谅来说，拿下洪都能确保沿途粮草供应无虞，弃之不理则可能成为祸害。后来这事真的发生了。

从脸面上、性格上、后勤问题上，陈友谅都不能置洪都于不理。

围攻归围攻，要以为陈友谅的几十万大军全被一个洪都拖着，那是太小看陈汉皇帝了。在围城同时，陈友谅分兵攻打江西各府州县：部将蒋必胜攻陷吉安，朱元璋的参政刘齐、知府朱文华被俘杀；朱元璋的临江守将赵天麟，城破后巷战而死。江西的形势在不断恶化。

朱文正一时挡住了攻势，己方也是损失惨重。汉军毕竟势大，一味地硬扛无法持久，为了拖延，他用尽了招数，想着法子拖延陈友谅。

假投降很管用，这招在战争中屡试不爽。能减少损失早日拿下洪都，肯定是陈友谅所愿，朱文正利用的就是这种心理。朱文正以假投降拖延时间，到了约定投降的日子，城头果真按约定升起了汉军的旗帜。

按照通常的步骤，接下来就该大开城门，迎接汉军进城了。一等等了半天，陈友谅派人去问，城里的解释是大都督正在准备，亲自出城归降以示诚意。

陈友谅不傻，他觉得有点不对劲。可事情都到这份儿上了，万一是真的呢？那就再等等吧。一直等到天黑，陈友谅也没见城里有一个人出来。这种套路玩的就是心理战，不止一次地欺骗了陈友谅。

朱元璋重用朱文正无比正确，在这生死存亡之时，血缘的联系比什么都重要，有大侄子坐镇，城内无人敢说个降字。

抓住汉军偶尔松懈的机会，朱文正又派出千户张子明突围而出，赶赴应天向朱元璋求援，得到的答复是再坚守一个月，援兵必到。张子明返回途中被汉军抓获，他假意答应到城下劝降，却向城上的朱文正等人大喊："大军且至，但固守以待！"陈友谅大怒，喝令立斩张子明。

在来回攻守和纠缠下，洪都固守了八十五天未被攻陷。虽然如此，守军已经难以为继，守城器具早已耗尽，士兵伤亡过半，将领们也是死的死，伤的伤。对汉军来说也不容易，伤亡惨重之下动摇了军队必胜的信心。洪都之战打到现在，考验的是双方的意志和决心。

朱文正已经超水平发挥，而他苦盼的援军却还迟迟没有到来。朱元璋是忘了这个大侄子吗？当然不是。可朱元璋怎么还不来呢？

洪都之战的残酷真相

讲到这里，我们可以把时间线连起来看一下，就能看到其中的微妙之处。

至正二十三年（1363年）二月，朱元璋已亲自统兵救援安丰；三月初，他已赶跑吕珍，把小明王安置到了滁州；三月十四日，小明王加封朱元璋三代。

那么，朱元璋接下来干吗去了？安丰到应天不过五百多里地，急行军三五天也就赶回去了，他如果心急火燎地要救侄儿，回去收拾收拾就该出发往洪都赶了。

洪都到应天要远一点，有一千一百多里。走水路，顺流条件下，古代的内河船速一般一个时辰能走五十里，船只可以二十四小时航行，三五天内就能赶到。就算是逆流而上，十天半个月也足以赶到洪都。

不信的话可以问李白，《早发白帝城》是这么写的：朝辞白帝彩云间，千里江陵一日还。两岸猿声啼不住，轻舟已过万重山。

现代人专门就这个问题做过考证，白帝城到江陵的水路距离在三百三十公里左右，以李白的船速一小时十五公里计算，"诗仙"出瞿塘峡，穿巫峡、西陵峡，在两岸猿猴的欢呼声中浩荡东下。差不多二十二个小时能走完这趟航程，也就是一天时间。"千里江陵一日还"，"诗仙"还真没夸张。

就算朱元璋要做决战的各项准备工作，再多一个多月的时间也足够了。别忘了，四月二十三日，洪都防御战才刚刚开始，这时朱元璋早已回到应天将近一个半月，这时早应该准备好了。

可是从四月等到七月，洪都期待的救兵始终没有出现。朱文正都绝望了：叔叔，我可是你亲侄子啊，你怎么还不来啊？

洪都的朱文正又要打仗又要监工还要鼓舞士气，身体和心理都已经接近崩溃，可朱元璋还是没什么动静，他的葫芦里到底卖的是什么药？

真相可能会有点残酷，洪都是朱元璋的一枚棋子，放在那里就是为了应付陈友谅。朱元璋在洪都留下了足够支撑两年的粮食，洪都的任务就是跟陈友谅死缠烂打，能拖多久拖多久，耗到让汉军付出最大的代价为止！

朱元璋的主力，这时压根就不在应天。

至正二十三年（1363年）二月，朱元璋亲率徐达、常遇春驰援安丰，占据庐州的“天完”红巾军左君弼部出兵阻挡，被常遇春击败，左君弼退保庐州。击退吕珍后，朱元璋自己回了应天，却把主力扔给了徐达、常遇春，由他们带领围攻庐州。

左君弼长期占据庐州，抵抗非常激烈，徐达围城猛攻三个月，仍然不能攻克。直到六月，徐达才接到朱元璋撤兵的命令，还师救援洪都。设想，假使心急火燎地要救洪都，朱元璋早就应该把主力撤回来，何苦在庐州耗那么久？

再看看朱元璋的人事和资源安排，洪都的意义就是消耗汉军的有生力量和战斗意志，使之由强变弱，自己就能因势利导变被动为主动，让胜负的天平逐渐向自己倾斜。如果随随便便派个人，能拖住汉军多久呢？主帅只能是朱文正这样的血亲。

从四月打到七月，从春天打到夏天，汉军已出征一百多天，在洪都长时间地啃城墙，锐气早已不复。那么，朱文正怎么办，邓愈怎么办，两万多将士怎么办？如果有必要，那都是可以被放弃的。

战争的真相就是如此，为了己方最后的胜利，没有什么是不能放弃的，哪怕是侄子。楚汉相争时，刘邦连老父亲都可以不要，亲儿子都能从车上给踹下去，朱元璋丢个侄子，又算得了什么。

朱元璋已经生了好几个儿子，如果牺牲个侄子能换来击败陈友谅，作出这个选择并不困难。否则，他就不是后来的洪武皇帝。

刘基觉得救援安丰风险很大，朱元璋却比他看得更清楚，救援安丰很安全。但是，这些话能对刘基说吗，能对朱文正说吗？别说他们，连亲老婆都不能告诉。

汉军围困洪都，不需要等到张子明报信，朱元璋早就心里清楚。如果真要救洪都，朱元璋也能就近调集兵力以缓解洪都的危困局面。为何要再等，朱元璋是从战略角度考虑的。

这时洪都已达到了挫汉军锐气、为朱元璋争取时间的目的。但是还不够，如果没有与陈友谅决战的把握，救援洪都在战略上的意义就不大。

张子明突围的更大意义在于给朱元璋传递情报，而不在于请求援兵。张子明汇报：汉军兵力虽盛，却在洪都城下折损不少。并且现在江水日渐干涸，陈友谅的巨舰难以施展，加上出师日久，粮食供应估计已经困难。如果主公派出援兵，一定可以打败敌人！

来自前线的第一手情报让朱元璋能够审时度势，比如是否要主动出击同陈友谅决战，敌我双方实力对比如何，这都为他提供了重要参考。即使如此，他也没有马上派兵救援洪都，而是传信洪都继续坚守。这说明他已下决心，调集主力前往江西决战陈友谅，而不是计较洪都一城一地的得失。

这才是朱元璋的真实想法。

第十五章 鄱阳湖之战

战场：鄱阳湖

“浩渺鄱湖水接天，波翻浪涌竞争先；连江通海胸怀广，滋养生灵岁复年。”

作为中国第一大淡水湖，鄱阳湖下接长江，上承赣、抚、信、饶、修五河之水。丰水季节浪涌波腾，浩瀚万顷，水天相连；枯水季节水落滩出，野草丰茂，芦苇丛丛。湖畔峰岭绵延，沙山起伏，沃野千里，候鸟翩飞，牛羊徜徉，其景色和气势实在是难以言表。

望着这长天一色，今天的人很难想象得出，在六百几十年前的那个秋天，在这片云水飘扬的浩渺烟波之上，曾经发生过一场古代战争史上规模最大的水战。庞大无比的战船，熊熊燃烧的烈火，漫天飞舞的箭矢，声嘶力竭的喊杀声，以及被鲜血染红的湖水……

这场战争的名字，叫作鄱阳湖水战。

1363年，中原大地纷乱无比，这一年天下同时存在着四个年号：元至正二十三年；韩林儿“龙凤”九年；陈友谅“大定”四年；明玉珍“天统”元年。年号之混乱表现出的是时势之纷争，群雄共逐鹿于天下，元朝势力还在四处出击，试图扑灭各路政权。

对时年三十五岁的朱元璋来说，1363年更是生死存亡考验的一年。

无论再怎么拖，决战终究还是避免不了的。七月，朱元璋终于大集诸军，挥师杀奔陈友谅。他的兵力此时在二十万左右，这几乎是他能带出的全部机动力量。两军在人数上的差距已不算离谱，再加上士气此消彼长，朱元璋觉得出击的时候到了。

侧背遭到威胁，汉军不得已，只得解围洪都，反过身去与朱元璋决战，决定两位枭雄命运的鄱阳湖大战由此爆发。

为什么是鄱阳湖？它是这场决定天下大势战役的一个要点，与地理因素有关。鄱阳湖与长江相连，相当于长江的一个水库。在丰水期，鄱阳湖可以为长江蓄水；到了枯水期，鄱阳湖的水就回流到长江，起到调节作用。

长江在每年12月到次年4月进入枯水期，5月开始进入丰水期。陈友谅起家就是靠的水军，汉军的水军在当时几乎是无敌的存在。他在枯水期末率水军进入鄱阳湖，要是顺利地打下洪都，正好顺流而下。可现在已经是七月，江淮地区梅雨季节的降水补给到长江流域，长江进入了丰水期，这样水就从长江流到了鄱阳湖。在鄱阳湖，陈友谅原来顺流而下的优势没有了，反而成了逆流而上。

那么，陈友谅为啥不冲出鄱阳湖，到长江与朱元璋决战呢？因为条件不允许。

朱元璋发兵，并没有直奔洪都而来。在进入湖口之前，他已派出一支偏师来到入江口，用龙湾之战缴获的大船把江口塞了个水泄不通，成为这道封锁线的重要屏障。

朱元璋封锁入江口，截断汉军归路，并切断了敌人的粮道。陈友谅的粮食只能靠陆地来运输了，可洪都还没有打下来，陆地粮道也面临着威胁。

陈友谅看上去还有两个其他选择。一是全力攻下洪都，以确保陆地粮道安全。二是集中主力打通入江口，这样既能确保水路粮食运输，又能让自己留有退路。但在朱元璋重兵威胁下，这两个可能都是那么不现实，形势逼迫他只能反身在鄱阳湖与朱元璋决战。

显见，朱元璋为了这场决战，早已把情报摸得一清二楚。鄱阳湖，正是他选定的战场。

把这些因素连起来看，能进一步证实，洪都是朱元璋布下的一颗棋子。他绞尽脑汁，一点一滴地磨掉陈友谅的优势，让胜利的天平向自己这里倾斜，哪怕只是一点点。

陈友谅太强大了，水军又是他赖以起家的军队，而朱元璋的水军在渡江攻太平前才刚刚成立，这种局面下，多半分胜算也好啊。牺牲整个洪都，牺牲侄子朱文正，都是可以接受的。

还是不得不佩服朱文正，他愣是在洪都死守八十五天，从枯水期拖到了丰水期，让朱元璋占据了地势之利。否则，陈友谅的楼船顺流而下，将对朱元璋的小船形成泰山压顶之势。

如今战场只能是鄱阳湖了，这是生死存亡的一战。朱元璋若败，应天必失，就此万劫不复；陈友谅若败，攻守之势将就此逆转，朱元璋也不可能再让他有东山再起的机会。

张定边的“斩首行动”

七月二十日，鄱阳湖之战开打。

两军在康郎山摆开战场，朱元璋的主将徐达、常遇春、廖永忠、丁普郎等身先士卒，带头冲锋。在临阵战术上，两军其实都差不多，大致分为三步，远处先用火炮、火铳射击；稍近换用弓弩；最后是白刃接敌，跳帮近战。汉军船大，不怕风浪却转动不便；朱元璋军船小，分为十一队，虽然有灵活的优点，却惧怕风浪颠簸，同时也经不起撞击，两军可以说各有所长。

汉军船红，朱元璋军船白，红船白船混杂在一起，一会儿白船包围红船，一会儿红船追赶白船，杀得难解难分。

鄱阳湖中，喊杀震天，箭如雨点，炮如雷轰，刀光飞舞，波浪掀天，杀得湖水为之变色，湖面上到处漂着溺死的将士和挣扎呼号的伤兵。战况惨烈，仅仅第一天，朱元璋就损失了数千人马，汉军的伤亡更大，数倍于朱元璋。

虽然战损比占据优势，可更惨痛的损失在于折损了诸多勇将，就连朱元璋本人也差点没能撑过第一天。其中最壮烈的是丁普郎。

丁普郎本是赵普胜的师弟与部下，陈友谅无缘无故地杀害赵普胜后，惹翻了丁普郎、傅友德等悍将，他们干脆转身投奔了陈友谅的死敌朱元璋，让后者捡了个大便宜。

这次在鄱阳湖大战陈友谅，丁普郎正是仇人相见，分外眼红。他乘坐船只从早上鏖战到中午，不知砍翻了多少汉军，自己身上也受伤十多处，最后全身脱力，被汉军一刀削掉了首级。脑袋虽然掉了，但丁普郎的身体仍屹立不倒，保持着手持武器的战斗姿态，吓得敌兵以为是天神下凡——自辰至午，普郎身被十余创，首脱犹直立，执兵作斗状，敌惊为神。一个人的复仇意念竟然有如此强大，可怕！可怕！

在龙湾之战中立下大功的张志雄也参加了战斗。激烈的水战中，他乘坐的战船的桅杆被火炮打断，敌兵乘机跳帮登船，将他团团包围，用长矛乱捅，张志雄知道无法脱身，拔刀自刎。

不过在头一天的战斗里，最值得一提的是陈友谅手下头号勇将：张定边。

谁是元末第一猛将？前面提到过朱亮祖，但在许多人心里，张定边才是名副其实的第一。

张定边，陈友谅的结拜兄弟，同样是以猛出名。一般猛将的技能点都会点到如何进攻和如何防御上面。张定边不同，他比常遇春等猛将更加全面，不光武艺高强，还懂得兵法韬略。更厉害的是，张定边还通晓不少天文、地理、医术等知识。用今天的话说，张定边是个强大的全能型将领。

张定边从陈友谅发迹时就开始跟随在他身边，克沔阳，战安庆，转战荆楚，征伐两江、闽、浙边陲重镇，攻无不克，帮助兄长打出了一片江山。

围困洪都时，张定边就向陈友谅进言，建议派主力直捣应天，另一支兵围洪都，可使朱元璋首尾不能兼顾。陈友谅这一生，真正信任的人不多，张定边是其中之一。可这次，他没有采纳张定边的忠言。

鄱阳湖大战第一天，眼看战况惨烈，两军胶着，张定边展开了他最疯狂也是最有想象力的一次特殊攻击——斩首行动！擒贼先擒王，朱元璋军的主心骨只有一个，只要把他放倒，不就赢了吗？

眼看朱元璋军旗舰在目视范围之内，张定边率领自己身边几条战船从乱战中杀出，直奔朱元璋而来。

一开始，大家都不是很在意。水战不比陆战，两军战船绞杀在一起，乱军之中有双方战船钻进钻出，确实是很正常的事情。陈友谅估计，张定边是跑出来巡航的；朱元璋则以为，他们拐个弯就会回去。

他们都想错了，这几条汉军船只不仅没有后退，反而是不断加速。等它们冲出老远，朱元璋的部下才有人反应过来，这些船的船头和航向笔直所向，不是己方旗舰，还会是哪里？

谁也不会想到，在朱元璋军未露败象之时，会有汉军大将敢效仿当年的关羽，轻舟疾进，于万千军中取主帅首级！要的就是这个突然性！但也确实冒险，很大可能是有死无生，这极大地考验实施者的能力与胆识。这两样张定边都不缺，他眼里没有其他对手，只有一个目标——朱元璋。

朱元璋军顿时一阵慌乱，负责指挥的元帅宋贵拼命摇动战旗，从左右调来战船阻挡。张定边竟不管不顾，亲自手持长矛站立在船头，他要让手下的将士都看到，主将在此，谁敢后退！

有什么样的将就有什么样的兵，豪勇之气燃遍全场。在张定边的激励下，汉军战斗力暴涨，不过几分钟的时间，张定边就以势不可当的姿态，突破了为朱元璋护驾的好几艘战船。朱元璋旗舰这边负责指挥的宋贵亲自上前截击，也被张定边一矛挑落水中。

眼看这个张定边直直地向朱元璋撞来，拱卫在左右的万户程国胜、左副指挥韩成、元帅陈兆先亲自驾船左右奋击，但都被汉军战船所阻，无法接近。

离朱元璋的旗舰越来越近，张定边仿佛已看到了他手足无措的慌乱神态，只要再加一把劲，战斗就能结束！这一刻，张定边威风凛凛如天神下凡，如果被他跳帮得手，历史上就没了大明这个朝代了。

张定边或许忘了，朱元璋阵中也有员一等一的勇将常遇春，此刻还未见踪影。这名前任强盗自从投到朱元璋麾下后，果然敢战先登，立功无数，成为朱元璋指定的先锋人选。当初集庆一战，就是常遇春乘一小船，在激流中冒着乱箭挥戈勇进，跳帮登船，斩杀数名元将，为击溃蛮子海牙水军立下了头功，他也由渡江时的先锋升任行省参知政事。此后，常遇春为朱元璋东征西讨，勇冠三军，成为徐达的最佳搭档。

当日鄱阳湖中，常遇春看到朱元璋遇险，无奈自己的船只过远，虽拼力航行，却仍无法及时赶到。情急之下，他弯弓搭箭，瞄准舰首的张定边，气沉丹田，嗖的一箭，正中张定边肩窝。

这一箭势大力沉，力透重铠，将张定边射倒在船舱。汉军失去主心骨，冲击势头为之一顿。朱元璋手下趁机护卫着他且战且退，这才逃离了危险区域。

舍命护主的程国胜、韩成、陈兆先就没这么好的运气了，他们好不容易奋力摆脱张定边，却发现已陷入重围，左冲右突也无法冲出包围，全部力战阵亡。同一天战死的，还有元帅余昶、右元帅陈弼、徐公辅等。战斗才打了一天，朱元璋就损失了这么多勇将，许多将士怀疑还能不能撑过第二天，不少人已心生退意。朱元璋不得不进行一番宣传鼓动，才稳住了人心（诸军欲退，上申明纪律，喻以生死）。

实际上，陈友谅也有说不出的苦，与朱元璋的军队缠斗整整一天，自己的损失要大得多，连第一猛将张定边也躺下了。朱元璋的战术让他叫苦不迭，小船顺流，转向灵便，大船逆流，转向困难，自己有力却无法全使出来，这让他暴跳如雷。

这样下去不行，怎么办？陈友谅苦思冥想，终于有了主意。

陈友谅的战术

接下来三天，湖面风平浪静，没有发生大的战斗。由于第一天打得太惨，双方都需要时间休整，心照不宣地形成了对峙。

第四天，休整完毕，朱元璋亲自率领水师出战。随着舰队离汉军舰队越来越近，众将士都开始拼命揉眼睛。是他们都犯了眼病吗？不可能，但他们确实怀疑自己看错了。只见雾蒙蒙的江面上，汉军的舰队消失了，他们面前只有一艘战舰，一艘超大的战舰。

它的庞大超出了朱元璋将士的想象，大概有上百艘巨舰那么大。很快，有人发现了端倪，这不是一艘船，而是许多船。只是，如今它们都被牢牢地用铁索连在了一起，彼此间可供小船利用的缝隙消失了。

这就是陈友谅的计策——连环计。

第一天战斗结束后，陈友谅进行了反思，他觉得自己的战船够大够强，之所以无法占到优势，是因为间隔过大，不成阵型，反被朱元璋的小船利用。这个问题也不难解决，只要用铁链把大船连起来，就能组成一道无敌的船阵，小船就再也无法发挥自己灵活的优势，谁要是敢冲进阵中，就会受到来自四面八方的攻击。

这是一道大工程，需要时间来操作，陈友谅一边养精蓄锐，一边着手执行。花了三天时间，他终于把自己的大船改造成了一艘超级战舰。

这是条聪明的计策，充分利用了汉军舰只的优势，又避免了自己的弱点。小船无机可乘，朱元璋的水军被逼迫着只能与陈友谅的舰队正面对攻。朱元璋的水军船小，只能仰攻，汉军居高临下，像乌云一样碾压过去，朱元璋的舰队根本无力对抗，纷纷被碾碎、压扁。傻眼的成了朱元璋。

那么，朱元璋为什么不放火，陈友谅就不怕火攻吗？

陈友谅乃是一代枭雄，身边也是谋士如云，猛将如雨。水战要素之一便是风向，陈友谅精于水战，他早已找人反复观测过，这几天湖面的风向都是往对手那儿刮，朱元璋要想火攻，先烧到的会是自己。

陈友谅想到的，别人也能想到。眼看战况不利，幕僚长刘基、统军元帅郭兴都向朱元璋建议，汉军战舰用铁索相连，正适合用火攻。朱元璋哪能不懂，奈何老天不帮忙，他只能两手一摊，表示火攻虽好，风向不顺，无法施行。

郭兴束手无策，刘基却神秘一笑："主公，请速准备好火船，大风须臾自起。"朱元璋将信将疑，早就听说刘基擅长方术，却从来没看他发挥过，莫非他真有鬼神莫测之功不成？不管如何，准备火船也没什么损失，万一真的等来顺风呢？

朱元璋下令征调快船，并装满火药、火油等易燃物，还重金招募敢死队，一旦风向改变，立即发动火攻！

苦苦挨到申时，奇迹出现了，只见逆风行云，天空瞬间变色，风向在顷刻之间转向东北，正是朱元璋的顺风方向。所有人的目光投向刘基，看来传说是真的，刘伯温果真有鬼神莫测之功。

刘基掌握的这门知识，现在叫气象学，是自然学科的一个分支。当时的人们没有这个认识，但并不代表就没有人懂，刘基就是其中之一。观察星象、云层、动物行动、人体活动，都能在一定程度上预报天气，民间诸多天气谚语就来源于此。比如古人用木梳子梳头，如果噼啪作响（实际是静电发出的声音），意味着很快会刮风，也就是谚语所称的"头发响，风一场"。

这不算特别高深的自然知识，难就难在如何预测它。刘基做到了，他的气象学知识明显高出陈友谅的智囊团一大截。这种被正经读书人视为旁门左道的方术，在这一刻证明了它存在的价值，也再次证明了一句话：知识就是力量！

机会已然出现，敢死队驾着早已准备好的战船，借风势飞速奔向陈友谅的船阵，船上装满了火药和引火物。在鏖战之中，几条小小的船只并不引人注目，但当它们快接近陈友谅的战舰时，火药被瞬间引燃，火借风势越烧越大，小船成了火船。

汉军手忙脚乱地调集弓箭、火铳，拼命地射击火船，想要阻止它们靠近。但这只是徒劳，射中又能怎么样呢，船上的死士已提前跳船，剩下的就交给风去完成吧。

陈友谅的战舰被铁索牢牢固定，犹如一串骨肉相连，一处着火，迅速蔓延到另一艘，仓促之间根本来不及脱离。“火炽十里之间，烟焰涨天”，一时烈焰飞腾，湖水尽赤，转瞬之间汉军巨舰化作一片火海，军士死伤狼藉。朱元璋乘势率军发起猛攻，陈友谅的两个弟弟陈友仁、陈友贵以及平章陈普略等人全部死于这次火攻。

压制了朱元璋大半天，正在中军等着对手崩溃消息的陈友谅，听到顺风局被逆转的消息，立即出舱查看。只见眼前的鄱阳湖已是火光漫天，天边的云霞都被染成了赤色，成了一个壮美又凄厉的战场。陈友谅颓然坐倒，一声长叹。

这一战，陈友谅的舰队被焚毁近半，实力严重受损，朱元璋方面也好不到哪里去——“友谅之卒，死者过半。而我兵所亡失亦略相当”，朱元璋部的副元帅昌文贵、左元帅李信，王胜、刘义在此战中阵亡。

连环计这种战术，也并不是那么一无是处，它确实是个好战术。宋末厓山之战，宋军主将张世杰，也是利用铁索将船只相连，组成船阵，一度让元军无计可施。陈友谅的连环计也差不多，将朱元璋压制得濒临绝境。

但陈友谅确实也是大意了，为了防止火攻，张世杰在船上准备了长竹竿，用来捅开元军逼近的火船。可陈友谅的巨舰由于过于庞大，很难配到足够长的竹竿，只要有一条火船成功，就能引发大火。

陈友谅寄望的是逆风碾压，偏偏，风向变了。不是说天助正义吗？陈友谅垂头顿足，自己的年号“大义”，仿佛成了一个讽刺。

陈友谅就此被打败了吗？还差得远。通过两场惨烈的战斗，朱元璋虽然扭转了劣势，但也堪堪只是与陈友谅扯平而已。

傅友德的复仇

接下来的一个多月，两军继续激烈交战，谁也无法一鼓作气地彻底打崩对方。

残酷的对峙在继续，陈友谅重整旗鼓，发动了数次反击，他仍然有能力给朱元璋以强大的压力。激战中，朱元璋身边的卫士多有战死，一次连坐舰也被炮石击碎，换舰作战又遭到搁浅，动弹不得，要不是手下及时相救，险些被俘。

但是，胜负终于逐渐开始清晰起来。

真正让陈友谅大军陷入绝望的，并不是战场上的失败，而是来自战场以外。汉军已快绝粮。

陈友谅倾国而出，粮草供应是个巨大的问题，多消耗一天，就要耗费巨额的粮草。在洪都城下将近三个月却未能拿下，在湖中又相持近一个月，粮草越发成了问题，逐渐陷入缺粮困境。

汉军坐困湖中，后方水路供应已被切断，没有拿下洪都的后果就显现出来了。陈友谅派兵到都昌抢粮，粮是抢到了，可没提防洪都城里的朱文正。休养了一个多月的朱文正派出军队放了一把火，把装粮的船只烧了个精光。洪都的意义，就在于此。

反观朱元璋，能保持补给线的通畅，两军在战场上胜负尚未决出，后勤保障却分出了胜负。

再能打的将士，没饭吃也就是半个死人。打到最后几天，汉军军粮已尽，军心浮动。陈友谅已无力进攻，他意识到再苦撑下去，自己可能在这里全军覆没。心高气傲的“大义皇帝”终于作出了一个艰难的决定：全军撤退，往湖口突围。

这个决定不出朱元璋意料，敌军一天比一天衰弱，前来投降的汉军将士络绎不绝。这种情况下，陈友谅要想不死在鄱阳湖，就必定要突围。

八月二十六日，陈友谅做好了准备，他选择从南湖嘴突围，试图进入长江，退回武昌。

朱元璋判断汉军很可能突围退入长江，早已增兵湖口，在长江南北两岸设置木栅，在江中备好了大舟火筏。他又派兵夺取蕲州、兴国，控制了长江上游，堵敌归路，待机歼敌。

湖口之战战况依旧惨烈，陈友谅和他剩下的忠心耿耿的士兵们，依靠强烈的求生欲望，使尽浑身解数，奋勇冲杀。在汉军不要命的攻势下，朱元璋军队负责南湖嘴防御的同知元帅李志高、副使王咬住双双阵亡。尽管汉军也损失惨重，依然奇迹般地击退了湖口守军，眼看通往长江的生存道路就要被打通了。

陈友谅赶紧下令全军突围，从南湖嘴进入长江。但是，他高兴得太早了，在原来的守军之外，朱元璋还另外安排了一支由傅友德带领的伏兵。

傅友德原本是刘福通手下，在至正十八年（1358 年），北方红巾军兵败后辗转各地，先投到明玉珍麾下，又转隶陈友谅，都不受重用。陈友谅干脆把他甩给了丁普郎，隶属于赵普胜部。

傅友德绝对是一员有实力的大将，在“双刀赵”手下发挥出色，成为“天完”军的一名重要将领。赵普胜被害后，他与丁普郎等一起投奔了朱元璋，被委以重任，跟随常遇春作战。

用人是门艺术，在陈友谅有可能突围的地方，派谁去比较合适呢？答案是他的仇人。

傅友德就是陈友谅得罪得最狠的人之一，当初去投奔却被当个垃圾一样把自己甩掉。赵普胜、丁普郎、张志雄等老战友都死于陈友谅手中，他们既是上级也是兄弟，傅友德算是把陈友谅的祖宗八辈都恨上了。

无须动员，傅友德和部下根本就不考虑后退。傅友德这位后来的大明颍国公，更是杀红了眼——“友德操轻舟荡其锋，身被数创，战益力，手杀数百人”。

刚和李志高、王咬住血拼一场，又遇上这么个复仇之神，陈友谅算是倒了血霉。不怕死的碰上不要命的，丁普郎的精神在傅友德身上得到了传承。

陈友谅不愧是皇帝，他梳理了一下思路，既然朱元璋在这里伏下重兵，那另一个水路出口——泾江口的防守必定要薄弱一些。眼看无法突破傅友德的封锁，何不转走泾江口？汉军船队转向，奔向泾江口。

陈友谅没有猜错，朱元璋的兵力本不如他多，既要防守南湖嘴，又要防守泾江口，还要扼守武阳渡，又要派兵控制长江上游，防他弃船登岸逃遁。

汉军的兵力都集结在一起，在局部，陈友谅还是有数量优势的。

陈友谅不与傅友德硬拼是明智的。他率军突击泾江口，轻松击穿设防的敌军，眼看汉军即将一鼓作气地冲出鄱阳湖。一旦脱困，陈友谅就如鱼入大海。虽然这仗是失败了，但自己还有残兵十余万，占据广阔的荆湖之地，假以时日，谁说就不能卷土重来？

居中调度的朱元璋很清楚陈友谅的意图，那他为啥不调兵合围，拼死将陈友谅封锁在鄱阳湖内呢？朱元璋倒是想，只是手下将士们干不动了。

鄱阳湖大战的惨烈，让不少杀人如麻的将领也倒吸一口冷气。高强度的战斗持续了三十多天，将士的心理和体力都达到了极限。有人已经好几次建议朱元璋“议退师，少休士卒”，眼看陈友谅冲向泾江口，大家反而松了一口气。跑就跑了吧，陈友谅仍然很强大，谁爱追谁追去（诸将以友谅兵尚强，请纵其去）！

双方都已精疲力竭，无力再战。

一支意外的流矢

陈友谅端坐在他的金字旗巨舰上看向前方，敌军只剩几十条小船还在虚张声势地放箭，这点兵力已不可能阻止他入江。陈友谅长出了一口气，兴致勃勃地站起身来，准备给部下再鼓鼓劲。

陈友谅前脚刚跨出船舱，一支冷箭就射入了他的左眼。陈友谅像根被伐倒的木头一样倒地，再也没有站起来。

不可一世的陈汉皇帝，就这样仓促地离世了。箭头直入眼眶，贯穿了陈友谅的大脑，他死得很迅速，没有太多痛苦。

纷乱的战场上，双方都在不停地放箭，大多数是没什么目标的，只有个大概的方向，没人知道是谁射出的那支箭。

射死陈友谅，绝不是那么轻松的活。身为汉军最高统帅，陈友谅身披重铠，头顶金盔，身边还有卫士保护，抵御箭镞的能力是很强的。双目，几乎是他全身上下唯一的弱点。但就是这么巧，常言道“兵器三十六，弓箭为首；武术一十八，弓箭为第一”。历史上威风八面的名将们，死于弓箭的不计其数，陈友谅不是第一个，也绝不是最后一个。

“大义皇帝”陈友谅，就这么草率地退出了历史舞台，终年四十三岁。

朱元璋和诸将对陈友谅的突然死亡，都备感意外！由于找不到是谁射出的那一箭，朱元璋干脆对泾江口的残兵一千三百多人全都给予重赏，每人赐以“金龙官缎一表里、冬夏布五匹，银五两，麦各五石、铜钱六千文”。

陈友谅一死，鄱阳湖大战至此结束。陈友谅的太子陈善儿、平章姚天祥等大批文武官员被俘，枢密使李才带着楼船和五万多兵马投降，余众皆溃散。

让我们再通过宋濂的《平汉江颂》来回顾一下这场大战，其中这么写道：呼声动天地，矢锋雨集，炮声雷鞫，波涛起立，飞火照耀，百里之内，水色尽赤。焚溺死者动一二万，流尸如蚁，满望无际。战争的残酷，被这几句话描绘得真实无比。

值得一书的还是张定边，在败局已定，其他人纷纷以投降换取荣华富贵之时，他连夜划着一艘小船，载着陈友谅的尸首和另一个儿子陈理秘密潜回武昌。

大哥虽然有错，但做兄弟的不能对不起他，张定边要为陈家保留一点骨血。什么是兄弟？同富贵的不是兄弟，共患难的才算兄弟！张定边是值得尊敬的。有这样的兄弟，陈友谅九泉之下应当也无憾了吧。

张定边护陈理返回武昌后，立陈理为帝，改元德寿。

朱元璋怎会再容得下陈汉政权，至正二十四年（1364 年）二月，他派常遇春、廖永忠长驱直入，汉军实力未复，无力抵挡。常遇春兵临武昌城下，陈理出降，汉亡。陈理被送到应天，朱元璋封他为归德侯。数年之后，出于为陈理“人身安全”考虑，将他全家送往高丽定居，从此他们再也没有返回中原。

鄱阳湖大战，从七月二十六日打到八月二十六日，数十万人在湖上展开殊死搏杀，战况几度反复，在敌人有天时、地利、人和等诸多因素加持下，陈友谅都差点脱险，可想而知朱元璋的对手有多强大。这场战斗规模之宏大、战况之激烈，在古代水战史上也是空前的，留下了浓墨重彩的一笔。

此战获胜后，朱元璋仍然心有余悸。得到陈友谅死讯，他立即焚香拜天，慰劳将士，许下诺言，将来天下一家后，和勇士们共享富贵。

朱元璋胜得非常惊险，损失也很惨重。除了前面提到过的阵亡将领，还有无数高级军官付出了生命，见诸史册的就有数十人之多，这些人后来都被朱元璋列入皇明开国功臣之列。

如何评价陈友谅呢？再回味一下史书中提到他的那段话：独陈友谅以骁鸷之姿，奄有江、楚，控扼上流，地险而兵强，才剽而势盛……史书上的陈友谅，多半是个性格残暴的弑主之徒，是个狂妄自大的失败者，是个奢靡淫欲的享乐主义者，暴君陈友谅被明君朱元璋击败是理所当然的事。

这只是胜利者的一面之词。如同众多历史人物一样，陈友谅是个双面皇帝。陈友谅确实喜欢享受，这是他的出身决定的，他不可能像朱元璋一样，即使大权在握还去过那种苦哈哈的日子来体验生活。这是身世决定的生活方式，并不能就此得出陈友谅是个暴君的结论。

陈友谅性格有残暴的一面，但他能成功，并不是完全靠的残暴，更不是享乐，而是剽悍、坚毅和刚猛。作为“天完”军首领、陈汉皇帝，陈友谅凶狠强悍、骁勇善战，这才是他成就霸业的基础。关于他这一个性的记载有很多，比如：陈友谅元季之枭雄也，彼其犷悍之性，兵食俱足，所向无前。友谅之勇略，虽或未及项羽，而剽性狡悍，出没飘忽，大困而不馁，屡踬而复振。

不管是朱元璋还是张士诚、方国珍，他们都曾与元朝互通款曲，甚至反复投降。唯有陈友谅，与元朝从无任何瓜葛，自始至终在坚持反元。在他的率领下，“天完”红巾军给元军的打击，比张士诚和朱元璋加起来都要大。

即使在与朱元璋争夺江西的过程中渐落下风，陈友谅还是拥有足够的勇气——至倾国六十万尝试江流，牧野、昆阳、赤壁、淝水，古帝王豪杰能用其众者，未之有闻。御驾亲征，倾国而出，这份一往无前的豪气，能有几人具备？

陈友谅有功亦有过，不失为一代枭雄。元末如果没有陈友谅这个人物，

“天完”政权将是一盘散沙。徐寿辉待人宽厚，但他很快就失败了，暴露出他能力不足的弱点，在他治下，“天完”国许多力量事实上是半独立的。陈友谅横空出世，东略青齐，西举关蜀，南浮汉江，把松散的“天完”政权凝聚起来，扫除元朝力量，将“天完”红巾军的势力扩充到了最大。

“其遣将所摧毁，几海内之半”，这可不是吹的，陈友谅的统治区域包括今天的湖北、江西、安徽、福建、浙江、江苏、湖南等。这些功绩，彭和尚、徐寿辉、倪文俊哪个能做到？徐寿辉做不到，那就由陈友谅来完成。虽说他的手段是过于激烈了，但若消灭了朱元璋，这些又算得了什么呢？

陈友谅并不是草包，他与朱元璋的豪赌，胜负只在毫厘之间。他所欠缺的，或许仅仅只是一点运气。尽管有这样那样的缺点，尽管最后失败了，陈友谅仍不失为叱咤风云的一代枭雄，他对反元斗争的贡献不应被抹杀。此后的明清两朝，在陈友谅的家乡湖北一带，陈友谅的影响依然不散，反映了这位农民军首领巨大的影响力。

《庄子》云：是亦彼也，彼亦是也，彼亦一是非，此亦一是非。历史是辩证的，看待陈友谅，不能只看其残暴的一面。陈友谅对历史的贡献，也应该被后人知晓。

朱元璋的改变

九死一生搞定陈友谅，朱元璋吞并了江西，拿下了湖广，控制的人口增加了两倍。这一年，他三十六岁。从投奔郭子兴算起，从军不过十一年，朱元璋已从一个亲兵成长为独霸一方的诸侯。

厉不厉害？从个人角度来看，已经厉害得没边了。

彭和尚、韩山童、刘福通、徐寿辉、倪文俊、陈友谅、脱脱、察罕帖木儿，这些名动一时的名字，或败或死。朱元璋一个父母双亡的孤儿，游方（要饭）的行脚僧，能有今天的成就，祖坟上的青烟估计已经直冲云霄。

从历史的角度看，还不算非常厉害。以平民出身成为一方枭雄的人，历史上不算非常多，百八十个也是有的。其中更有和朱元璋出身类似甚至更加低贱的，比如石勒、窦建德、高季兴等。他们共同的特点是曾经都非常强大，有的还建立了王朝。另一个共同点是，都没能持续几年，很快就给人消灭了，或者自己死了。然后，就没有然后了。

朱元璋当然不想重蹈覆辙，他的模板不是窦建德更不是石勒，而是刘邦。要想成为刘邦，他的路还没走到一半。

此时他的地盘，说小也不小，已尽有湖广、江西和江浙大半之地，人口上千万，算得上相当强大的力量。说大也不大。往东看，还有张士诚的“大周”政权；在浙东一角，有方国珍盘踞；其他方向，还有福建的陈友定，巴蜀的明玉珍，两广的何真、熊天瑞、邵宗愚等。再往北看，还有更庞大的元朝。朱元璋和陈友谅打得热闹，那是在窝里斗，没伤到大元一根毫毛。元朝拥有最庞大的疆域，就算已经丢了不少，它这时还控制着北方的大片地区，还有云南的梁王遥相呼应。元顺帝努力一把，再整出个百万大军也不是没有可能。

要想成为刘邦，朱元璋还有很长的路要走。

三十六岁，是男人的黄金年龄，经过与陈友谅的殊死搏杀，此时的朱元璋已经彻底成熟了。精力上，心智上，谋略上，他都达到了巅峰。他很清楚现在该做什么。自己真正的对手是元顺帝妥懽帖睦尔，而不是什么张士诚或方国珍。

但要灭掉元朝，就必须先统一南方，这是道单选题。从这时起，朱元璋已经变了。说他变了，不是说他变强大了，而是说他的思想变了。

红巾军起兵，打的是宗教的旗号。虽然韩山童连县城都没出就被杀了，但这并不妨碍刘福通继续打着白莲教的旗号领兵反元。可是明王已经没了，总不能告诉大家，上天派下来的弥勒佛就这样被灭了吧，那岂不是太没面子了？不要紧，韩山童不是还有儿子吗？就他了。于是，小孩子韩林儿就顺理成章地成了小明王。

等到朱元璋打败了陈友谅，南北红巾军已尽在他手，他下一步的目标是成为明王，还是刘邦呢？当然不可能是明王，什么弥勒佛，放庙里供着可以，能用来治国吗？朱元璋要一统天下，就必定要和白莲教切割，捡起儒生那一套，这才是王道，才是正统。打天下可以靠农民，要治国非得靠地主、儒生、官员这些人不可。

自汉武帝确定儒家学说为治国方针之后，历朝历代再也没变过。中国不比欧洲，从来没听说哪个皇帝用宗教来治国的，一个都没有。谁要胆敢尝试，必定死得很惨。

白莲教和小明王对朱元璋已经没有任何用处了，留着只是累赘。至正二十四年（1364 年）元旦，朱元璋被百官推举为吴王，建百官司属，仍以“龙凤”纪年，以“皇帝圣旨，吴王令旨”的名义发布命令。因至正二十三年（1363 年）张士诚早已自立为吴王，故历史上称张士诚为东吴，朱元璋为西吴。

第十六章 从私盐贩子到皇帝

第一篇檄文

一笔写不出两个吴字，至正二十五年（1365 年）十月起，朱元璋发动了对张士诚的攻势。

有人会觉得奇怪，朱元璋与陈友谅决战形势那么凶险，这岂不是张士诚背后捅朱元璋刀子的最好机会，他为啥毫无动作？按朱元璋的解释，这是张士诚性格懦弱。但朱元璋是最后的胜利者，所以他想怎么说都可以。

可在当时，朱元璋并没有忽略这个对手，带出主力与陈友谅决战的同时，他也留下了几个人专门应付张士诚，他们是耿炳文、吴良、李文忠。他们有个共同特点：张士诚的“克星”。

耿炳文后来获封长兴侯，吴良获封江阴侯，看封号就知道他们最大的功绩是啥。这两人一个守长兴，一个守江阴，在十来年里面对东吴军数十次进攻稳如泰山，一次也没有让张士诚得手。

李文忠就更厉害了，他从十九岁起就是张士诚的“苦主”，更是徐达未来的接班人。徐达还吃过败仗，李文忠却没有，在历史记载中也没能找到击败过他的人。

为了防备张士诚，朱元璋在开战几天后又将徐达从鄱阳湖前线调回应天留守，他自信地说：“吾以达留守，缓急可百全也。”徐达之前在浙西长驱直入，打得张士诚叫苦不迭，再加上李文忠、耿炳文、吴良这个阵容，攻守兼备，张士诚吃得消吗？

实际情况是，随着朱元璋力量的壮大，张士诚则日渐窘迫，心气、实力全给打没了，留这几个“克星”足以应对。

朱元璋对张士诚的攻击，从至正二十五年（1365 年）十月开始，打到第二年四月，东吴军已被赶出了长江以北，连张士诚的老家高邮都被攻下。

朱元璋挟平定陈友谅之余威，地盘广大，兵员充足，这时他已不必担心背后，一门心思就是对付张士诚。张士诚在朱元璋眼里已经是个死人了。不过总攻开始前，朱元璋却一反常态，发出了一道檄文。

檄文是古代的一种重量级文书，一般用来声讨敌人，用来告诉天下百姓，敌人，坏事做尽，所以我要为民除害，出兵去讨伐他。历史上有很多非常著名的檄文，比如陈琳的《讨曹操檄》、骆宾王的《讨武曌檄》，都是千古名檄。可说是字字如刀，气势如虹，虽说气不死对手，却也能让他几天吃不下饭了。特殊之处在于，当时这样的战役是不需要什么檄文的，大家都是直接干就完事了。群雄们打来打去，从来也没发过什么檄文，谁都不那么地道，就谁也别说谁了。这次，朱元璋打算换个花样，玩点不一样的。

按惯例，这篇檄文先说了下天下形势，然后把朱元璋夸了一通，罗列一下战绩，还狠狠地数落了一遍张士诚，列出他的“八大罪状”。这都是檄文的常规套路。

莫名其妙的是，这八大罪状里，真正和朱元璋有关的只有三条，其余罪状都是讲的张士诚如何背叛元朝的。比如，“惟兹姑苏张士诚，为民则私贩盐货，行劫于江湖，兵兴则首聚凶徒，负固于海岛，其罪一也”。事情是没错，可张士诚反的是元朝，朱元璋当时还在当和尚，关你啥事？又如，“又恐海隅一区，难抗天下大势，诈降于元，坑其参政赵琏，囚其待制孙㧑，其罪二也”。这讲的是张士诚诈降于元朝，还是牵扯不到朱元璋。再有，“厥后掩袭浙西，兵不满万数，地不足千里，僭称改元，其罪三也”。张士诚称帝，这也算罪状？那小明王咋说？还有，“占据江浙，钱粮十年不贡，其罪六”。这更离谱了，要贡钱粮也不可能贡给朱元璋，只能贡给元朝。这些罪状看得人一头雾水，不明白的人还以为这是元朝讨伐张士诚的檄文呢。反元起家的朱元璋，竟然站在元朝政府的立场上声讨张士诚，这是要干啥？

一则，张士诚除了跟朱元璋打仗，以及自己喜欢享受下生活之外，对下属和百姓还是不错的，他在江南有着深厚的统治基础。朱元璋横挑鼻子竖挑眼，也挑不出张士诚什么大毛病。甚至和自己打仗，张士诚也是败多胜少，要举出几个他抢自己地盘、杀自己百姓的例子，还真比较困难。

朱元璋更深的目的，则隐藏在这篇檄文的第一段。里面有几句关键的话：“致使愚民，误中妖术，不解倡言之妄诞，误信弥勒之真有，冀其治世，以苏困苦，聚为烧香之党。妖言既行，凶谋遂逞，焚荡城郭，杀戮士夫，荼毒生灵，千端万状。”

“烧香之党”就是弥勒教，就是红巾军，也就是朱元璋自己。自己骂自己，那不可能。朱元璋得解释，“灼见妖言，不能成事”——自己已经不信这套了。这么一绕，檄文除了声讨张士诚，也声讨了红巾军，红巾军的首脑是谁——小明王。

这篇檄文，朱元璋把自己身份的转变告诸天下，他已经不是什么农民军首领，更不是红巾军元帅，他现在代表的是地主、士绅、官僚们。这是他在斗争中悟出来的道理，也是刘基、陶安等儒生集团对他的持续影响。

起兵前是农民，那没得选择。等有了能当皇帝的力量，谁还会想当农民。就算你不想当，部下也会逼着你当。否则，你就得死。

韩宋政权的军队已经没了，忠于小明王的将领都死了，白莲教、弥勒佛不能用来治国，红巾军的招牌已经没有任何作用，朱元璋要翻脸了。这是这封檄文的真正意义，朱元璋要开始建立新的封建秩序了。

这篇檄文同时也宣判了小明王的死刑。几个月后，小明王就在渡江时“意外”地死了，具体死法我们已经知道了。

平江攻城战

檄文发出，到了算总账的时候。朱元璋集结起二十万大军，以徐达、常遇春为正、副统帅，首先攻打湖州、杭州，剪张士诚羽翼。东吴军打得很顽强，奈何实力不济，张士诚部下最能打的大将吕珍和李伯升兵败投降，湖州、杭州先后失陷。西吴军三面逼近，平江已成为一座孤城。

张士诚仿佛又回到了十四年前被脱脱率领的大军团团围困的日子。脱脱被自己人所误成就了张士诚，可朱元璋那么精明的人，徐达、常遇春又是他最信任的将领，要让他犯和元顺帝一样的错误，可能性为零。谁都明白，张士诚不可能再有高邮之役那样的好运气。

李伯升明白大势已去，派人进城劝说旧主投降。张士诚听罢使者的陈述，盯着他看了半天，缓缓地摇了摇头：“我绝不投降。”是他死要面子吗？显然不是，张士诚投降并不是新鲜事，之前他就反复投降过元朝。是他担心人身安全吗？朱元璋写信劝降，许诺张士诚能保全自身和家族，李伯升的使者再次确认了这件事。

但那又能怎么样呢？历史上那些曾经投降的君主，几个有好下场？朱元璋连小明王都除掉了，再除掉他张士诚，就跟杀只鸡一样，完全没有心理负担。投降，保得了一时，保不了一世。战战兢兢地寄人篱下，不知哪天就会莫名其妙地死掉，还不如一条狗。张士诚，绝不愿落得如此下场！与其如此，何不轰轰烈烈地死！张士诚决意坚守到底。

人们说张士诚胸无大志也好，说他能力不足也罢，但不可否认，他也是个心高气傲的人。

张士诚进攻不强，守城却有心得。经过十余年经营，平江城城防坚固，戒备森严。急切间，连徐达、常遇春也不能攻下。张士诚不断指挥部队出城攻击试图破围，虽也有些斩获，但终究实力悬殊，这些行动都以失败告终。

张士诚破不了围，徐达轻易也攻不进去，强攻则损失太大，朱元璋有点心疼。谋士叶兑给他出了个主意，叫作“销城法”。

到了元末，攻城已不仅仅是冷兵器的攻防，早已有了新玩意——火器。“销城法”的核心就是火器的应用。要说朱元璋为何打仗这么强，得给火器记上一功。“工欲善其事，必先利其器”，他对火器的使用是领先于时代的。

鄱阳湖大战时，双方都使用了大量火器。火炮、火铳、火箭、火蒺藜、大小火枪、大小将军筒、神机箭、没奈何、碗口铳等，就相当于当时的步枪、火炮。在水战中，火器比冷兵器更好用，不但能杀伤敌人，还自带火焰加成，陈友谅就是在火船突袭下吃了大亏。

到了陆地，当时的火器还没有主宰战场的能力，更多的是作为一种辅助性武器。不过到了攻城战时，火器又有了用武之地。平江之战，就是一场典型的火器攻城战。

按照计谋，前线总指挥徐达排兵布阵，派出十路人马把平江城团团包围。每一支围城的军队都装备了大量火器，大小火炮共计有二千四百门之多。除此以外，还有二百四十多座“襄阳炮”这样的巨型配重投石机，以及两千多座人力投石机“七梢炮”。

朱元璋的炮兵部队看上去很恐怖，实际威力却没那么大。当时的火器发射的是石头炮弹和铅子，一般没啥准头，威力与今天的火炮更是不可同日而语，就算运气好砸到城墙上，也未必能砸下一块砖来。

但是，城墙再硬也还是砖头包裹着泥土，架不住每天几千块石头往上砸。城里的守军，每天听见哐当哐当砸石头的声音，时间长了，再坚固的城墙也得被“轰”得支离破碎。这就是“销城法”，不用强攻，假以时日，威力不算太强的火器也能把平江城给削平。

火器、投石机并不是朱元璋的独门兵器，城里也有，东吴军为啥不反击呢？这都在叶兑的算计之中，西吴军在城外大搞土木工程，修筑起许多敌台。敌台高达四丈，分为三层，每一层都配置了火器和弓弩，对守军进行火力压制。城头不再安全，连张士诚的弟弟张士信也在城楼上被一颗石弹击中头部，当场身亡。

说到底，这是资源的碾压。朱元璋可以从后方源源不断地运来补给，而平江城里的资源终究有限，弹药、粮食、人员，消耗一点就少一点。这根本不是一场对等的较量，朱元璋只是想以最小的代价拿下平江而已。

如此强大的火力压制之下，张士诚还是坚守了八个月之久，这简直是个奇迹。城里人人都知道末日即将临头，也没发生什么内讧，张士诚的部下和百姓都坚定地支持他。

但也只是拖些时间而已，绝对劣势下，平江城终于在至正二十七年（1367 年）九月初八被攻破。张士诚被俘后拒绝投降，被送往应天面见朱元璋，在到达应天的当晚，他就稀里糊涂地死掉了。至于怎么死的，有说是自缢而死，有说是惹怒了朱元璋被乱棍打死。这些都已不重要了，叱咤江南十几年的“大周诚王”张士诚，终年四十七岁。

真实的张士诚

士诚为人，外迟重寡言，似有器量，而实无远图——这是《明史》中的说法。说它不对吧，好像也没什么大错；说它对吧，总觉得哪不对劲。照这个说法，张士诚就是个庸人，没啥优点可言。

一个事实是，张士诚三十二岁起兵反元，三十三岁建国称制，四十七岁兵败身亡，他实际统治江浙地区的时间长达十四年。这样的人，要说他身上没一点长处，可能吗？

官方文件当然不会说这些，成王败寇，大明不可能给张士诚说好话。不要紧，民间自有评价。同时代有位著名文人——诗坛大家杨维桢。他当过元朝的官，天下乱起后休官从教，浪迹浙西，张士诚仰慕其才华，召他入幕。杨维桢对张士诚没啥好感，屡召不赴，但对政治的敏感让他还是时时关注着天下局势。张士诚身亡后，屡次不从征召的杨维桢给他做了个总结：兵不嗜杀，一也；闻善言则拜，二也；俭于自奉，三也；厚给利禄而奸贪必诛，四也。

把明朝官方评价和杨维桢的总结连起来看，我们大致能得到一个完整的张士诚的形象。能力有限，实无远图，那是对朱元璋而言的。张士诚的主要对手不是朱元璋，而是元朝，他的土地和百姓，都是从元朝那里夺过来的。

毫无疑问，早期的张士诚是对元作战的盖世功臣。他以私盐贩子身份起兵，纵横江浙，控制了中国东南最富庶的地区，切断了元朝漕粮和财政收入的主要来源。

当第一阶段反元大起义进入低潮的时候，百万元军已经打破了红巾军的长江防线，恢复了南北元军的联系。正是有作为非红巾军系统的张士诚在高邮的坚持，才使得形势逆转，这才有了各路反元义军的第二次高潮。

张士诚也因形势所迫投降过元朝，但并没让出地盘，江浙还是被他牢牢地控制在手里，元朝的力量无法插足。他的能力固然不及朱元璋或陈友谅，但他也曾经是个不畏强暴的反元英雄，元末舞台上一颗耀眼的明星。就算到了最后，面对朱元璋泰山压顶的攻势，他也拒绝投降。被俘后，他辞无挠屈，绝粒自经，仍不失为一条汉子。

张士诚最后成了一颗流星，但历史不会将他遗忘。

朱元璋在攻克平江后，拆毁“诚王”宫，抹掉一切跟张士诚有关的东西，想把他从苏州百姓的记忆中永远抹去，只当这个私盐贩子从来没来过苏州，甚至到此一游也没有。苏州老百姓却不买朱元璋的账，张士诚的传说代代流传，民间的纪念活动亦从未停止，以至于成为一种习俗。每年七月三十这天，苏州百姓都会烧一种香，名叫“九四香”。“九四”，是张士诚的小名，七月三十这天正是他的生日。

十庙钟山黯夕阳，一龛犹自祀张王——百姓会记住施以仁政的统治者，哪怕他最后是个失败者。

第十七章 屠龙者终成恶龙

惊人的命令

攻下张士诚后，朱元璋控制的疆土再一次扩大，他统治了包括现在的湖南、湖北、河南东南、江西、安徽、浙江、江苏等广大区域。这些地方包括了当时中国土地最肥沃、物产最丰富、人口密度最高的繁荣富庶地区。

不过天下那么大，不归朱元璋控制的力量还有不少。掰着手指头算算，至少还有这几位：福建陈友定、浙东方国珍、四川明昇、云南梁王把匝剌瓦尔密、岭南何真等。当然，还有元顺帝，他依然占据着中国北方的广大地区。

这么多人，该挑哪个先下手呢？

攻破平江城后不到两个月——十月二十一日，朱元璋就发布了惊人的军事命令，不是一道，而是三道：

“十月甲子，上命徐达为征讨大将军，常遇春为副将军，率师二十五万，由淮入河北取中原……是日又命胡美为征南将军，何文辉为副将军，率师由江西取闽……同日复命杨璟、周德兴、张彬帅武昌、荆州、潭、岳等卫军取广西。”

命令很容易理解，朱元璋派出三路大军，同时进行南征与北伐。

中国历史上，北伐历来是盘踞南方政权心中的头等大事，想要北伐自然可以理解，但从不会有人想到在南北两线同时发动大规模的统一战争。朱元璋不同，他要同时发动北伐与南征，这个计划看起来大胆又疯狂，可以说是空前绝后。

就是在当时，也有不少人提出异议。大家觉得朱元璋可能是头脑膨胀了，发出这样不清醒的命令：“不并力中原而分兵南徼，不急争粤府而先事蛮方，缓急之数，得无出于下策乎？”

——应该先取岭南，夯实了南方基地再图北伐。再不济，你集中力量北伐也行啊，两面出击极有可能都会失败，时人多以为是下策。

但朱元璋是军政最高统帅，他决定的事，别人无法更改。效果如何，咱们分头来说，先看南征。

当时的南方，盘踞岭南的大大小小的势力不少，却只有福建的陈友定稍具实力。其他军阀，要么实力弱小，要么横征暴敛不得民心，都构不成主要的威胁。只要击败陈友定，平定岭南就没有多大的风险。

比如广东，一省之地内豪强并起。广州被南海的邵宗愚攻占，王成、陈仲玉割据着东莞；惠州则在王仲刚和元将黄常控制之下；连增城这个小县城，都盘踞着王可成、曹叔安。随着形势发展，东莞人何真逐渐赶跑了许多小军阀，占据了广州、惠州、循州等地，成为广东最大的军阀。

但何真的统治丝毫谈不上稳固，被击败的邵宗愚虎视眈眈，时时图谋反扑，又有由赣水入据南雄的熊天瑞威胁着广州。

岭海间正是处处骚动，烽烟四起，百姓深受其害。

若他们在面临朱元璋大兵压境时同仇敌忾，联合抗敌呢？对这些军阀来说是不可能的事。

攻取八闽的任务交给了征南将军胡美，他就是原陈友谅手下“江西行省丞相”胡廷瑞。此时他为了避讳（朱元璋字国瑞），改名胡美。胡美在平灭张士诚的作战中立功甚多，加之他曾攻打过福建，深知其地利险易。胡美不负所托，渡杉关，下光泽，招降邵武守将李宗茂和建阳守将曹复畴，复强攻建宁得手。洪武元年（1368 年）正月，陈友定被执杀，八闽全平。

随后就是下一步了，出兵前早已指明。洪武元年（1368 年）二月，以廖永忠为征南将军，朱亮祖为副将军，率舟师走海路直取广东。

朱元璋特别交代，用兵广东要以招抚为主，兵威为辅。能不打仗就尽量不打仗，战争难免造成破坏，何况两广已成囊中之物，再搞破坏就是砸自己的家当，得不偿失。

为确保万无一失，朱元璋又在二月末命令赣州卫指挥使陆仲亨、副使胡通率本卫及南雄、韶州等卫军马，由粤北直捣粤西之德庆。

此举表明了一个令敌人恐怖的问题：即使已经派出多路兵马同时发动北伐与南征，朱元璋仍然有足够的实力再发兵。对对手而言，这不啻晴天霹雳，两路已难抵挡，三路四路则是令人绝望。

廖永忠按照部署，以招抚为主。洪武元年（1368 年）二月从福州出征，三月进抵潮州向何真招降。何真也是个聪明人，很快便奉表以降，广州、惠州、循州等州郡不战而取。陆仲亨也进展顺利，洪武元年（1368 年）四月，两军实现了广州会师。广州既下，全省便不难大定。

相比广东，广西战事稍有挫折，杨璟和周德兴分别在永州和全州受阻，拖延到洪武元年（1368 年）四月才拿下永州。廖永忠此时已拿下广东，于是率军从粤西突进，梧州、藤州的元朝守将先后归降。朱亮祖率兵追击撤退的元朝吏部尚书普颜帖木儿，在郁林将他斩杀。

洪武元年（1368 年）六月，明军在靖江会师，经过激战后攻下靖江城。与此同时，廖永忠也拿下南宁，七月拿下象州。至此，两广悉数平定。

谕中原檄

南征皆在掌控，那是因为南方并没啥实力派，朱元璋都不用派出帐下的徐达、常遇春、冯胜这些人物，胡美挂帅就把他们消灭了。

北方完全不同，元顺帝仍占据着大都，各路元军仍有数十万之众，且不乏名将。一旦逼急了，他们还能大量招兵买马，作一番困兽之斗。

更关键的是，朱元璋在北方得不到认可。

之前刘福通派出三路大军北伐，一度进展顺利，最远一路甚至打到了朝鲜。就是由于得不到地方的支持，后勤难以为继，被一一击败，刘福通的败亡就是从那时候开始的。

如今，朱元璋面临着相似的局面。就算军事上能保证胜利，但得不到民心支持，也是注定无法成功的。一个不小心，朱元璋可能就成了赵匡胤，眼巴巴地望着幽云十六州却无法收复，甚至还有重蹈刘福通覆辙的可能。

但别忘了，鄱阳湖之战后，朱元璋已完成了蝶变。军事只是政治的延续，终究是为了达成政治目的。那么能用政治解决的问题，为什么不先用政治方法来解决呢?

吴元年（至正二十七年，1367年）十月二十一日，朱元璋命中书右丞相徐达为征虏大将军、平章常遇春为副将军，率军二十五万，北进中原。

与此同时，朱元璋发布了另一道著名的檄文《谕中原檄》。檄文由他手下头号文士宋濂起草，中心内容有三点：

一是搬出“夷夏之防”的说法，强调中国应该由汉族人来治理，北伐的目的是“驱逐胡虏，恢复中华”，雪中国之耻。这个口号在汉人中，无疑是相当有号召力的。

二是强调“天命论”。

天授中原给元朝，那是他运气好，但元朝也就百年不到的“天命”。元朝占据中土还是没搞好，现在该退场了。

天命有常，唯有德者居之，“予本淮右布衣，因天下之乱，为众所推”。新的主角，正是区区在下，“淮右布衣”朱重八。

归顺我的，中国之大尽可以容得下你们；抗拒我的，只有逃窜到塞外去。你们所有人，都要认清现实，不要再做无谓的抵抗。

三是“纲常论”。

檄文里说，蒙元之所以失去“天命”，是因为他们的纲常已经败坏了。不信你看，历朝历代废长立幼、以臣弑君、以弟弑兄、弟收兄妻、子烝父妾这些破事，加起来也没蒙元一朝多。种种失德行为，弄得皇帝不像皇帝，臣子不像臣子，渎乱甚矣！——蒙元失去“天命”，实在是咎由自取！

儒家有“三纲五常”之说，是儒家的中心思想，历代王朝都以此为维持统治的金科玉律。从政治到生活，大大小小的人都被约束在这个体系中。蒙古、色目贵族破坏了这个体系——“岂可为训于天下后世”！

这次北伐的目的是“立纲陈纪，救济斯民”，也就是恢复纲常，复兴道统，把百姓从元朝的腐朽统治中解救出来。

最后，还不忘记提一句“如蒙古、色目，虽非华夏族类，然同生天地之间，有能知礼义，愿为臣民者，与中夏之人抚养无异”。我们不搞什么大汉族主义，无论是“华”是“夷”，只要是知礼义的人，都可以成为大明的子民。

这道檄文，比不久前讨伐张士诚的《平周檄》格局更高，跳出了时代限制，站在了古往今来的高度；要比红巾军宣传的弥勒佛降生、明王出世的故事，更能获得儒生士大夫的支持。

从一前一后两道檄文，朱元璋的思想已完成了彻底的转变。

转变并非一朝一夕，还有个长期的过程。

朱元璋参加红巾军，并不是因为什么信仰，只是和大多数人一样，形势所迫，为了保命而已。他后来回忆：“吾遭兵乱，措身行伍，亦不过为保身之计……罔知王业之事如何，不过苟全性命而已。”

那时的朱元璋没什么远大理想，不过是走一步看一步而已。但作为一个封建社会的农民，潜意识里是追求荣华富贵的，当他有了一定的条件时，就会追求更高的目标。

刚好，儒士们出现了，朱元璋对这些文化人很尊敬，他们也开始用自己的儒家理念对朱元璋施加影响。早在至正十三年（1353 年），李善长就用刘邦的故事激励朱元璋，朱元璋听了很心动，连声说“善”。冯国用建议朱元璋攻取帝王之都金陵以为根本，然后“四出征伐，以定天下”，朱元璋听后“大悦”。接下来，陶安、李习、宋濂、刘基，儒生、士大夫们不断加入，队伍越来越壮大，对朱元璋的影响也越来越深，帝王思想逐渐深入他的脑海。

部下们跟着朱元璋打天下，打的是红巾军的旗号，心里想的是升官发财。打了胜仗，就得给赏赐，胜仗越打越多，赏赐越来越多，立功的将士不知不觉地就成了新的地主和官僚。尴尬的是，红巾军的口号是“摧富益贫”，要是再按那一套来操作，那岂不是自打耳光？

儒家思想完美地解决了这个问题，用儒家思想武装自己，早在历史上得到了无数次验证。这是个成熟的经验，它能“修身、齐家、治国、平天下”，这不就是终极理想嘛！因此朱元璋说：“孔子之言，诚万世之师。”要知道，当时是 14 世纪，欧洲还处在中世纪一段最黑暗的时期，文艺复兴刚刚开始，这套理论并不过时，甚至是比较先进的。

西方有句谚语，“屠龙者终成恶龙”，朱元璋是善是恶暂且不论。总之，当年那个“屠龙”少年，就这样一步步地走上了“成龙”的道路。

第十八章 洪武北伐的秘密

洪武北伐的秘密

檄文发出，该开始北伐了。

北伐事关重大，必须要选精兵良将。朱元璋命徐达挂帅，常遇春为副帅，又派冯胜、薛显、傅友德各领一军，这差不多是他麾下的最强组合了。

除了挑选将帅，在作战方案上朱元璋也是亲力亲为，他与刘基等人数次召开军事会议，讨论作战计划。

在军事会议上，常遇春等人都认为南方已定，还未拿下的云南和四川对吴军构不成威胁，现在兵力已经有了富余，应该集中主力，浩浩荡荡地直逼大都，也就是后来明朝的北京，是为“擒贼先擒王”。以连胜之余的百战精兵直捣大都，必将势如破竹。只要攻下大都，各地元军必定胆寒，到时只需分兵扫荡，其他城池可以不战而下，天下可定矣。

从纸面上看来，这似乎是个不错的方案，“擒贼先擒王”是兵法要诀，只要攻下大都，活捉了元顺帝，元朝群龙无首，将会不攻自破，省去了攻坚各城的麻烦。

但这个方案，当即就被朱元璋否定了。

朱元璋的计划，恰好与常遇春相反。北伐先取山东，这没有异议，取下山东后怎么攻，朱元璋表现出了与常遇春等不一样的考虑。

从方向上看，从山东往北直捣大都是最方便的，也是大多数人的判断。而朱元璋的方案是从山东回师，攻略河南，然后进据潼关，最后再进围大都。

从地图上看，这是舍近求远，绕了一个大圈子，同时要攻取的城池也多了不少，要与更多的元军交手。

还有个很重要的问题，潼关以西仍有名将王保保统率的大量元军，李思齐、张良弼等也都是百战之将。既然要攻下潼关，为何不干脆先西进，与关中元军决战，将之打垮后再取大都，以保万无一失？

朱元璋看出众将的疑虑，他打了个比方：这个法子好比砍树，先去枝叶，再挖老根，枝叶既除，大都独木难支，不砍自断。

为什么要用砍树的办法，因为元朝毕竟在北方经营了上百年，大都更是都城，尤其坚固。徐达从山东直上大都不难，但攻打大都这样的坚城，却没把握短时间内就能攻下。就在一年前，朱元璋刚攻下张士诚的老巢平江城，在重兵压境、四面包围之下，还花了八个月才攻克。

张士诚孤立无援，元顺帝则不同。如果是大都被围八个月，各地元军都会闻风而动，从四面八方赶来解围。况且北伐军劳师远征，粮草供应一旦被切断，怕要重蹈刘福通覆辙。与其如此冒险，不如稳扎稳打。山东是大都的屏风，先撤掉这座屏风，然后回师河南，剪断它的羽翼，再进占潼关，占领它的门户。

如此一来，东、南、西三个方向都在北伐军手里，此时再进围大都，元顺帝就孤立无援，就算围个一年半载也不用担心粮草、援兵问题。再退一步说，即使出师不利，北伐遇挫，也不至于腹背受敌。至少能相机撤退，他日再卷土重来，可立于不败之地。

至于秦陇之地，朱元璋认为，只要扼守住潼关，就能切断关中元军与大都的联系，而他们也无力再收复潼关，更无力东进。

虽说朱元璋作出了解释，常遇春等还是有点不服气，亲临战阵的武将往往喜欢一鼓作气，乘胜长驱直入，哪管他什么援兵不援兵，打到哪算哪。

常遇春是勇将，但战争毕竟还是需要战略的，这就是帅与将的区别。

不管如何，朱元璋是最高统帅，一切得听他的。

结果如何呢？朱元璋让当初不服的众将哑口无言。

《谕中原檄》把朱元璋的军队塑造成了“王师”，在北方的汉人、地主、官僚、儒生中起到了明显的宣传笼络作用。政治攻势和军事攻势双管齐下，天命、法理、道统都有了。反映到军事上，就是北伐大军所到之处，地方州县纷纷降服。不要说汉人守将，就连王保保的舅舅、外祖父这些蒙古贵族都纷纷投降。

徐达在至正二十七年（1367 年）十月领兵出征，仅用了三个月平定山东；随后兵分两路直逼汴梁，守军不战而降，然后在洛水击败河南境内的元军主力，河南平定；同时，冯胜统领的另一路兵马顺利攻克元朝悍将李思齐、张良弼镇守的潼关，这一切只花了不到三个月。

在此过程中，真正的恶战没有几场，元将大多或走或降。

河南、潼关已下，关中尚存的元军失去了通往大都的通路，山东又早已拿下，三面包围事实上已经形成。

洪武元年（1368 年）七月，徐达在临清大会诸将，这才开始正式进军大都。

元军此时连吃败仗，军无斗志。元顺帝也知道三个方向已难有援兵来救大都，只有北方是活路。三十六计走为上计，元顺帝挑好黄道吉日，于七月二十八日半夜带着后妃、太子跑回了上都，留下一座不设防的大都。八月初二，徐达率军进入大都，蒙古在中原的统治宣告结束，明朝取得了在长城以内地区的统治权，丢失四百年的幽云十六州也被收回。

从至正二十七年（1367 年）十月出兵，到 1368 年八月收复大都，仅仅花了十个月，元朝在中原的力量就土崩瓦解。

其实收复大都，徐达的任务还没完成，真正的北伐才刚刚开始。

元军去哪儿了

从军事能力上来看，徐达虽强，但还不至于形成如此碾压。当时北方大部分地区都在元朝控制之下，元军兵力也不弱，还有王保保、李思齐、张良弼等统帅。

这些人都是百战名将，朱元璋评价张良弼（字思道）“百战之余，骤与角力，未易定也”。徐达北伐时不敢与张良弼正面硬刚，选择绕过他的防区攻打其他元军——“思道城险而兵悍，未易猝拔”；王保保更被朱元璋誉为“天下奇男子”。

说实话，这些元军的战斗力还是比较强的，但他们彼此间有个致命的问题：内斗。

相比元朝此时的处境，先前各路农民军犬牙交错的形势还算比较清楚，了解了各路元军的形势，才明白什么叫错综复杂。这里面既有政治斗争，又有后宫乱政，还有将领的私心自用，其中的尔虞我诈、复杂程度都能单独成书。

他们控制的地盘，实际上就是自己的地盘，红巾军虽打不进来，但元朝中央政府也别想真正控制——他们都是拥兵自重的军阀。

既然是军阀，那就有军阀的特点，就需要不断扩充自己的实力，有了地盘才有钱有兵，才能不被别人吃掉，所以需要不断地抢地盘。哪个军阀要敢出兵去打农民军，就可能赔了夫人又折兵，自己彻底失去一切。

这个险谁敢冒？各路元军必定先要解决其他军阀的威胁，才好放心地对付那些农民军。比如在1365年，朱元璋已经攻灭陈友谅，与张士诚交战正酣，这绝对是元军趁火打劫的好机会。王保保也是这么想的，他以檄文调关中四将前来河南会师，准备南征。结果碰了一鼻子灰。

李思齐曾长期与王保保养父察罕帖木儿并肩作战，也是个老牌军阀，与张良弼、孛罗帖木儿都是老冤家。这时他已被封为许国公，得到调兵札子，李思齐勃然大怒，当众大骂："我与汝父同乡里，汝父进酒犹三拜，然后饮。汝于我前无立地，今敢公然调我耶？"

李思齐下令手下诸将整兵备战——一旦王保保前来，立即擒而杀之！

除了李思齐，张良弼、孔兴等其他三部也都不听号令，无法节制。王保保名为节制天下兵马，实则除了自己的人马，谁也调不动。不但调不动，就算他想凭自己兵马南征也不可能，原因同上。

王保保急了，亲自提兵入关攻打李思齐。李思齐一人不是王保保的对手，他联合了其他几位军阀据守长安。两军整整打了一年，大小几百战，兵力被严重消耗。

打到最后，元顺帝又对王保保起了疑心，连名义上的统帅权也给他解除了，只让他率自己兵马扫清江淮。

元军去哪了？都在忙着自相残杀呢，谁有空去打朱元璋。如此，朱元璋才能安心削平群雄，及至后来北伐能一举成功。

事后，朱元璋对北伐进行了总结，他说："先取山东，次攻河洛，是为了阻止关中元军救援大都。不急着与关中元军决战，是因为王保保、李思齐、张良弼都是名将，但他们彼此矛盾又很深。如果不西进，他们很难联合起来进军；如果是单独前来，就难以突破明军的防线，即使孤军深入，也难有大作为。

"如果不打大都，主动西征，生死存亡之下，反而会促使他们联合起来全力抵抗，明军这时要两线作战，仗就难打了。

"出其不意地先取下大都，关中诸将就没了盼头，势穷望绝，打起来就容易许多。"

结果证明了朱元璋的判断，明军闪电般地拿下大都，张良弼、李思齐等果然都不战而克，省去了大量人力、物力。

再把南征与北伐连起来看，当初那道看似疯狂的命令就容易理解了。

朱元璋统一岭南之战的方略，可谓高屋建瓴。虽然朱元璋没有亲征，但战争进程却尽在他掌握之中。明军将领按照朱元璋的面授机宜，没有遇到太顽强的抵抗就拿下两广全境。

顺利平定南方，又为朱元璋提供了稳定而未经破坏的大后方。两广的财富和资源皆在控制，能为北伐前线提供更充足的漕粮，即使战事一时受阻，也有本钱对峙下去。这样看来，分兵南北的决策，既能做到不失战机，又是进可攻、退可守的万全之策。

对比常遇春等诸将，朱元璋的策略才是万无一失，既能看到局部，又能看到整体。可以说，经过数十年血与火的淬炼，朱元璋的战略能力已锻炼得炉火纯青，天下无能出其右者。

在这里，我们可以看出，朱元璋不仅是个杰出的军事家，他还是个优秀的战略家。

军事家，是具有对军事活动实施正确指引或是擅长具体负责军事行动实施的人；战略家，是指制定战略方针获得战争胜利的人。

军事家的价值体现在实际战争操作层面。独创的军事思想和理论、丰富的军事知识、指挥部队作战的能力、高超的实战经验、指挥过有影响力的战役并取胜，有了这些，就能被称为军事家。

除了军事家的基本素养，战略家还需要具有极其强大的洞察力，常常能见微知著，能透过现象看到本质，还要具有一定的预见未来的能力。

因此，战略家必定是合格的军事家，军事家却未必都能被称为战略家。相比军事家，战略家的作用更加重要，如果一个团队里没有好的战略家，就算有一大帮猛将，这个集团也是不可能取得胜利的。

这在朱元璋的南征北伐方略之中体现得淋漓尽致。

回顾洪武初年的南北双管齐下，只能说算无遗策，事无巨细，就像朱元璋的一局兵棋推演，徐达、胡美等人所需要做的，只是一门心思地照此执行，发挥出军队的战力。其他的，交给朱元璋。

什么是战略家？这就是战略家！

国号"大明"

讲到这里，需要交代另一件事情。

在南征北伐的过程中，朱元璋并没有亲自出征，他有更重要的事要做。这事可是超级重要，朱元璋奋斗了那么多年，"广积粮，缓称王"，为的都是这个终极目标。

在古代，还有比成为皇帝更厉害的事吗？

从出孤庄村成为一个亲兵，到带着二十四个人南略定远开始，一步步摆脱郭子兴、渡江击败元军、逆转陈友谅、平定张士诚，削平各路诸侯，当然还有除掉小明王……都到这份儿上了，再不当皇帝，所有人都替朱元璋着急。

万事皆已具备，"吴"这个年号已不再适用，是时候建立自己的帝国了。

1368 年，元顺帝还在使用着他的至正年号，这一年是至正二十八年。不过在中国历史上，为人所熟知的是另一个年号：洪武元年。

1368 年正月初四，朱元璋于南京称帝，国号"大明"，年号"洪武"。

注意，国号是"大明"而不是"明"，这是有讲究的。

现代人讲到历史上历代大一统王朝，都喜欢加个"大"字：大秦、大汉、大唐、大宋，乃至大辽、大金等。现在大家习惯了这种叫法，似乎觉得理所当然。但在当时，众多王朝的官方称谓都没有前面这个"大"字，虽然大唐、大宋等说法也见诸史料，但那都是别国对它们的尊称，而非正式的国号。也就是说，要说正式国号，只有秦、汉、唐、宋这些。这个情况持续到元朝。从元朝起，国号变得不谦虚起来，正式国号由一个字变成了两个字，也就是"大元"。

就国号来说，含义大致有四种：

一是以封地或发迹开始的地名为国号，如秦、汉都属于这种。

二是以封地为国号，如隋、唐是此类。

三是以当地特产为国号，如辽的意思是“镔铁”，女真人就挑选“金”为国号。金国首都上京会宁府旁边的安出虎水产金；金又是诸金属之首，女真人认为真金不坏，故此能克制辽国。

四是用文字本身的意思，“大元”就是这样。

“大元”国号，取自《易经》中的“大哉乾元”，意思是指元朝就像蓬勃盛大的乾元之气一样，对应乾卦中“元亨利贞”中的元，是大吉大利之意。忽必烈喜欢得不得了，干脆以“大元”作为国号。

朱元璋推翻元朝后，又面临定国号的问题，他最终也选了两个字的国号：大明。

大明的疆土比大元要缩水不少，朱元璋定大明为国号，有他的想法：

一是明承元制，有一种继承的惯性。元朝都“大元”了，朱元璋的王朝不称“大明”，岂不矮“大元”一头？

二是与明教有关系。明王韩山童、小明王韩林儿是天下红巾军共主，朱元璋虽然与红巾军切割，但自己毕竟出自明教系统，他手下又有不少明教教徒，这事没法否认。继而起之，国号“大明”，以示正统地位，也是顺理成章。

三是从儒家的观点来看。《易传·彖传》曰：大哉乾元，万物资始，乃统天。云行雨施，品物流行。大明终始，六位时成，时乘六龙以御天。

“大明”指日，象征天道的运行。“明”代表光明，又代表日月，千百年来都是祭祀的正统。朱元璋起于南方，在阴阳五行说里，南方属火，以赤为色，正对应明朝的“火德”。

如此看来，不论是在明教信徒的眼里，还是在儒家观点的解释里，大明都能接受。虽然大家的出发点不一样，却能达成共识。

好吧，那就这么定了，国号“大明”。轰轰烈烈的大明王朝，正式拉开了大幕。

我们的故事，接下来都要使用明朝的纪年了。徐寿辉的“治平”，陈友谅的“大义”，张士诚的“天佑”，韩林儿的“龙凤”，它们已完成自己的历史使命，随风而去。

分久必合，合久必分，天下重新归于一统，凝聚在大明的旗号之下。

接下来，明朝还要经历十六位皇帝。权力与规则、亲情与家庭、战争与征服、人性与道德、承诺与背叛，一幕幕大戏将此起彼伏地上演，直到它在无可奈何中轰然倒塌，留给后人无尽的话题。这都是后话了。

此刻的朱元璋，正坐在应天城内奉天殿的龙椅之上，接受着百官的朝贺。朱元璋感觉到无与伦比的快乐，同时他也不忘提醒自己，即使北伐进展顺利，他要做的事还太多太多。

权力不光是奖赏也是责任，“淮右布衣”朱元璋建立的帝国，注定是要有所不同的。

第十九章 营建中都凤阳

“厌镇”之法

朱元璋当了皇帝，还有一件比较迫切的大事要尽快解决——定都。

都城一旦定了，全国的资源都会向它倾斜，历史上强盛的大一统王朝的都城，都是同时代的世界级大都市。

朱元璋在应天称帝，不代表就把都城定在了应天。北伐还在进行，天下还未大定，定都在哪儿，他要细细考量一番。

随着北伐的顺利进行，先后出现了五个选择：应天、长安、洛阳、汴梁、北平。

确定首都，要满足几个必要的条件：

首先是安全。京城是皇帝待的地方，安全是第一位的，不能让敌人随随便便就能攻进来。京城一旦被攻破，这个王朝就离灭亡不远了。历史上不乏这样的例子，悲剧的是大明最后就是这样突然灭亡的。

要保证安全，就对地形有要求，要有险可守。最好是山峦沟壑重重包围，中间一块平原，能进来的路就那么一两条。在险要的地方，建俩关口，一夫当关万夫莫开。敌人要是不想来攻打城墙送死，那就只能去翻山越岭，等好不容易钻出来，敌人的半条命已经没了。

然后是地理环境。土壤要肥沃，水源要充足，气候要适宜，还不能太偏，最好是居于天下之中心。这样方便物资运输，且一旦京城遭到威胁，或者边境传来警讯，整个帝国都能快速反应。

除此以外，还有诸多其他因素，比如经济是否发达、人口是否足够、军事上能不能镇得住外敌等。好像有点苛刻，所以历朝历代能定都的地方也就那么几处，数朝古都就是这么出现的。

对比一下条件，几个城市，哪个能在竞争中脱颖而出呢?

应天看起来不错，地势虎踞龙盘，又是经济中心，有“天下财赋出于东南，而金陵为其会”之称。但应天的劣势是在军事上，它偏处东南，离西、北都太过遥远，通信不便，要调动军队和资源支援前线和边境，费时又费力。而且一旦定都应天，会让资源更向江浙集中，西北和华北将会更加荒芜破败，不利于国家的平衡发展。

历史上定都应天的六个王朝，都是偏居一隅的短命王朝，“所历年数不久”。朱元璋就算不信风水，想到这个，多少还是有所顾忌的。

定都事关重大，朱元璋御驾亲临下一个候选城市：汴梁。这既是为了与徐达等商讨北伐的下一步行动，也是为了实地考察。

一番考察下来，朱元璋觉得汴梁居于天下中心，交通很方便。但是，汴梁的弱点也显而易见：地势平坦，无险可守，敌人可能出现在东、南、西、北任意一面。考虑到自己以后要在都城长期办公，朱元璋觉得这个风险有点大。

当时称帝已经将近半年了，都城得赶紧定下来，朱元璋想来想去，决定沿用古已有之的两京制度。洪武元年（1368 年）八月初一，他下诏以应天为“南京”，开封为“北京”。

没想到北伐进展得出奇顺利，这边的都城营建还没开工，新的候选城市又出现了：北平、长安和洛阳。

它们各有各的优势，北平有元朝的宫室，能省民力；长安险固，又是天府之地；洛阳居天地之中，交通便利。缺点也同样明显，长安、洛阳早已残破，称之为都市都勉为其难；北平的经济发展不行，又离南方太远，物资极度依赖漕运，到头来还是靠江南支撑。

看起来，没有完美无缺的都城，只有最合适的，那么到底选谁呢？朱元璋终于露出了他的真实想法。

以上这些候选城市统统淘汰，我心中的首都只有——它！朱元璋指向应天西北方向。众大臣循他手指方向看过去，出现了两种反应：一种是手舞足蹈、举手赞同的；另一种是摇头叹气、极力反对的。

朱元璋所指的正是他魂牵梦萦的故乡——临濠。

这就容易理解了，支持的大臣都是跟随朱元璋打天下的淮西人士，那也是他们共同的家乡。

可是，以临濠为首都，就真的好吗？

反对派大臣面面相觑，临濠经济落后又无险可守，无论怎么看都不像个定都的好地方。临濠就是今天的安徽省凤阳县，不需要多高深的地理知识就能明白，说临濠好，那是朱元璋在瞎扯，应天、北平、长安、洛阳这些地方，纵有千般不是，也百倍于临濠。

朱元璋不管，他的理由冠冕堂皇，“临濠前江后淮，以险可恃，以水可漕”。朱元璋对故乡的爱是深沉的，他选择性地忽视了临濠的所有缺点。

纵有千般反对，皇帝的坚持却无人能够动摇。洪武二年（1369年）九月，朱元璋正式下诏开工，轰轰烈烈的中都营建工程开始了。

“所言皆善，惟时不同尔。”

定都应天与开封时，北伐军还没拿下大都，朱元璋当时只有这两个选择，他的帝国还未真正成形。随着大军推进，元军望风远遁，大明的版图一再扩大，超出了朱元璋预想的速度。

开疆拓土是每个皇帝的梦想，更大的疆土意味着更多的百姓和财富。此时，他此前极力压制的、在心底一直蠢蠢欲动的那个想法，终于有条件实现了。

有句话是这么说的：富贵不归故乡，如锦衣夜行，谁人知之者！谁不想光宗耀祖？享有荣华富贵而不在人前显示，就好比在夜里穿着华丽的衣服走路。如今当皇帝了，还不许我让家乡在史书上千载留名，让临濠百姓世世代代感念我朱元璋的功绩？

这是人性的表露，却不那么理性，朱元璋开始膨胀了。刘基、陶凯等大臣先后多次进谏表示反对，统统被朱元璋拒绝。大臣们发现，那个节俭持身、严于自律的朱元璋变了。朱元璋变得像个任性的孩子，为了营建中都，他不惜代价。

朱元璋下诏，在六部之外专门成立一个部门：行工部，专事修建都城，一切便宜从事。他的命令是“建置城池宫阙如京师之制”，行工部执行得不折不扣，各种建筑都按照皇宫的标准雕龙画凤。

为了让中都名副其实，朱元璋还一而再，再而三地提高临濠的行政级别。他先是把临濠府改为凤阳府。接着不断把原本不属于凤阳的州县划到凤阳府，在中都营建期间，先后有十二个州和二十四个县被划归凤阳，凤阳成了一个超级大的府，辖区几乎囊括了整个淮河流域。

这个工程是如此浩大，就算调集全国之力，做完这一切，时间也过去了六年多。经过日夜赶工，一座理想中的都城拔地而起，除了几座主要宫殿刚刚动工，其他建筑已初具规模。根据现存的遗迹判断，如果中都的宫殿最后完工，将比北京故宫的宫殿都要宏伟许多。

凤阳遇“咒”

听着不断传来的工程进度喜讯，朱元璋心痒难熬，迫切想要亲眼看看自己的这一杰作。洪武八年（1375 年）四月，他抛下繁忙的皇帝工作，兴致勃勃地赶到中都视察工作，顺便对有关人员进行嘉奖。

四月初二，朱元璋抵达未来的京师。这本该是个喜庆的日子，然而就在这一天，临濠成为都城的可能却被永远剥夺了。

来到凤阳，朱元璋照例是四处巡视了一番，所见是拔地而起的梦想都城，所闻是陪同群臣的一片赞美，他不禁有些飘飘然。一圈下来逛得也有点累了，他来到尚未完工的大殿中间，打算按计划论功行赏。

刚在新殿上坐定，朱元璋正准备来个开场白以示高兴，可还没等他笑出来，一件诡异的事发生了。只听到殿脊之上，隐隐传来兵戈之声，仿佛有人拿着兵器在打架（“帝坐殿中，若偶人持兵斗殿脊者”）。

真是咄咄怪事，朱元璋在侍卫的严密保护之下，周围环境早已查看了十七八遍，闲杂人等也早已驱离，怎么可能有人拿兵器打斗，还是在大殿上面。

朱元璋心里发毛，可那声音并未停歇，还在隐隐约约地不断传来。他刚准备出口的开场白硬生生地被咽了下去，眼睛像刀子一样扫视着下面的群臣。

大家面面相觑，眼看皇上就要动怒，太师李善长不得不站出来汇报。李善长的汇报，简单来说只有一句话。可这一句话，就让朱元璋惊讶不已，紧随而来的是他的暴怒。李善长是这么说的：这是因为工匠们在施工时使用了“厌镇”之法。

“厌镇”法，是一种古代的巫蛊之术。施法于类似之物，如其人的画图、偶像；或施法于附丽之物，如其人的发爪、衣冠、姓名、生肖。据说两者合用效果更佳，能使人遭殃或使自己承恩致富等。汉武帝后期，就发生过一起重大政治事件，导致太子刘据被逼反，闹得武帝父子骨肉相残，事件牵连者达数十万人，起因就是有人告发有大臣用巫蛊术咒武帝，史称“巫蛊之祸”。

大殿外的天空湛蓝，朱元璋的脸色却阴晴不定，由红转白再转青。他气得浑身发抖，这可是未来的都城，心心念念的地方，被人这么一搞，竟成了闹鬼的宫殿、不洁之处，还怎么待得下去！朱元璋气疯了，他立即传旨，将所有工匠“尽杀之”。

天子之怒，流血漂橹，朱元璋一道旨意，数千工匠就将人头落地。工部尚书薛祥是个厚道人，他劝谏道，宫殿修脊时，石匠和铁匠并未参与，其他木匠、泥瓦匠也应该区分在工不在工，不可一概滥杀。

薛祥这一句劝谏让上千人保住了性命。只是后果已铸成，杀多少人也挽回不了了。朱元璋第一次衣锦还乡，就灰头土脸地在新宫殿里碰了一头“脏东西”。福无双至，祸不单行。朱元璋刚回到应天就获悉了一个惊人的消息——刘基在前几天死了。

凤阳遇咒和刘基之死，这两件事单独看，也许会让人觉得纯属偶然，可要把它们联系到一起，就掀起了大明立国后第一场巨大的政治风波。

第二十章 三分天下诸葛亮 一统江山刘伯温

大案初启

刘基就是刘伯温，历史上的著名谋士。在民间传说里，刘基更是半神级别的人物，仅次于诸葛亮。关于他料事如神的传说很多，据说还作有一首“烧饼歌”，可以准确预测几百年后发生的事情。

这大多是后人的神化，刘基有能力，但没那么神。

刘基投到朱元璋麾下后一路从征，平定张士诚、陈友谅以及北伐中原等大事，他都深度参与，并给出重要意见。

刘基真正的长处是天文学，这点无人能超越。除了刘基，朱元璋还有一大堆谋士。刘基或许很重要，但缺了刘基，朱元璋照样可以创立大业。朱元璋真正信任的还是自己的淮西班底，文臣之中首推李善长。

这位早期就投靠朱元璋的文士，在一路征战中就像不存在一样，不见他有多么伟大的计谋、光辉的事迹。自从他在早期露了两下脸，然后直到修建中都时才提到他，身份已经是前丞相。中间十几年，他似乎就没有闪过光。

这很正常，李善长的职位要求就是尽量默默无闻，如果他闪光了，那才是坏事了。李善长长期担任的是内政和后勤工作，这些工作最大的要求是稳定。

军队在前方打仗，没有后勤的支持必败无疑，但是人们又很难在战争中看到后勤的身影。如果在朱元璋的军队中，李善长的名字被频频提起，说明后勤出问题了。

“故军无辎重则亡，无粮食则亡，无委积则亡。”军事后勤学是门很繁杂的学问，如何进行动员、组织、指挥、管理，具有相当的专业性。

朱元璋需要一个既能做好规划，又能落地执行的人才，他的目光扫来扫去，落到了李善长身上。李善长干得不是小好，是大好。从至正十三年（1353 年）主动迎谒朱元璋以来，李善长一直分管后勤工作，一次也没让朱元璋操过心。

陈友谅的地盘比朱元璋广大，张士诚的钱粮比朱元璋富足，和他们拼资源要精打细算，这不仅是笔军事账，也是笔经济账。李善长虽没有在前线搏杀，但同样厥功至伟。

李善长的地位不是凭空来的，他始终是朱元璋的左膀右臂。朱元璋称吴王时，徐达是左相国，李善长是右相国。当时以右为尊，李善长的实际地位比徐达还高。同时期的刘基只封了个太史院使，就相当于国家的天文台台长。

后勤就有这么高的地位吗？当然不是，李善长是个全面的管理型人才。他还管行政、经济，这些烦琐的工作，哪一样都让人头大，李善长却样样管得有声有色。朱元璋把李善长比作自己的萧何，洪武三年（1370 年）大封功臣时，李善长封韩国公，年禄四千石，子孙世袭，位列群臣之首。

那一年，李善长同时得到的还有如下官职：光禄大夫、左柱国、太师、中书左丞相（改官制，以左为大）。一串高大上的职务晃得人眼晕，只有一个词能形容：位极人臣！

交代完刘基和李善长，要请出朱元璋了。

凤阳遇“咒”后，朱元璋下令彻查此事，得到的报告让他触目惊心。皇帝如此重视的事，官员们为了保住乌纱帽，硬着头皮也得上。为了赶工期、赶进度，他们不知疲倦地日夜督工，层层压下去，最倒霉的是干活儿的工匠们。

古代并没有建筑公司之说，更没有专门的建筑工人，要搞工程得靠拉人头服差役。临濠的人口根本不够，朝廷为此迁来几十万移民，既为充实人口，也为营建中都提供劳动力。他们既要种田纳粮，也是中都建设的主力，一个人做几份工，没有休息，没有报酬，没日没夜地干活儿。

长期的高强度劳动，许多人病死（“多以疫死”），活着的人也怨声载道——“怨嗟愁苦之声，充斥田邑”。这种情况下，工匠们搞出了“厌镇法”，他们用自己的方式发出无声的抗议。

拿到报告，朱元璋震惊了。他还记得大元是怎么被推翻的，就是从征集民夫，大搞工程开始的。大明要这么搞下去，会不会有另一个“独眼石人”出现?

朱元璋又想到件事，吴元年（1367 年），为了扩建应天，朱元璋命令徐达在江南加收税款，征集民夫，结果激起强烈的反抗。松江三万多名农民手拿农具，攻破府治，捕杀知府，造了他这个农民军首领的反。

朱元璋开始拷问自己，他终于意识到自己错了！自己只是下了几道命令，却造成这样的后果，这是他事前没有想到的。犯错不可怕，从来没有人永远是对的，可怕的是没有纠错的能力。幸运的是，朱元璋有。

朱元璋意识到了自己的重大错误，为此特地祭告天地请罪，并抚恤死去工匠的家庭，免其差役。直到二十多年后，他仍念念不忘自己的过错，总结一生时把修建凤阳宫殿作为一大蠢事——“无昵音乐峻宇，得罪者凤阳宫殿也”。

不过，中都工程进度已超过一半，现在成了鸡肋，继续修下去劳民伤财，不修下去之前的工作全部白费。朱元璋还在犹豫，刘基为什么会死，他的死又和建造中都有什么关系？让我们完整地连起来看。

淮西勋贵

洪武八年（1375 年）四月二十九日，身心俱疲的朱元璋回到应天，得到了一个惊人的消息：那个坚决反对他迁都凤阳的刘基，死了。

那年四月十六日，刘基在浙东老家去世，终年六十四岁。

报告上说，刘基是病故的，朱元璋却敏感地觉察到了不对劲。刘基的病他是知道的，是慢性病，并不是绝症。就在动身去凤阳之前，他还下令现任丞相胡惟庸派太医前去送药，并送刘基回老家养病。前后不到一个月，刘基怎么突然就死了？

刘基死得迅速又奇怪，引起朱元璋深深的怀疑。他派人秘密调查，得到的报告让他再次大吃一惊：刘基是中毒身亡，死因是吃了太医带去的药。太医没有给刘基下毒的动机，幕后主使是丞相胡惟庸。

要说朱元璋对刘基之死悲痛欲绝，还谈不上。但一个重要国家大臣被丞相公然毒死，还是假借自己的命令，性质就相当恶劣了。

如果是丞相胡惟庸的个人行为，那好办，按朱元璋的脾气，少不了治罪下狱，乃至人头落地。可如果不是呢？胡惟庸不是一个人在擅权，他的背后有人——“淮西勋贵”。顾名思义，“淮西勋贵”大多数人都是朱元璋的同乡，他们跟着朱元璋南征北战，建立了大明朝，厥功至伟。

为什么要毒死刘基？有个说法是“淮西勋贵”（代表人物李善长、胡惟庸）和浙东地主（代表人物刘基）两大集团的较量，这其实是硬往权谋学、阴谋论上靠，把简单的事情复杂化了。

淮西集团（或称“李党”）在某种意义上确实存在，它也并非组织严密、分工明确的那种集团或党派，把它看作一个松散的同乡会更妥当一点。大家来自同一个地方，都说一样的方言，还都是老同事，有啥事需要帮忙的，碍于面子总归会照应一把。

传说中以刘基为首的“浙东地主集团”，则根本不存在。所谓“浙东地主集团”无非就是宋濂、刘基、叶琛、章溢、胡深这几个人。大明立国后，在世的就只有刘基和宋濂了。刘基和宋濂要权没权，要兵没兵，他们的官职加起来，还不如李善长众多头衔之一；他们的力量加起来，也不到李善长的一个零头，拿什么去和“李党”对抗。

虽然“浙东地主集团”不存在，但对抗是存在的。说得再准确一点，叫作政见分歧。

早在洪武元年（1368年），双方的对抗就开始了。

朱元璋称帝后，没多久就到汴梁考察建都地址。按照惯例，李善长在应天留守。他有个叫作李彬的亲信，时任中书省都事，是个七品的小官。李彬官小胆肥，仗着李善长的宠信，贪图私利，纵容下属，大行不法之事，终于被人告到有司治罪。

按照以往的操作，李善长出面打个招呼，大事化小，小事化了，就完了。可这次，李善长的面子不管用了，因为刘基刚刚在同一年被封为御史中丞。

大明的言官们

御史就是言官，他们是一群比较特殊的官员。有鉴于言官存在的重大意义，我们需要专门介绍一下这群人。

御史的主要工作是法律监察。朱元璋极其重视国家监察系统，他承袭元制设立御史台（后改为都察院），赋予御史们极大的权力。

这个部门除了纠劾百司、考核百官、提督各道等职能，还是“三法司”之一，大到国家大事，小到社会生活，都在它的工作范围之内。但在百官眼中，这就是一群专门挑刺的人，他们遇事不讲情面，一旦屁股没擦干净被逮到，御史的职业天赋——弹劾，就会立即被触发。

弹劾不是背后打个小报告就完了，而是在早朝上当着全体大臣的面，中气十足地向皇上大声报告：“今天，我要弹劾……”

大臣们可都是要脸的，如果是皇帝面前的当红官员还好说，如果不是，他们大多会立刻表态辞职。这不是尿包而是自保，因为他们确实屁股上不干净。要再硬着脖子，御史就会在皇上面前“好好”地跟他聊一聊，看看这个官到底是不是清官。

然而，御史们并不满足于此，皇帝本人也在他们的监督范围之内。

御史不能弹劾皇帝，但一旦觉得皇帝的行为出格了，他们就会通过规谏的方式给皇帝添堵。这些建议除了国家大事，还涉及皇帝的私生活，比如皇上你不能每天沉迷后宫，这样对身体不好；皇上你年纪不小了，该开枝散叶了；皇上你不能玩了，该上朝了。

皇帝们不怕老婆，就怕御史。虽说御史有时把皇帝气得干瞪眼，恨不得杀死他们，但是这批人根本不怕死，他们的政治信仰是“必国而忘家，忠而忘身”。而且不杀言官是历史传统，一旦皇帝敢拿御史开刀，史书就会记录下皇帝在某年某月某日杀御史某某（宋太祖赵匡胤打掉御史两颗牙都被记录了下来），皇帝的形象会大打折扣。

显然，御史的权力是很大的，那么谁来监督御史呢？为了控制权力溢出，朱元璋设计了一个很绝的制度，除了左、右都御史（正二品），左、右副都御史（正三品），左、右佥都御史（正四品）几个坐院官员以外，一百一十名十三道监察御史居然只是正七品的芝麻官。用芝麻官去监督更高级别的官员，这些骨干御史同时也受到其他官员的制衡。

就这样，朱元璋还是不放心，万一御史被官员拉下水了呢？万一御史台长官与官员同流合污，沦为帮凶呢？

这时就要请出另一批人：六科给事中。

给事中又是一群特殊的官员，他们的定额维持在五十八人上下，与御史合称言官（科道官）。给事中的品级更低（洪武年间为正七品到正九品），权力却能大到没边的地步。

他们侍从皇上，每日都有一人值班，站在殿中“珥笔记旨”。皇上交派各衙门口办理的事件，由他们每五天检查督办一次，倘若有拖延不办，或是动作迟缓者，报告立马就打到皇帝那里。如果说这些还普普通通，那么“封驳”权就有点吓人了。皇帝的诏令颁出之前，要由六科给事中进行最后的审核，如果这些芝麻官认为不合适，居然可以封还诏令，请皇帝再行裁夺！

自然，监察都察院也是给事中的权力之一。

朱元璋是个非常精明的皇帝，他设立了两套监察制度，一套以上制下，一套以下制上。都察院可以发动弹劾，但给事中们有纠劾的权力。

举例来说，中央官员每六年要迎来一次考核，称为“京察”。四品以上官员可以自己写述职报告，以下官员的考核要由各科给事中和都察院御史负责。考察前，给事中们会秘密调查被考核官员的居官举止是否称职。考核中，有的官员因政绩突出而被皇上召见时，一般要由吏部尚书及相关科的都给事中陪同面圣，以作监督。如果御史们的报告与给事中的考察结果出入很大，那就说明有环节出了问题。

如果有官员侥幸混过“京察”呢？不怕，给事中还有“拾遗”的权力。“拾遗”是根据新掌握的证据（遗行），对那些漏网过关的官员发起弹劾，百发百中——“‘拾遗’所攻击，无获免者”。

这就是朱元璋设计的言官制度。有明一朝，言官数量庞大，他们的编制共有二百零九名，是唐朝的六倍、宋朝的十五倍、元朝的五倍，位居历朝之冠。

为“找碴儿”而存在的言官群体并不是无事生非，他们的存在对揭露国家的弊政、君主的失德有着重要意义。明朝前期的言官是声名赫赫的存在，他们在诸多重大问题上都作出过震撼人心的举动。

在大明近三百年的历史中，多次出现言官集体跪谏、不畏死难或前仆后继、持续极谏的惊心动魄场面。这些言官，许多都付出了鲜血和生命的代价——如嘉靖年间的杨爵、万历年间的杨涟。

明朝前期，言官虽然也出过一些败类，但他们大体上能保持刚正不阿，让国家监察系统良好运转，基本实现了朱元璋的意图。

明朝中期，皇帝开始经常不上朝，御史当面弹劾官员的威力大大削弱。宦官权力大涨，御史受到太监的压制。

明朝后期，“封驳”制度早已沦为摆设，连资深给事中都不知“封驳”为何物（“召数书老手问封驳云何，皆云不知”）。

晚明，党争激烈，各色朋党形成，一些言官也不得不选边站，从而沦为党同伐异的工具。

不可否认，言官中不乏贪污腐化、迫害忠良的个体，但我们同样无法否认这个群体存在的积极意义。运转理想的王朝，言官们就是道德的脊梁、百官的表率，他们以弹劾为武器，以自己的性命为赌注，一次次把国家拉回正轨。当这根脊梁被打断，当言官不敢再进言，当弹劾被滥用，说明这个王朝已经病入膏肓。

大明御史的表演就从刘基开始。在未改制成都察院之时，御史台就已是个从一品衙门，御史台长官的地位极高，与六部尚书一起合称“七卿”，御史们的长官正是御史中丞刘基。

刘基的坚持

为什么选择刘基？朱元璋知道刘基疾恶如仇、直言敢谏。他对御史台寄予厚望，授予刘基职务时，朱元璋对他说了这么一段话：

> 御史掌纠察，朝廷纪纲尽系于此，而台察之任尤清要。卿等当正己以率下，忠勤以事上，毋委靡因循以纵奸，毋假公济私以害物。

朱元璋起自底层，从小就见识了官官相护、贪赃枉法那些门道，他的这番叮嘱意味深长。

“毋委靡因循以纵奸，毋假公济私以害物。”记住这句话，这不仅是对刘基说的，在洪武一朝，它将成为钢铁一般的法律，无数官员将栽倒在此。

刘基的第一个考验很快来了。而这个对手过于庞大，他的身影就足以压得刘基喘不过气来，他该如何面对呢？

不出所料，李善长亲自来求情了。虽然刘基名声在外，可李善长权势逼人，就算是朱元璋本人也得给他几分面子，半路投靠的刘基，难道敢对他说不？

刘基不仅很干脆地拒绝了，他还立刻派出快马报告朱元璋，要求执行法令。李善长不是吃干饭的，他发动同党求情，试图保住李彬。但是，朱元璋这次听了刘基的，将李彬按律斩首。

刘基之所以这么硬气，还是和他的特长有关——

刘基还兼任太史令。在旁人看来，这是门与老天沟通的学问，国家出现什么难以决断的事情时，通常要请出太史令观测一下星象，看看老天的旨意到底如何。

刘基不止一次用天文学帮助过朱元璋，除了鄱阳湖之战预测风向，在大旱之时，朱元璋还需要请他跟老天商量一下，能否下点雨什么的。这些知识现在被细分为气象学，在古人眼里都是玄学。

刘基经常会告诉朱元璋，您最好处理掉一些冤案，或是少杀点人。每次朱元璋答应之后，很快就会下雨。

一个精通天文学的御史中丞，是很可怕的。

刘基向朱元璋报告，李彬犯法，惹怒了老天，要想下雨，最好将李彬正法。朱元璋批准，李彬被斩首。随后，刘基登坛祈雨，大雨果然瓢泼而至。

这次刘基用他的天文学知识对抗李善长，获得完胜。

刘基与李善长有仇吗？并没有。他长期跟随朱元璋征战在外，李善长在家留守，两人素无瓜葛。那他为何不肯网开一面，与人方便也与己方便呢？古往今来，这不是官场的惯例吗？是惯例，也是陋习。

刘基当过元朝的官不假，在元朝当官，贪赃枉法是常态，勤于职守是例外。刘基当的就是例外的官。

早在至正二年（1342 年）他担任高安县丞之时，就通过明察暗访，为民除害，处理地方事务“严而有惠爱”。刚正不阿的刘基赢得了百姓的爱戴，也迎来了地方豪强的陷害，不得不辞官回乡。

几经沉浮，刘基出任御史中丞，正二品的高官，掌管着国家监察机构。他在“染缸”中变色了吗？刘基用实际行动回答了众人的疑问。甫一上任，他便下令整肃纲纪，御史们检举弹劾，不要有任何顾忌。宿卫、宦官、侍从中，凡犯有过错的，一律奏明，依法惩治。

有一类人，他们面对强大的对手，明知不敌，也会毅然应对。因为在他们心中，始终心存正义二字。他们疾恶如仇、直言敢谏，哪怕以个人之力同一个权势庞大的党群抗衡，也在所不惜。他们相信，哪怕再微小的星星，也能散发光芒，也能为迷茫之中的人们指明方向。大明历史上有很多这样的人，刘基就是其中之一。

在元朝怎么干，在明朝还怎么干，监察就是监察，改朝换代与工作性质无关，监察就需要铁面无私。如果小小的李彬口子一开，就意味着刘基选择妥协，他心中的“道”就将崩塌，一世修为付诸东流。

御史们是大明朝廷上一股特殊的力量，御史该怎么当，他们的首任长官刘基用行动为他们作出了垂范。

李善长恨得牙根发痒，一个术士，靠玩弄旁门左道蒙蔽了皇上，他发誓要报复。“(刘基)由是与善长忤”——仇恨，就此结下了。

洪武四年（1371 年），这一年的气候有些反常，老天爷给的降水量极少，时不时要请出太史令刘基祈雨。朱元璋有点郁闷，他要求诸臣发表意见，是不是自己哪里又做错了。

刘基挺身而出上奏：士卒亡故者，他们的妻子全部迁往他营居住，共有数万人，致使阴气郁结。工匠死后，腐尸骨骸暴露在外，将投降的吴军将吏都编入军户，便足以协调阴阳之气。

这个说法无懈可击，朱元璋照办，刘基再次祈雨。可这次老天爷并不配合，十天以后还是艳阳高照，一滴雨也没下。刘基失手了。现代人的天气预报都未必完全准确，古代的占星术又哪能百分之百地预报天气呢。

这个失误逃不过政敌的眼睛，李善长立即发动手下攻击刘基。由于平时执法严峻，刘基得罪的人也群起而攻之。

没有下雨，刘基百口莫辩，恰好他的妻子去世，他干脆辞官回乡，为亡妻置办后事。临行时，他又跟朱元璋说了两件事：一是依旧坚决反对迁都凤阳；二是提醒朱元璋，王保保是劲敌，不可轻视。

这是提醒，也是预言，以后发生的事如实地证实了刘基的判断。

刘基的御史中丞之路，时间不长就结束了，一如他之前担任高安县丞一样。他无党无派，孑然一身，以个人之力同一个权势庞大的党群抗衡，这是他必定失败的原因。

但刘基真的失败了吗？时间会给出答案。

第二十一章 谁来当丞相

杨宪的悲剧

赶跑了刘基，李善长还没来得及享受胜利的喜悦便生病了。这一年他五十六岁，年龄已经不小了。

李善长病体难愈，无法正常办公，只得辞官回去养病。朱元璋很慷慨，除了赐给他大量土地、佃户，为了防止他一病不起，连帮他守坟的人家都安排好了，共有一百五十家之多。

调养了一年多，李善长病体痊愈。不过这时丞相的位置已另有他属，这个人叫杨宪。

杨宪有能力，也很蛮横。他是特务出身，检校组织的头领，这个组织后来发展成了大名鼎鼎的锦衣卫。

检校组织直接对皇帝负责，朱元璋连辅佐（实为监视）外甥李文忠这种事，也派杨宪去干，可见他在朱元璋的信任名单上排名靠前。

杨宪的情报工作经验丰富，能力也不弱，更是朱元璋属意的亲信。在重要部门中书省安排一个这样的人，朱元璋觉得靠谱。

任用官员之前，朱元璋忘了做一下尽职调查，否则他会发现，任用杨宪到中书省是个天大的错误。刘基只有公心，和李善长没有私仇，但杨宪可是和李善长有私仇的。这注定了杨宪的悲剧。

需要说明，李善长并不是个传统意义上的反派。相反，数十年来他算得上低调做人、小心做事，功劳苦劳一肩挑，才有了后来的地位。正因为功劳太大，他在大明建国后小小地膨胀了一下。史书上记录他膨胀的事只有两件，其中之一是李彬那件事，另一件事就和杨宪有关。准确地说，是和杨宪的弟弟杨希圣有关。

杨希圣，小小参议一个。某日，他与同事李饮冰稍稍冒犯了李善长的权威。李善长立即奏明朱元璋，将两人罢黜。没有史书记载杨希圣和李饮冰是如何冒犯李善长的，也就无法判断李善长的手段是否过于激烈。反正杨宪觉得很过分，两人的梁子就这么结下了。

杨宪是特务（检校）出身，专搞情报工作，他把打小报告这个职业习惯带到了新的工作岗位。一逮到机会，杨宪就要叨叨一番李善长的不是。

可是，杨宪现在是中书省丞相，不是特务头子了。打李文忠的小报告，是朱元璋授意的；打李善长的小报告，明显是出于私心。

时间一长，朱元璋觉得杨宪不那么可靠了，他看杨宪的眼神开始变得像看一只苍蝇。

杨宪没有掂掂自己的分量，他和李善长根本不是一个级别，看看李善长病假的待遇，放眼朝中，可有第二人能享受？

只是这样，杨宪还不至于落得最后的结局。更严重的问题在于，杨宪是个喜欢搞事的人。

李善长病假后，关于任用谁当丞相，朱元璋征求过刘基的意见。他说了四个名字，第一个就是杨宪。

杨宪是刘基的好友，他当丞相自然对刘基有利，可刘基是这么回答的：杨宪具备当丞相的才能，却没有做丞相的气量，不宜为相。

一语中的。搞情报不需要多大的气量，当丞相则完全不同，宰相肚里得能撑船。当特务，主要是整人，杨宪当了丞相，主要还是整人。当上丞相后，杨宪把在检校的那一套照搬到中书省，罢免旧吏，任用亲信，开始培养自己的派系。

右丞相汪广洋对此不置可否，杨宪发动手下找到了他的弱点——“奉母不如礼，以为不孝”。几本参下来，把汪广洋从京师参回老家，然后又把他参到了海南。当时的海南是个荒蛮的地方，这几乎等于宣判了他的无期徒刑。

扳倒汪广洋，杨宪感觉良好，他决定公开跟李善长斗一斗。如果胜利，他既能报仇，又有望建立起自己的派系，一步步取代“淮西勋贵”的位置。

之前对李善长的攻势没有效果，杨宪觉得是自己一个人势单力孤。这次，他发动了团队的力量进行攻击。

想法很美好，操作却很失败，问题出在杨宪找的人上。这几位官员的名字是：凌说、高见贤、夏煜、刘炳。他们有个共同的身份，现任或曾是检校官员。这一切，都逃不过李善长的眼睛。

虽然远在家乡养病，李善长对京师的风吹草动依然了如指掌。杨宪要对付他，他不是不知道，也不是不反击，而是在等一个合适的时机。要么不出手，要出手就做个彻底的了断。

收集到证据后，李善长出手了，他只用八个字就击倒了杨宪：排陷大臣，放肆为奸。这就足够了。

李善长说错了吗？一个字也没有。杨宪确实干了。朱元璋下令将参与其中的刘炳下狱审问，刘炳很快就“尽吐其实”，杨宪被一并逮捕。

朱元璋任命了一个新丞相，此人想的不是把活儿干好，而是整天想着怎么拉帮结派，陷害别人。这样的丞相，还留着干什么？杨宪和刘炳被处死。不久，凌说、高见贤、夏煜也先后被杀。

也有一个说法，杨宪是“浙东地主集团”的成员，是刘基布下的棋子。

正如之前所说，从来没有什么“浙东地主集团”，一直没有。

杨宪是山西太原人，至正十六年（1356年）才投奔朱元璋。刘炳是江西鄱阳人，其他几人也都不是浙江人。杨宪确实和刘基的关系较好，但也仅此而已，与浙东扯不上任何关系。

自始至终，刘基都是一个人在弹劾，他并不为了什么集团的利益，只是心怀天下。“君子群而不党，小人党而不群”——刘基称得上是真正的君子。说他结党，不是在侮辱他吗？

杨宪太没有肚量，实在不是李善长的对手，换下一位。

汪广洋的智慧

朱元璋向刘基征求丞相人选的第二个名字，就是汪广洋。关于这个人，刘基回答：他的气量比杨宪还狭窄。

汪广洋被杨宪搞得生不如死，相当于被判了无期徒刑。但这一切有个前提，就是杨宪不能倒。

杨宪一倒，汪广洋开始登上朝堂。杨宪是奸人，那他构陷的就是好人。朱元璋召回汪广洋，赐给他一个忠勤伯的爵位压惊，还将他提拔为右丞相，接替杨宪的位子。

朱元璋对汪广洋满心期待，希望他能整肃朝纲、拨乱反正，但汪广洋的回报让朱元璋怀疑自己是不是又错了。

汪丞相上任后，一改之前的才子贤臣形象，每天消极怠工，一副退休的样子。一下班，汪广洋则夜夜饮酒作乐，潇洒快活。

朱元璋还以为汪广洋是诸葛亮、张良式的人物（“吾之子房也”），汪广洋却生生把自己整成了徐庶。那么，右丞相的工作怎么办呢？汪广洋还有个搭档——右丞胡惟庸。胡惟庸能力强，工作就丢给他好了。胡惟庸同意的，汪广洋没意见；胡惟庸的决定，汪广洋不反对。

谁说刘基料事如神来着，这次他对汪广洋的预测似乎出错了，这样来看，汪广洋的气量不是一般地大。

气量归气量，官场之上，这叫怠政不作为，属于失职。朱元璋几次要求汪广洋认真履职，可汪丞相依然我行我素。朱元璋不得已，一纸诏书将汪广洋撤职，再次外贬，到广东担任参政。

汪广洋接到调令，不怒反喜，离开京城时，他意味深长地回头一瞥，长出了一口气——终于离开了中书省那个鬼地方。

汪广洋根本不是个颓废的人，他师从“庐阳三贤”之余阙，既是著名的才子，又能参与军务。他先后在江西、陕西主政一方，干得有声有色，深得朱元璋赏识。这样的人，怎么可能整天花天酒地，不问政事。除非，他是故意这么干的。

汪广洋不傻，他清楚地看到了中书省右丞相那张宝座谁才能坐得稳。不是刘基，不是杨宪，更不是他汪广洋。不管有党无党，除了淮西的人，谁坐上去都得死。刘基、杨宪的经历让他看到了“淮西勋贵”的强大力量，汪广洋何德何能，能与他们抗衡？如果还想多活几年，就该早点把位置让出来。

刘基选择单干，杨宪选择结党，汪广洋选择主动边缘化，让出权力。

右丞胡惟庸，既是政坛实力派，又是淮西骨干。终于轮到他上位了。

朱元璋咨询刘伯温的第三个名字，正是胡惟庸。刘基打了个比方：胡惟庸就像头小牛犊，用来耕地，非折辕破犁不可。

这次，他的预测是否正确呢？

谁来当丞相

汪广洋被贬后，朱元璋也很郁闷，右丞相职位空缺了半年之久，可活儿还是得有人干，这段时间中书省的实际掌权者就是胡惟庸。

洪武六年（1373 年）七月，由李善长力荐，胡惟庸正式出任右丞相。洪武朝第四位丞相，也是中国历史上最后一位真正的丞相——胡惟庸，正式登场。

胡惟庸并不是传统意义上的勋贵，他于至正十五年（1355 年）在和州投奔朱元璋，一路走来，履历也还丰富，算得上是个有能力的文官。但也仅此而已。随着朱元璋的势力越来越大，胡惟庸不过是他手下众多文臣之一，没什么特别亮眼的功绩。要说功劳，他比不过刘基、宋濂、杨宪这些人。

不过，胡惟庸有个娘胎自带的优势，刘基等人永远无法超越，他是濠州定远人。妥妥的淮西籍，李善长的同乡。靠着这层关系，胡惟庸升迁多有便利。洪武三年（1370 年），他进入了中书省任参知政事，成为宰执一员。

之后，李善长病退，右丞相的位子空了出来。胡惟庸没成为朱元璋的第一人选，他却并不着急。因为他明白，只要有李善长在，这个位子迟早是自己的。

李善长只是病假，不是退休。病好后，他被派去凤阳监工修建中都。李善长人在凤阳，仍然时刻惦记着京师，树大招风，想搞垮他的人不在少数。李善长这棵大树不能倒，多少淮西故旧还指着他的荫庇过活，数十年坐镇后方，既搞人事又搞后勤，这中间的关系盘根错节，捋都捋不清。

李善长只是病假，杨宪就敢跳出来落井下石，威胁淮西集团的地位。他要是倒了，那些与他关系密切的官员，谁能保证被顺藤摸到的下一个瓜不是自己？

胡惟庸需要走上仕途巅峰，李善长需要朝中有人替他掌控大局。他们背后共同的目的是保证“淮西勋贵”们的利益，最稳妥的办法，只有把丞相换成自己的人。人选，非胡惟庸莫属。此时，胡惟庸和李善长的关系已更近一步，两人成了姻亲。

李善长略施手段，就让杨宪人头落地，吓得汪广洋自求放逐，朱元璋就算不想用胡惟庸，也很难找到其他人选了。

况且，胡惟庸既会来事，又很有能力——“晨朝举止便辟，即上所问，能强记专对，少所遗”。汪广洋罢相半年多，胡惟庸以右丞（不是丞相）身份独挑重任。李善长不失时机地建议：胡惟庸表现不错，是不是可以考虑把他扶正？他会因此更感激，更努力为皇帝效力的。

谁能拒绝这样合理的建议呢？这年（1373 年）七月，任命下来了，胡惟庸升任右丞相，最高的左丞相一职依然空缺，他已实际成为中书省第一人。

胡惟庸，历任元帅府奏差、宁国主簿、知县、吉安通判、湖广佥事、太常少卿、太常卿、中书省参知政事，直到洪武六年（1373 年）成为右丞相。

胡惟庸的能力固然很强，可要没有李善长这层关系，能否入相还很难说。

刘基之死

成为独相后，胡惟庸就开始胡来了。生杀废黜大事，有的不报告朱元璋，他便径直执行。内外各部门的奏章，他都先拿来看，凡是不利于自己的，便扣下不上呈。

胡丞相向大家展示了自己的能力，同时也是发出信号：我的权力很大，别跟我对着干。

如此高调的胡惟庸迅速成为朝廷第一红人。功名这东西，从来都不缺少人追逐，可要按程序来，要求实在太高，过程也实在太慢。各路热衷功名之徒，以及失去了职位的功臣武夫，竞相奔走其门，贿送金帛、名马、玩好之物，以求任用。胡惟庸的财富很快膨胀起来，同时他也得到了一个绰号——“胡扒皮”。

那么，不是还有御史台吗？朱元璋设立御史台，不就是为了预防这种情况吗？御史们专门负责监察百官，不该直接报告官员们的失职和异动吗？

如果是刘基这种人出任御史中丞，会很好地履行职务，保证御史台正常运转。可是刘基已经走了，如今的御史中丞叫陈宁。

陈宁在洪武元年（1368 年）进入中书省，担任左参政。两年后因事连坐，被贬到苏州当知府。从中央大员降级为地方官，陈宁相当郁闷，在知府任上他成了酷吏，喜好使用烙铁烧人，得到了一个绰号——“陈烙铁”。

眼看陈宁要终老地方了，关键时刻，胡惟庸向他伸出了手。他向朱元璋推荐，陈宁是个人才，御史中丞的职位如今空缺，陈宁是理想的人选。陈宁就此回到京师，仕途峰回路转。

庆幸之余，陈宁更多的是感激，若非胡相国仗义援手，怎有我今日。御史台就此倒向胡惟庸。

而七品芝麻官六科给事中们在洪武六年（1373 年）刚刚开始出现，给事中制度真正定型要在洪武二十年（1387 年）以后，还起不到后来的作用，因此明面上的监察制度已对胡惟庸失效。

胡惟庸是“胡扒皮”，陈宁是“陈烙铁”，两人“相得益彰”。

胡惟庸的胆子越来越大。学士吴伯宗看不过去，对他发起弹劾，被找了个罪名贬到凤阳。大将军徐达不愿与他合流，胡惟庸竟贿赂看门人福寿，要他找机会谋杀徐达。

徐达武将出身，又功高盖世，防备严密，胡惟庸没能成功。不过，另一个人的安保等级要远远地低于徐达：刘基。

刘基曾在朱元璋面前揭过胡惟庸的短处，让胡惟庸忌恨不已。更关键的，在刘基与朱元璋的那次谈话中，朱元璋还问出了第四个名字，正是刘基本人。

在杨宪、汪广洋、胡惟庸都被刘基否决后，朱元璋接着问：“丞相，确实只有先生你最合适了。”

刘基谢绝：“我太疾恶如仇了，又不耐烦处理繁杂的事务，如果勉强承担这一重任，恐怕要辜负皇上的委托。天下何患无才，只要皇上留心物色就是了。这几个人确实不适合担任丞相之职。”

刘基是这么说的，也是这么想的，问题是旁人未必肯信。看看那份名单，杨宪、汪广洋、胡惟庸，这正好是他们依次入相的顺序，要是胡惟庸不当丞相了，接任的会是谁？

刘基是相位的有力竞争者，偏偏还是个强硬的反对派，最可能对相位形成威胁。不可能妥协的反对派，丞相之位最可能的继承人，胡惟庸有足够的动机除掉刘基。

洪武八年（1375 年）四月，御医奉旨探视刘基。照单抓药服用后，刘基的病症发生了变化，原本只是感染风寒，现在他感觉肚子里有石块在不停碾轧，让他痛苦无比。料事如神的刘基失算了，派御医探病确实是朱元璋的旨意，可负责执行的却是丞相胡惟庸。

胡惟庸很聪明，这确实是个绝佳的机会。派御医是朱元璋的吩咐，刘基六十四岁，已经进入老年，在那个年代，老人偶染风寒，一病不起是很正常的事情。别人无论如何也不会想到，旨意在执行过程中会被做了手脚。

怎么看都无懈可击，胡惟庸还在扬扬得意。他没有想到，这是自己所犯的一个最大错误，大到足以让他人头落地。

刘基的病情恶化得奇怪又迅速，引起了朱元璋的怀疑。如果这事发生得早一点或晚一点，真有可能被胡惟庸糊弄过去。偏偏，它发生在了一个要命的节点——朱元璋凤阳遇“咒”之后。

凤阳遇“咒”，朱元璋彻查原因后，懊悔不已，他又想到了劝阻自己迁都凤阳的大臣们。这些人是真正的忠臣啊，可是劝阻最激烈的刘基怎么突然就死了？

朱元璋疑心重重，派人秘密查访，得到的刘基之死真相令他震惊。再把凤阳遇“咒”和刘基之死联系到一起，朱元璋什么都明白了。

迁都凤阳，得利最大的人是谁？不是他朱元璋，而是胡惟庸这帮“淮西勋贵”。刘基这样敢说真话的人，胡惟庸都敢下手，倘若迁都凤阳，让他们和地方宗族势力勾结到一起，还有什么不敢干的？想到这里，朱元璋不禁心惊肉跳。

朱元璋清醒了，凤阳永远也不可能成为都城了，中都的修建被紧急停工，从此再也没有恢复。这只是第一步，真正的博弈才刚刚开始。

所谓博弈，并不是指朱元璋和胡惟庸，实力相当才能叫博弈。朱元璋和胡惟庸是巨人和婴儿的差距，别看胡惟庸搞得如火如荼，在朱元璋眼里他的手段太过低级，要捏死他就跟捏死一只蚂蚁差不多。

可是政治不是这么玩的。就算砍了胡惟庸，如何能保证不出现第二个胡惟庸？朱元璋能随便捏死一打胡惟庸，可他的子孙还有这个能力吗？杀人只是最粗暴的方法，解决不了问题的根本。身为皇帝，朱元璋想要的是一劳永逸地解决问题。问题由朱元璋而起，就让自己为子孙彻底终结。从此以后，大明王朝再也不会出现胡惟庸这样的权力怪物。

后来的事实证明，朱元璋确实做到了。不光是明朝，之后在中国历史上再也没有出现过胡惟庸这样的丞相。因为，朱元璋连丞相这个职务也一起废掉了。

第二十二章 太原之战

大明第二名将

从洪武元年（1368 年）到洪武八年（1375 年），发生了这一系列事情，让人感觉朱元璋似乎隐身了。他怎能允许手下如此放任，这还是那个以刘邦为模板的朱元璋吗?

一方面，朱元璋确实骄傲了，他陶醉在宏伟的中都计划中不能自拔，以及对淮西旧部的信任，放松了对内部的管理。另一方面，洪武皇帝还是很忙，他并没就此躺在功劳簿上，对外还有很多艰苦的仗等着要打。

洪武元年的北伐取得非凡的成功，最大的收获就是收复了离开中原怀抱四百余年的幽云十六州——那还是在遥远的五代时期，自从石敬瑭将幽云割让给契丹之后，这片土地就离开了汉人王朝。从此以后，收复这片故土成了历代汉人王朝心心念念的愿望，不管是昙花一现的强权，还是统治稳固的大一统王朝，“北伐”两个字，始终在一代代人心中萦绕，挥之不去。

皇帝们为此作出了不懈的努力。后周世宗柴荣出师未捷身先死；宋太祖赵匡胤毕生矢志北伐；宋太宗赵光义继承哥哥遗志，奋强军之余威，直到“雍熙北伐”大败而归；就连被称为软弱的南宋，也先后发动过四次北伐。

这是多么大的荣耀啊，每个皇帝都梦寐以求。然而，即使宋太祖赵匡胤麾下拥有开国之百战精兵，南宋更有岳飞这样不世出的中兴名将，都免不了功败垂成，徒留遗憾。

从 963 年到 1368 年，405 年过去了，幽云十六州先后经历了辽、金、元三个王朝的统治。如果在明初军力强盛时还不能收复，按照王朝发展的定律，到了中后期将更加困难，就可能再次出现南北长期对峙的局面。

在元朝统治时期，曾把北方汉人与南方汉人区别开来，称为“汉人”和“南人”，这个情况持续下去，很可能造成中国南北进一步的割裂。时间越长越不利，南北方相互的认同感会越来越淡，直到形同陌路，不利于大一统王朝的统治。

幸运的是，朱元璋做到了。单就这点而言，他的功业已经远超宋朝诸帝，足以彪炳史册，踏入历史上君主的前列。

是的，大都虽然攻克，但北伐并未完全成功，这个计划只执行了一半，接下来才是最艰苦的战斗。

元顺帝远遁，他的统治机构和班子还在，西北和辽东的元军主力尚存，随时可能卷土重来。要比较实力的话，北元“引弓之士，不下百万众也，归附之部落，不下数千里也，资装铠仗，尚赖而用也，驼马牛羊，尚全而有也”，至少在牌面上，朱元璋并没领先元顺帝妥懽帖睦尔多少。

只有彻底击垮这个政权，消灭他们的军队，摧毁他们的斗志，才能让大明边疆安定，为子孙和百姓留下一个稳固的江山，这才是北伐的终极目标。

由于朱元璋已有了皇帝的新工作，这个任务还是要由大明第二名将徐达来完成。

谈到古代名将，我们来划分一个档次。历史上能列入第一档的名将，要求如下：

一、对王朝的统一大业或是中兴起到关键作用；

二、对外战绩辉煌，开疆拓土无数，或是在军事领域有特殊贡献。

条件看似不多却异常严格，按照这个要求，前朝大概也就是孙武、吴起、白起、项羽、韩信、卫青、霍去病、李靖、岳飞等屈指可数的战神能进入第一档。

徐达能归入第一档吗，我们来看看他都做了些什么。

徐达参加红巾军是在朱元璋回乡募兵那次，他也位列跟随朱元璋南略定远的“淮西二十四将”之中。不用说，他是朱元璋嫡系中的嫡系。

徐达与朱元璋一起成长，从至正十二年（1352年）朱元璋投军，到至正二十三年（1363年）刘福通阵亡，十多年时间里，朱元璋从一个亲兵成长为吴国公，徐达也从一个小兵成长为朱元璋手下头号领军大将军。

注意，大将军的意思是元帅，是“帅”，不是“将”。“将”是将兵的，“帅”是将将的。

不是所有军人都能成为“将”的，更不是所有“将”都能成为“帅”的。若只论勇武，常遇春、朱亮祖等都强于徐达，可他们只能被徐达统率，而且毫无怨言，这就是实力。“刚毅武勇”只是为“将”的基本条件，如果要当元帅，那就必须再加上“深谋远略”，也就是要走一步看三步，考虑到各种可能出现的情况，把敌人了解得明明白白。

智勇双全才能为帅，徐达尤其善于谋略。

陈友谅有个过命的兄弟张定边，朱元璋也有，那就是徐达。在和州，郭子兴和孙德崖闹内讧，朱元璋被扣，像狗一样被关在铁笼里，性命随时可能不保。郭子兴要朱元璋，孙德崖手下要孙德崖，双方谁也不肯先放人，是徐达主动提出用自己交换朱元璋，才化解了这场矛盾。

郭子兴死后，朱元璋欲兼并其部众，却遇到阻力，一些郭的旧部并不认可他，“时诸将多太祖等夷，莫肯为下”。徐达、汤和等人带头表示恭谨，其他人也不敢轻举妄动，才逐步确立起朱元璋的统帅地位。

此后，朱元璋的主要对手成了张士诚和陈友谅。在和张士诚的浙西之战中，徐达受命领兵东向，巩固应天，西吴军所向披靡，打得张士诚毫无还手之力。

鄱阳湖之战中，徐达身先士卒，以大将之尊“身先诸将，败其前军”，鼓舞手下奋勇当先。之后，他奉命回调应天，防备张士诚乘虚偷袭。

在朱元璋的统一大业中，徐达战功第一，“所平大都二，省会三，郡邑数百”。而且，他还能约束部下，做到不扰民，“闾井宴然，民不苦兵”。这就非常难得了，要知道朱元璋手下不少名将都是以嗜杀闻名的，徐达既能战必胜、攻必克，又能保持良好的军纪，简直是个异类。

政治站队正确，能力出类拔萃，言行谨慎，徐达就是为朱元璋而生。

攻克北平后，徐达的威名达到了顶峰，“廓江汉，清淮楚，电扫西浙，席卷中原，声威所振，直连塞外，其间降王缚将，不可胜数”。

成色略有不足的是，徐达的这些战绩大多是在农民军内战时期取得的。此后攻克大都异常顺利，那多半要归功于朱元璋的方略高屋建瓴，各路元军离心离德、抵抗无力。

在大明这方，徐达可称第二号名将，因为第一名将非朱元璋本人莫属。不过，朱元璋现在是皇帝了，不能再随便下场打打杀杀，徐达的顺位自动提前，成为大明第一武将。

徐达还缺少一场决定性的战役为其加冕，击败了这个对手，他才能成为实至名归的大明第一武将，也就有资格进入第一档。这个对手，就是王保保。

王保保，蒙古名扩廓帖木儿，察罕帖木儿的养子。正如朱元璋所预料的，明军北伐的时候，各路元将还在蒙着头自己打得不亦乐乎，其中就包括王保保，等他们醒悟过来再想救大都，已经来不及了。西北元军没有在北伐中遭到什么损失，他们依旧分成几股驻扎在山西、陕西、甘肃等地，时刻等待着反攻倒算。

元顺帝跑到上都后，决定与王保保和解，下诏恢复他所有的职务，又加封其为齐王，命他率部东征。王保保此时手下尚有数十万军队，以太原为中心控制着山西，是西北实力最强大的元将。光复大都，中兴大元的重任非他莫属。

徐达真正的挑战开始了。

真正的战斗

一个是大明开国名将，另一个欲当大元中兴名臣，两人的眼光都瞄准着对方，一场决定性的较量已经不可避免。

明军此时斗志昂扬，徐达决定采取攻势。他首先派出了两支部队：常遇春、傅友德为先锋，从保定—真定一线进击太原；另一路以汤和为主将、冯胜为副将，从河南渡河，翻越太行山。这两路人马一南一北，形成两路夹击太原之势。至于徐达本人，他将亲统主力，稍晚从北平出发，与常遇春合兵，进行最后的决战。

整个计划有两大目标，一是攻取山西，二是捕捉到王保保的主力进行决战。

常遇春在洪武元年（1368 年）九月出发，连克保定、中山，直抵真定。汤和晚出发一个月，行动却更快，他率领部队迅速翻过太行山，攻占了泽州、潞州。

朱元璋让汤和独领一军，并不是汤和的能力有多强。在明初一班璀璨将星中，汤和顶多属于第二档，不要说常遇春，就连汤和这路的副将冯胜，也要大大地强于汤和。

但是至正十五年（1355 年），汤和在和州立下的从龙大功，朱元璋从不曾忘记。尽管汤和的战绩一年比一年差劲，朱元璋对这位发小的信任不改。这次汤和能力压冯胜担任主将，他也表现得很是积极，打算证明一下自己的能力。

洪武元年（1368 年）十一月，徐达准备完毕，统御大军离开北平，到真定与常遇春合兵一处，明军合围太原之势已成。

进展如此顺利，大家高兴之余也有些纳闷，这就是传说中的名将王保保的实力吗？山西元军与北伐时遇到的元军并没什么不同，稍作抵抗便引兵遁去。如此看来，王保保也只是吹出来的名将，实力不过平平。

然则，兵法虚虚实实，作为同时代将领中的佼佼者，王保保征战已久，并非浪得虚名。他认为，自己被徐达牵着鼻子走到处救火是没有前途的，要掌握战场主动权，就要出奇兵，为此他想到了一个更好的办法。

得到潞州失守的消息，王保保不怒反喜，这正好给自己的奇计增加了一道保险。他的心情现在很轻松，徐达正按照他的意图，一步步走入自己的陷阱。

为了给明军制造假象，王保保又命部下平章韩扎儿领兵反攻泽州，做出寸土必争的样子。韩扎儿手下只有两千多骑兵，本来给他的命令只是佯援，做一下样子就行。哪知汤和进军太快，准备不足，他这一路又是以步兵为主，缺少对阵蒙古骑兵的经验。踌躇满志的汤和丝毫没有预料到韩扎儿竟会反攻，两军在韩店大战一场，毫无准备的明军惨遭杀戮，死伤数千，不得不后撤待援。

这场意外的胜利让王保保更加自信了，既然汤和能被区区的韩扎儿击败，那么自己击败徐达岂不更加顺理成章？

王保保这时早已不在太原，他正胸有成竹地催动大军继续赶路，率领着自己的十余万精锐在山路中潜行。

徐达想的是合围太原，王保保的对策是放弃太原。徐达想在太原决战，王保保偏不！明军主力都在太原，北平必然空虚，王保保计划出奇兵直取北平，和徐达来个“换家”。为此，他抽调分散于山西各地的精锐，由自己亲自率领，避开明军主力，取道雁门关、居庸关直扑北平，这才是几路明军进展如此顺利的原因。

正如王保保所料，北平只留下孙兴祖带着不多的兵力防御，要想挡住王保保的进攻，困难很大。徐达该如何应对呢？

得到王保保放弃太原，要与自己“换家”的情报，徐达陷入了思考。军事会议上，部将纷纷建议徐达回救北平，被他一口拒绝。相反，他下令全军加速，按原计划直奔太原。明军骑兵快马加鞭，一路杀到太原城下。

这次傻眼的成了王保保。

徐达并不是真的要放弃北平，他准确地判断出了王保保的真实意图。太原是王保保经营已久的地方，多年积攒的军械、粮食都在这里。更关键的是，王保保麾下大多数将士的家眷都在太原城内。元顺帝能接受北平换太原，王保保却无论如何不能接受，将士们的家小一旦落入敌人手中，他这支人马便会立刻丧失斗志。

相比之下，明军才攻克北平不久，军事上，丢失北平并没有太大的影响。失掉北平，明军可以调集河南、河北、山东乃至整个南方的资源再来一次反击。但王保保的根据地却只有山西，太原被占，大军的吃穿都成问题，还怎么打仗？

王保保的战略正是“围魏救赵”，进攻北平只是假象，意在逼迫徐达回救。自己正好以逸待劳，弃北平不顾，再反身在半路设伏狠咬徐达一口。只要将徐达的明军主力击溃，形势立即逆转，到时太原之围既解，北平也是囊中之物。

王保保这手“一石二鸟”着实毒辣，如果是常遇春、汤和这些将领，中计的可能性很大。遗憾的是，这次他的对手是徐达。

名将的对决，体现到临阵的只是最后一步，一场宏大的战役就如同一盘棋局，两名统帅就是两个棋手。高明的棋手，能从对手的每一手棋中判断出他的下一手乃至几手棋，并予以提前应对，将对手的杀招消弭于无形。

王保保本意是“围魏救赵”，哪知徐达“以其人之道还治其人之身”，反用“围魏救赵”，将了王保保一军。而且，徐达的速度比王保保更快。王保保为了避开河北的明军主力，绕道而来，走了不少冤枉路。当徐达的骑兵兵临太原时，王保保才刚刚抵达保安（今河北怀来）。

这次轮到王保保接招了，太原报警，王保保是挥师强攻居庸关，进而围攻北平，还是紧急回师太原？重兵之下，居庸关不难突破。但是，就算接下来如愿占领了北平又如何？太原失陷，资源被夺，家眷被擒，后勤被断，将士人心浮动，自己的军队还有多少战斗力？

王保保的“换家”大招只是虚招，一旦被识破，只好乖乖地跟着徐达的意图走。为今之计，只有在太原被攻破前反身而回，与徐达进行决战，让明军陷于前有坚城，后有大军的尴尬境地。

迟到的决战

双方此前一系列虚虚实实的招数，为的都是最后的决战。不管是在北平还是在太原，决战，迟早是要来的。为这场决战，两名统帅已等待了太久。

徐达北伐遇到的对手太次，要成为实至名归的大明第一名将，需要王保保这块成色最足的试金石，也是他踏入第一档名将的必要条件。

王保保更加不服气，要不是各路无能的友军牢牢地拖住自己的后腿，至正二十六年（1366 年），自己就该继承养父遗志，统领天下兵马肃清江淮（当时朱元璋正在与张士诚交战），哪里还会发生后来的事情？

徐达破解了王保保的“换家”虚招，他也不会真正去攻打坚城。只需做出攻城的样子，厚集明军于太原城外，待王保保赶到，利用其急于救援太原的心理，一举击破之，太原便不攻自破。

计划很完美，徐达却没能准确判断出蒙古铁骑的速度有多快。

在描述清朝八旗军队生活的《晚清述闻》一书中，记录了顺治初年派遣八旗兵从北京驻防西安的情形，书中写道：当时由北京至西安要经过山西省全境，路程约为一千八百里，分为十八马站，若按驿站行军每日百里计算，须行十八天。为了行军迅速以争取据点，换马不换人，计约行五日许，即可由北京到达西安。

换马不换人，五天能走一千八百里，一天能走三百六十里。当然，这是轻装前进，不是行军速度。蒙古骑兵的行军速度比这个要慢一点，根据记载，蒙古铁骑的进攻速度如下：

它（蒙古骑兵）突击攻占北俄罗斯，只用了两个月零五天的时间，每天的平均速度达到八十五至九十公里；攻占南俄罗斯，只用了两个月零十天的时间，每天进攻速度达到五十五到六十公里；攻占匈牙利和波兰，只用了三个月的时间，每天进攻速度达到五十八到六十二公里。

至于他们的行军速度，要比这个更快——“每天平均行军速度达到九十至九十五公里”。在蒙古西征时，通常情况是：对方刚刚接到国境上出现蒙古骑兵的报告，还没来得及召开作战会议，一抬眼，蒙古骑兵已经在城下开始围城了。只有一个词能形容：狂飙突进。

王保保手下的骑兵，不确定还能否达到成吉思汗时期的速度。不过有一点可以确定，当敌人兵临城下、老婆孩子被包围时，就算平时只知道混吃等死的人，也会爆发出可怕的勇气。何况，这还是王保保手下的精锐元军。

明军以步兵为主，为了尽早抵达太原，只有派出骑兵先行出发，各路步兵还在排成长长的行军队列陆续赶来。

徐达现时的兵力不多，攻城只能做做样子，他要等待主力步兵到来，结下阵型才能对抗骑兵。王保保更狠，为了抢时间，他先行抽调一万精骑快马加鞭地奔赴太原，出发前他下了一道命令：不要理睬掉队的马匹，宁肯累死战马，也不准勒缰绳，务必保持全速前进！更疯狂的是这道命令的下半部分：抵达之后，人不解甲，马不卸鞍，立即向明军发起攻击！

王保保疯了吗？就算战马的性命可以不顾，手下士兵长途奔袭而来，也不让他们休息一下就要求马上作战，这是不是太不人道了？！

王保保不是把手下当铁人，而是形势逼迫他不得不这样做。多年的战场经验，让他不难判断出徐达的速度如此之快，意味着明军的主力步兵尚未集结，杀到太原的很可能是以骑兵为主的先锋。

元军的机会出现了，只要速度够快，击溃乃至消灭明军的主力骑兵，接下来的仗至少会好打一半。

论骑兵，王保保可一点不怵徐达，大元以骑射立国，铁蹄所到之处，灭国无数。要问整个世界历史上谁的骑兵最强，蒙古骑兵们一定会毫不谦虚地拍拍自己的胸脯。就算时隔近百年，成吉思汗的子孙们也认为，孱弱的汉人骑兵不可能是自己的对手，只要奋起一点余威，来一次冲刺，就足以让对手胆寒。

自然，王保保军队的血统纯正性值得怀疑，它包含着蒙、汉、色目等各色人等，并不是纯粹意义上的蒙古骑兵。不过这已经够了，徐达手下的骑兵更弱，他们的素质参差不齐，既有淮西旧部，又有从陈友谅、张士诚处收编来的降兵，更有北伐时新近投降的原元军骑兵。明军战马也是矮小羸弱，无法与精壮耐久的蒙古战马相比。

元军万骑排山倒海而至，足以将明军压垮，王保保本人将带领大军随后赶到，完全接管战场。从这个角度看，王保保绝非浪得虚名，他的调整果断又正确，这手应对是步妙棋，压力又甩给了徐达。

徐达算到了王保保必将回救太原，却算不到蒙古骑兵的速度如此之快。这也怪不得徐达，这种奔袭方式只存在于遥远的回忆中，没人想到如今还会重现人间。

徐达还有什么应对妙招呢？没有了，撤退就等于失败，徐达只能选择死扛。他一面派出传令兵，下令南路和北路步兵丢下辎重，急行军赶赴太原；一面下令，利用手上的所有资源堆积起简易工事，准备应对蒙古骑兵的冲击。

接近黄昏的时候，明军感受到了不同寻常的异样。脚下坚实的大地开始微微震动起来，绵绵密密的野草颤动得也越来越剧烈。很快，震动变成了轰鸣声，那是万马奔腾的蹄声。黑压压的蒙古骑兵在地平线上出现，在他们身后，滚滚的烟尘遮天蔽日。同时传来的是令人色变的凄厉号角声，那是冲锋的号角。元军果然一刻也不停歇，如同一阵狂暴的飓风向明军席卷而来。

明军并没有被吓倒，他们明白在蒙古铁骑之下，逃跑只能像兔子一样被射倒，或是像木头一样被砍倒。他们先是依托工事，射出一排排箭雨，阻滞敌军的进攻速度。待到距离被拉近，明军骑兵跃马冲出壁垒，以骑对骑，进行反冲击。

这是汉人骑兵与蒙古铁骑一次迟到的对决，双方几乎都没有步兵。汉蒙骑兵就像一波波浪花一样不断地拍打到一起，前浪则被拍碎，后浪则更加汹涌地拍上来。没人会在意倒地的马匹，哀号的伤兵，没有人肯后退一步，这里就是决战的地点，不是你死，就是我亡。

局势在慢慢地发生变化，蒙古铁骑远道而来却丝毫看不出疲惫，他们犹如大海涨潮，一浪高过一浪。明军在元军的冲击下逐渐显露出疲态，呈现被吞没之势。

王保保的自信是有道理的，祖先的血性尚存，当它们被唤醒，仍然无人敢小看蒙古铁骑。

这时是考验统帅临阵指挥能力的时候，徐达身边留有预备队，这是他的精锐重装骑兵。眼见形势不利，拱卫着主帅的骁将们再三请战，徐达却置之不理，他在捕捉一样东西。

常遇春首先醒悟过来，徐达在寻找蒙古骑兵的指挥中枢，倾听那不断传来的牛角号声到底从何而来。还没等常遇春开口，徐达已下令挥动令旗，早已急不可耐的傅友德、薛显各自带着百十名骑兵直冲而下，一左一右地从元军侧背直插进去。他们的目标正是蒙古前锋的指挥官。正如张定边在鄱阳湖之役中所做的那样，敌人虽众，只要击杀其首领，全军指挥顿时瘫痪。

但傅友德、薛显并没有成功，他们冲刺的距离过远。元军指挥官意识到危险，立即伏倒旗帜、停止吹号，转移了阵地。但被这么一折腾，正在冲杀的蒙古骑兵一时失去了指挥，动作慢了下来。

傅友德、薛显趁机从后掩杀，他们并不恋战，只是制造出明军从侧面发起反击的样子。指挥系统失灵，元军变得无所适从，方向变得紊乱，战斗力大减。

老于战阵的徐达依旧不发一言，直到元军队形出现散乱，他才吩咐常遇春上场。最猛的将军带着最后的预备队，常遇春亲自领兵冲锋，得到增援的明军士气大振，稳定住了局势。

但也就是这样了，明军已无力反击，长途奔袭的元军和他们的战马亦无法继续。天边最后一抹余晖落下，雄鹰振翅过处，地面的士兵们都已血染铠甲。漫天的烟尘逐渐消散，黑夜笼罩大地，战斗终于告一段落。

激战良久，靠着谨慎的指挥和一丝丝幸运，徐达在这场骑兵对决中稳住了阵脚，为自己争取到了时间。入夜，走得较快的一部分明军步兵赶到了，他们立即开始挖掘壕沟，扎下垒栅，以防这群蒙古骑兵更猛烈的冲击。

元军也需要休息，退到了城西扎营，他们等来了主将王保保。听完战况汇报，王保保并没有责怪部下，并下令全军举炊，尽快休息，由城内的太原指挥使豁鼻马所部负责警戒。

明军主力在陆续赶到，元军也是一样。接下来三天，谁也没有发动大规模进攻。既然没能一口气吃掉徐达，现在明军又修筑了大量工事，列营已有二十余里，不是能随便冲垮的了。

背靠太原城，王保保并不着急，徐达若要野战，他的机动力足以保证进退自如；明军如要攻城，更不能视城外这支大军为无物。明军现在还是处于进可攻退可守的有利境地。

按照目前的形势来看，这将是一场旷日持久的对决。不过，这一切被一个人打破了。

太原指挥使豁鼻马，这个名字有点搞笑，其实是明人故意黑蒙古人的音译，其中随处可见马啊驴啊这类名字。徐达正在苦苦思索破敌之计，常遇春提出，我们步兵还没全部集结完毕，正面交战必定伤亡惨重，还未必能击败王保保，不如趁夜劫营。徐达熟读兵书，自然明白这个道理。可让他犯愁的是，王保保也是名将，大营不会疏于防范，蒙古包层层叠叠，贸然冲进去，连个东南西北都分不清，如何能保证成功呢？

正在这时，天上掉下了块大馅饼——豁鼻马派人带来个很重要的情报。原来这位豁鼻马本是孛罗帖木儿的亲信，曾长期与王保保作战。孛罗帖木儿死后，王保保收其部众，形势所迫，豁鼻马只得栖身于王保保军中。

如今机会来了，眼看元朝气数已尽，加上对仇人王保保的痛恨，豁鼻马愿意率部归降，为徐达做内应。

天赐良机，时不我待。徐达立即升帐点兵，下令全军出动，由郭英先率三百精骑作为踏营敢死队，又派五十骑埋伏在城东十里之外，点火举炮，作为全军的进攻信号。

部署很简单，考虑却很周全。郭英的三百骑是撒出去的敢死队，由他们率先突入敌营，既是接应豁鼻马，也是试探。万一投降有诈，主力未入圈套，可保全军而还。

绕远路到城东放炮更是一手妙招。王保保遇袭的第一反应必定是组织抵抗，可是大营已乱，明军又在远处放炮，慌乱之中闹不清明军到底有多少人，蒙古兵就很难组织起有效的抵抗，这正是徐达的攻心之计。

三更时分，郭英带人潜行到敌营附近，豁鼻马如约大开寨门，放入明军。在豁鼻马的引导下，郭英分散部下，四下放起火来。元军大营顿时火光炎炎，一片慌乱的士兵们从睡梦中惊醒，还来不及上马，又听到城东远处号炮连天，抬头却见徐达已带领大军四处砍杀。

元军蒙了，到处都有敌军，这仗还怎么打？

王保保是个爱学习的人，有效仿关羽夜读兵书的习惯，这个习惯救了他一命。他正在帐中秉烛而坐，忽闻营外喊杀连天，直觉告诉他大事不妙。王保保急忙推案而起，只来得及穿一只靴子就冲出帐外。眼见大营已成明军天下，王保保明白大势已去，只得策马狂奔，身后只有十八名亲兵跟随。

常遇春下令“降者免死”，失去指挥官，营内的元军纷纷丢下武器，举手投降。天亮后清点，共计获得四万降卒，更重要的是，得到了四万余匹蒙古骏马，极大地补充了明军的骑兵力量。

一场绝大战役以惨烈开局，竟然如此戏剧性收场，太原城也不攻自破。汉人骑兵与蒙古骑兵的生死对决，就这么不可思议地分出了不合情理的胜负。

是徐达太幸运吗？既是也不是。夜袭这种战术经常在演义里出现，真正发生的机会却不多。古代人营养不良，很多人都有夜盲症，掉壕沟里摔死都有可能。夜战中非常难于指挥，这要求指挥官平时有极强的治军能力，能让军队在夜袭时步调一致，进退有序。

不是什么人都敢打夜仗的，机会只留给有准备的人。徐达治军严谨，部下训练有素，虽然有豁鼻马帮了个大忙，但寻常统帅也无法做到。

尤其令人惊叹的是明军将领的水准。常遇春、傅友德、薛显、郭英这些开国名将，指挥起骑兵来也是游刃有余。他们表现非凡，撑起了明军的骨架。否则，王保保的战术可能第一波就成功了。

大明铁骑，此战过后，终于可以在历史上如此称呼他们了。

王保保确实很强，他帐下也不是没有勇将。不过要顾及整个山西的防守，王保保兵团的孔兴、脱列伯、贺宗哲、脱因帖木儿等得力干将都分散驻守在各地，没有参加太原之战，将官的整体水平比明军差了一点。

至于在太原最出彩的元将，当然非豁鼻马莫属。

总体来看，太原之战王保保输得不冤。元军主力被击溃后，山西再也不可能守住，三个月不到，明军完全控制了山西，达到了战前的目标。

徐达首战大败王保保。

第二十三章 庆阳之战

陕西攻防战

王保保逃得很快，一口气就逃到了甘肃，他要在那里召唤新的帮手。让我们暂时忽略他，把目光集中到陕西。

与山西有所不同，陕西一地存在着两路大军阀：李思齐和张良弼。两人时而相互攻打，时而联手共拒王保保，数年下来，大小不下数百战。虽然李思齐现在得到任命，坐镇凤翔（今陕西宝鸡），总领陕西诸路元军，但张良弼对他还是不那么放心。

洪武二年（1369 年）三月，明军主力进入张良弼的防区奉元路，张良弼求援，李思齐却磨磨蹭蹭地发兵迟缓。张良弼一气之下，干脆放弃奉元，逃到了庆阳。明军不费吹灰之力占领了整个奉元路，将奉元改为西安府，这是今日西安名字的由来。

张良弼逃了，李思齐还很强大。不过要记得，孙子说过“上兵伐谋”，最上乘的兵法是“不战而屈人之兵”，攻城才是实在不得已的下策。

李思齐虽强，但他到底是出生在河南，手下军队以汉人为主，犯不着为蒙古人死战到底。王保保基本无法争取，李思齐则不同，他是有希望争取的。

统一天下绝非全靠打打杀杀，朱元璋对此有深刻的认识。他派人给李思齐送了封信，大意是：王保保已经跑了，你现在打不过我，凤翔不可能守住。当然，你还可以选择退到塞外，但那又如何呢？塞外之人非我族类，其心必异，何况你手下能不能适应还是个大问题。还是投降吧，我一定以礼相待。

划重点：非我族类，其心必异。有没有道理？在当时绝对挺有道理。汉将带着汉人军队逃到大漠去当牧民，放弃农耕去游牧，李思齐这个河南人能过得惯吗？就算他能习惯，手下能习惯吗？

李思齐果然动心，不过他不好意思直接投降，而是采取了一个折中的办法：不与明军正面交战，撤退到临洮再观望一下形势。

凤翔就是今天的宝鸡一带，徐达没费什么功夫就占据了陕西半幅。他丝毫不给李思齐犹豫的机会，分兵攻克兰州，又命冯胜迅速挺近临洮。李思齐想来想去，到底还是不愿放弃中原的生活，遂正式决定投降。

捷报传到应天，朱元璋下谕，将李思齐送到京师优待。同时，朱元璋又叮嘱徐达：接下来应该进攻庆阳、宁夏。但是，张良弼兄弟诡计多端，如果他们来投降，你一定要注意分辨，不要中计。

徐达没怎么在意这条命令，李思齐都降了，同为河南人的张良弼怎么就不能降。明军继续向庆阳挺近，一路攻克会州、萧关、平凉、延安，于五月初四逼近了张良弼的大本营庆阳。

还没等明军展开攻势，又传来一条利好消息。张良弼见明军势大，跑到宁夏去找王保保求援，反被老对手扣押。徐达觉得这是个好机会，他派指挥张焕前去招降留守庆阳的张良臣。张良臣倒也干脆，说哥哥被捉，还守个什么劲，也投降了！徐达大喜，当即派薛显带着步骑万人前去受降。

其实要论对张良弼兄弟的了解，徐达远不如王保保。王保保扣押张良弼，不是要杀他，只是为了抓个人质，逼迫张良臣死守庆阳。徐达失算了，他忽略了张良弼兄弟间的感情。纵然张良臣真的有心投降，为了兄长的性命，现在他也没有选择。

当天傍晚，张良臣出城偷袭，猝不及防之下，明军全部溃散，张焕被抓，主将薛显带伤逃回。朱元璋的话不幸应验，徐达惭愧不已。除了动武，他已别无选择，定鼎西北最艰苦的一战——庆阳之战，终于拉开了帷幕。

张良臣敢于对抗徐达，指望的绝不是庆阳那点兵力，他还得到了王保保的许诺，将调动全部力量屯兵外线，随时策应庆阳，伺机击破明军。

王保保又活了，如果要说谁是西北元军真正的主心骨，只能是王保保。虽然他在太原很狼狈地赤着一只脚就逃跑了，但号召力依然强大。不到两个月的时间，旧部纷纷汇集到他旗下，再加上联络的漠南蒙古诸部，王保保手上又拥有了一支数量可观的队伍。他决定捐弃前嫌，帮助张良臣抵抗到底。

现在，让我们来看看战场形势。庆阳在甘肃东部，就像伸进陕西的一只拳头，能从三面威胁明军控制区。而在它的身后，有王保保兵团蓄势待发，窥伺着明军的调动，时刻准备向徐达发起攻击。

庆阳不足虑，张良臣只是莽夫，真正可怕的是王保保的机动兵团。就像在太原时一样，当世的两位名将，又围绕着庆阳开始了博弈。

还是徐达先出招，明军的首要任务是切断庆阳与外界联系的通道，彻底围死庆阳。徐达令旗招展，调来傅友德、俞通源、陈德、顾时等，攻占庆阳四面据点，分兵把守，然后自己亲率诸将进逼，把庆阳城里三层外三层地围了个水泄不通。

令徐达有些担心的是，大战在即，他手下的力量反而被削弱了。因为在此期间，逃到上都的元顺帝也没闲着，不断派出骑兵骚扰北平，以策应王保保的攻势，朱元璋不得不调回常遇春所部。

常遇春是最让王保保头疼的一个明将，此人长着一副汉人的面孔，却有一颗骑兵的心。常遇春生平最大的爱好是打仗，最大的本领是带领骑兵冲锋。徐达是朱元璋麾下最强的大将军，常遇春是最尖锐的那根矛头。

常遇春是个打仗不要命的主，多年来横行天下，未尝败绩，从来都是前锋的不二人选。他与徐达相得益彰，功勋卓著，堪称“帝国双璧”。

对于自己的统率能力，常遇春很谦虚，“自言能将十万众”，因此又名“常十万”。朱元璋很了解常遇春，总计调给他九万兵马，其中一万骑兵——果然没超过十万。除此之外，朱元璋还给常遇春配了个副手：李文忠。这个不引人注目的决定，将在后来改变整个战场的形势。

常遇春的特点是进攻而不是防御，朱元璋不是指望他来回防的，给常遇春的命令是：出塞直取上都，一劳永逸地解决元军骚扰北平的问题。与之前同时进行南征、北伐一样，明军这次是在东北与西北两路同时开打。有所不同的是，现在的对手更加强大。

常遇春被调走，王保保窃喜，最头疼的明将走了，还带走了不少兵力，这个好机会怎能错过。他捕捉到了明军防线上的薄弱点，派出韩扎儿出其不意地进攻庆阳北面的原州，明军指挥陈寿力战阵亡，原州被攻破。

王保保的反击很漂亮，徐达的防线被撕开一个口子，他急调冯胜前去迎战。同时，徐达还怕王保保趁机大举发起进攻，又命傅友德、薛显率骑兵北上进驻灵州（今宁夏灵武），时刻监视王保保的动向。

经过太原的较量，王保保深刻地认识了对手。他明白，明军骑兵已今非昔比，贸然进行决战是愚蠢的，那将正中徐达下怀。这次，他要实行不一样的战术。

韩扎儿并未如冯胜所想占着城池不动，他很快就放弃原州，转道南下，攻下守备薄弱的泾州。冯胜扑了个空，再转到泾州，韩扎儿却早已撤离。

这是王保保的新战术，他派出韩扎儿、孔兴、脱列伯等得力手下，利用骑兵的机动性在明军防线上到处打游击，避实击虚，捅破一点就跑，让明军疲于奔命。

得到韩扎儿撤回的消息，徐达还没来得及松口气，警报再次传来。元将贺宗哲出现，他绕远路避开明军主力，长途奔袭凤翔而来。

王保保终于放出了胜负手。韩扎儿、孔兴、脱列伯这些人的奔袭都是虚招，目的只是拉扯明军防线，悍将贺宗哲这一路才是杀招。

徐达兵出庆阳，凤翔在其身后，贺宗哲若攻下凤翔，可切断徐达来自南面的补给线。庆阳以西还在元军控制之下，王保保正率主力在北面虎视眈眈，一旦凤翔被攻下，他便可挥师从东、北两个方向对徐达完成反包围。若这种情况真的出现，不用主动进攻，徐达的二十万大军很快就会断粮，不战自溃。

形势相当凶险，蒙古骑兵来去如风，徐达的防线又多处露出破绽，他该如何应对王保保的战法呢?

别急，先让我们看看常遇春的北伐进展如何。

常遇春为何英年早逝

上都是元朝的陪都，它位于如今的内蒙古自治区锡林郭勒盟正蓝旗境内。到了夏天，大元历任皇帝喜欢到这里来狩猎避暑。元顺帝末期，刘福通派出的红巾中路北伐军，在关先生（关铎）、破头潘（潘诚）的带领下攻陷上都，把里面的珍宝抢掠一空，然后一把火焚烧了宫殿。大火烧了七天七夜，自此以后，上都再也不复往日风采，成为一座不断破败的城市。

从繁华的大都到衰败的上都，是个巨大的落差。元顺帝几十年锦衣玉食，哪还待得惯这种地方，因此他心心念念以收复大都为己任，不断要求将领们发起反攻。

朱元璋的战略水平这时已臻化境，他敢于两线作战是有绝对把握的。相比西北的王保保，元顺帝手下的残兵只有一个字形容：弱。他的主力由中书省右丞相也速统领，之前也速出镇山东，被徐达北伐时打得很惨，只得狼狈北遁。现在趁着明军西征，北平空虚，也速重新活跃起来。

朱元璋清楚地知道也速有几斤几两，派出常遇春加李文忠的组合，已经足够让也速毁灭几次。

自从在浙西吃了张士诚一次亏后，朱元璋的计算几乎没有出错过。常遇春这次北伐毫无压力可言，明军取道三河，经鹿儿岭，取大宁，一路没有遭到元军强有力的抵抗。

在全宁（今内蒙古翁牛特旗），也速做好了决战准备，可他在常遇春眼里不过是个三流元将。结局不会有一点悬念，也速再次大败而逃。

常遇春一刻不停直取上都，却再次扑了个空。有了大都的经验，元顺帝早已溜之大吉。望着已是一片废墟的上都，常遇春决定再加一把火，让上都彻底变成无人区。已经衰败的上都就此彻底被毁，再也没能恢复。

常遇春斩获颇丰，除俘虏了上万元军，还得到了数万牛马。他还取得了另外一个成就——唯一一位攻克元朝两个都城的将领。这份功劳是绝后的，后人再厉害也无法超越。

至此，蓟北悉平，也速再也不能来捣乱了。常遇春下令班师，他还没有打过瘾，西北战场还在等着他。只是谁也没有料到，当明军走到柳河川（今河北崇礼县）的时候，无敌的“常十万”突然病倒，再也没能醒来，终年仅四十岁。

四十岁，还有多少心愿未了；四十岁，又有多少壮志未酬。只可惜，常遇春的生命永远地停留在了这一刻。

得知常遇春病逝的朱元璋震悼不已，痛哭流涕，赐葬于钟山之下，并亲自出奠，为他留下这样的诗句：

朕有千行生铁汁，平生不为儿女泣。
忽闻昨日常公薨，泪洒乾坤草木湿。

意思是朕是一个坚毅的人，眼睛里流出来的只会是铁水，儿女情长的事情，从来不会让朕落泪。但当惊闻常遇春薨逝的消息，泪水却止不住地奔洒而出，以至于天下草木都因此湿润。

大明失去了它的开国第一勇将，那一刻，朱元璋心中满是兄弟之情。

在生命中的最后一刻，常遇春或许也会想起第一次见到朱元璋时的情形，想起这对乱世君臣最初的相遇。尽管那个相遇并不完美，却改变了彼此的一生。

常遇春的死因没有定论，记载为“暴薨”，也就是猝死。有说法是死于

“卸甲风”，这是种武将的职业病，大致类似于现代暴汗之后狂吹空调，于强烈刺激后引发的疾病。

关于常遇春的死，民间还有个传说，这与他的另一个爱好有关。这个爱好其实在朱元璋集团的早期奋斗史中并不少见，那就是屠城。

也不能全怪朱元璋，以现在来看，屠城当然是骇人听闻，可在古代，战争的游戏规则就是如此。封建时代通过战争夺取政权的过程，必定是十分残酷和血腥的。各个王朝只要大动刀兵，屠城几乎是战争的标配。

正所谓：兴，百姓苦；亡，百姓苦。

常遇春更是个中的“佼佼者”，屠城、杀降都是他的拿手好戏。后来朱元璋要求部下收敛，常遇春也依然如故。常遇春和徐达在池州九华山设伏击败陈友谅部下，俘虏了三千敌军。常遇春又要杀降，徐达不同意，说要打报告请示朱元璋。报告还没送到，常遇春就杀性大发，连夜坑杀了一半降兵。搞得朱元璋一再批评：你把人都杀光了，攻下城池又有什么用?

自古就有“杀降不祥”的说法，常遇春壮年暴薨，有人就把这些联系到一起，认为是他杀戮太多而折了阳寿。

总之，常遇春英年早逝是大明的一大损失。但战争还要继续，庆阳还需要增援，于是朱元璋任命李文忠统率得胜之师，火速回师陕西。

李文忠的选择

之前提到李文忠时，他还是个十四岁的孩子，名字也不叫李文忠，叫作保儿。

保儿是朱元璋二姐朱佛女之子，二姐已经病故，只剩这一根独苗。朱元璋想到二姐生前对自己最好，爱屋及乌，对保儿非常喜爱，让他随自己的姓，改名文忠，收为养子。

朱文正，朱文忠，一个侄儿一个外甥，名字听起来文绉绉的，就像文臣的谥号一样。当时谁也不会想到，若干年后，这两个少年都会成长为朱元璋独当一面的战将。

朱文正在洪都威风凛凛，坚如磐石，现在该讲讲朱文忠了。

朱文忠师从的是邵荣，朱元璋派他跟在邵荣身边，既是学习，又有监视的意思。有邵荣这样的老前辈言传身教，朱文忠成长得飞快。四年多后，至正十七年（1357 年），他就开始在池州之战中崭露头角。短短数年，朱文忠南征北战，数次击败张士诚，让人刮目相看。朱元璋提拔他为"同佥行枢密院事"，这是枢密院二把手的职务。

至正二十二年（1362 年）的处州兵变是朱元璋在浙东的一次危机。元朝降将蒋英刺杀金华守将胡大海，处州苗人降将、副元帅李祐之随之发动叛乱，准备和蒋英一起投奔张士诚。浙东军队倒戈，局面失控，形势十分危急。

朱文忠此时正驻军严州，消息传来，按惯例需要禀报朱元璋定夺。可如果这样，时间就来不及了，叛军随时可能逃走。朱文忠没有过多思考，他直接带兵杀向金华，犹如神兵天降一般出现在叛军面前，一举擒杀叛军主将，以恩威并施的雷霆手段顺利地平定了这次叛乱。

朱元璋没有怪罪朱文忠擅自行动，还命他为"浙东行省左丞"，总制严、衢、信、处、诸全军事。这一年，朱文忠才二十三岁，已成封疆大吏。

从此，朱文忠成为朱元璋钉在浙东的一颗钉子。数年里，张士诚派出帐下最能打的大将李伯升，动不动就是十几万兵力多次进犯，都不能撼动朱文忠分毫，反被他打得大败而回。

后来，鉴于朱元璋已经连生了几个儿子，为避免混乱，至正二十六年（1366 年）在朱文正被加封"荣禄大夫、浙江行省平章事"时，已被恢复了李姓，现在该叫他李文忠了。

常遇春薨逝，担子交到了李文忠肩上。

在西北，庆阳的形势不容乐观。徐达若回兵救凤翔，庆阳之围自解；若不救，自身又如当风秉烛，有倒悬之危。

徐达是个坚定的人，他再次决定坚持按原计划行事，不管凤翔，集中全力先攻下庆阳。问题的焦点落到了两座城上，庆阳和凤翔，谁先被攻破，谁就失去了战场主动权。

李文忠这支生力军是决定成败的一颗关键棋子，只要他早一天到达庆阳，明军的胜算就多一分。李文忠不敢怠慢，急行军往庆阳赶。可是走到太原时，他却收到一个情报，重镇大同被大量元军包围。

这又是怎么回事？李文忠下令仔细查探，原来这路元军是之前从陕西窜入山西的孔兴、脱列伯两部。

王保保用兵实在名不虚传，他没有浪费一点点机动力量。贺宗哲出兵凤翔的同时，看到山西空虚，王保保下令让孔兴、脱列伯全力围攻大同，撼动明军的外围防线。他又命韩扎儿游弋在庆阳与大同之间，时刻准备接应。

王保保这一手是什么意思呢？

大同在山西最北，紧邻内蒙古，到北平只有六百多里。拿下大同，王保保下一步会多出数种战略选择：可东进威胁北平；可北谒元顺帝于应昌；亦可挥师南下进军太原，控制山西全省。而最让李文忠担心的是另一种：王保保干脆放弃庆阳，集结大军杀奔山西，再次把中原搅个天翻地覆。反正整个山西、山东、河南、河北都没有明军主力，元军想怎么折腾都可以。

西线的形势急如星火，大同亦是危如累卵。摆在李文忠面前有两个选择，是按原计划增援庆阳，还是改变计划先解大同之围？增援庆阳是比较稳妥的选择，解围大同却比较冒险。稍作计算便能明白，这是个不容有失的结果。

假使大同失陷，庆阳攻克。徐达可与李文忠合兵，回师收复山西，这样比较稳健，坏处是甘肃拿不下，陕西也很可能守不住。

假使解围大同不成，最坏的结果是大同、凤翔全部失陷，而庆阳可能还未攻下。关陇元军士气将暴涨，之前明军的努力可能全部白费。

如果是稳健的徐达，多半会选择增援庆阳，可他是李文忠，刚刚接替常遇春不久的李文忠。和在处州兵变中一样，李文忠没有向徐达和朱元璋请示，迅速决定：全军转向，直奔大同。此战必须胜，而且要大胜、速胜，拖得久都是失败。

李文忠或许以常遇春为榜样，但他是否有常遇春的实力呢？事实证明他做到了。

明军转道北上，先在马邑击溃元军小股部队，生擒平章刘帖木儿。随后，李文忠在大同城外大败元军主力，脱列伯被俘，孔兴在逃跑途中被部将所杀，明军大获全胜。

《孙子兵法》说，“将在外，君命有所不受”。不过这句话得建立在实力之上，不听命令擅自行动，万一失败，等来的很可能是军法从事。军令如山，现实中真正敢这么做的将领并不多。李文忠敢这么做是建立在对实力的绝对自信之上的。何其猛哉！常遇春后继有人，如果他还在世，恐怕也会作出相同的选择吧。

此战以后，元顺帝仅存的一点雄心壮志被击得粉碎，他再也没有力量插手关内了，“从此无复向南矣”。

而此时，庆阳的徐达也表现出了实力，坚守三个月之后，城内已弹尽粮绝，却没能盼来王保保的援兵。庆阳终于被攻破，张良臣父子投井自尽失败，被生擒后斩首示众。

徐达兵团经过艰苦的奋战，平定山西、陕西，王保保这次虽未亲自下场，但他的谋略依然老到。无奈他麾下没有常遇春、李文忠这样的将领，最终没能撼动徐达。

徐达第二次战胜王保保。

常遇春已故，新的“帝国双璧”出现了，稳如泰山的徐达和狂飙突进的李文忠，他们将继续与王保保鏖战。

第二十四章 兰州之战

王保保的反击

打到这里，王保保已是连战连败。明军众将都觉得王保保太弱了，这就是元朝第一名将？不过如此嘛！

如果把这场较量看作一次三局两胜的比赛，徐达已经大获全胜。可是战争没这么简单，即使徐达已经把对手打翻在地，只要他还有能力还手，徐达就还不算完全赢。

王保保不可能认输投降，这是不死不休的较量，直到一方彻底趴下为止。

四个月后的一天傍晚，明军兰州守将张温登上城头，看到了不可思议的一幕，只见城外烟尘滚滚，密密麻麻的蒙古骑兵迅速将兰州城包围。

这支军队的统帅，正是王保保。

庆阳之战，王保保折损了得力手下孔兴、脱列伯。不过身边主力兵团实力尚在，仍然在塞外伺机而动，这次他把突破口选在了位置比较偏远的兰州。

张温也是名将，是跟随朱元璋渡江的嫡系。众将说，我们应该固守待援。张温摆手，说这帮家伙远道而来，不知我们虚实，不如乘天黑出击一把，挫其锐气（“乘幕击之，可挫其锐”）。于是，他整兵出战，元兵防备不及，果然少却。张温乘机派出哨骑，通报兰州被围的紧急军情。

巩昌临近兰州，明将于光最先率领援兵赶来，但元兵实在太多，于光寡不敌众，兵败被俘。王保保没有杀他，而是下令将于光推到兰州城下，让他喊话，向张温劝降。于光痛快地答应了，却对城头大声喊，让守军坚持，援兵很快就到。元兵大怒，在城下将于光残忍杀害。

王保保一定不知道于光和朱元璋的关系。于光镇守浮梁时曾被陈友谅击败，犯了丢城丧师的死罪。一贯对部下严厉的朱元璋没有追究，还连续两次赐给于光金雕顶帽、锦袍、金连环三件套，并继续重用。于光感动流涕，他跪拜说道：“臣蒙被厚恩，鞠躬尽力，死而后已。”那一刻，于光已决定为朱元璋而死。

正所谓士为知己者死，不是所有人都会投降的。正如洪都城下的张子明，于光也用生命实现了对朱元璋的承诺，用他的鲜血激励了城头的明军士兵。

那么，于光口中的援兵徐达现在在哪儿呢？徐达这时压根不在陕西，他已回到了应天。

从应天开始北伐算起，明军已经连续作战将近一年半。将士是人不是机器，朱元璋也觉得手下劳苦功高，应该给大家放松一下。他从应天发来命令，叫众将领兵回京议功。眼看陕西、山西都已平定，徐达决定带主力回应天休整，留下冯胜坐镇庆阳，以防备王保保反扑。

徐达这个安排并没什么问题，问题出在冯胜身上。冯胜早在定远就与兄长冯国用投奔朱元璋，当时他还叫冯国胜。此后，他跟随朱元璋南征北战，累立军功，始终是朱元璋眼里排名靠前的将领，不折不扣的淮西功臣。

冯胜虽勇，精神却不太稳定，时常干出点缺心眼儿的事，可以称为四肢发达、头脑简单。为此朱元璋骂他也不是一回两回，还请他吃过板子。可俗话说江山易改，本性难移，徐达回应天后，冯胜的二愣子精神又上来了。他一想到徐达等人回京就要得到封赏，心里非常不平衡。想来想去，冯胜觉得自己不能吃亏，于是在徐达走后第十三天，他没有向任何人汇报，竟然领着自己的部下私自回京了。

这个想法幼稚得可笑，多大的功劳朱元璋都是看在眼里的，就算冯胜没有亲自到场，还能少了他的不成？结果，朱元璋对冯胜无召回京大怒，对他大加责备，但念其功大，并未治罪，只是赏赐减半。

王保保犹如一头塞外饿狼，在黑暗中带领着狼群，冷眼窥视着明军的动向。徐达班师，冯胜放弃要地，还带走了本部人马，这一切怎能逃过他的眼睛？

沈儿峪大战

兰州被重重包围，好在城坚墙高，城内还储存着大量粮食，在张温的坚守下，一时无虞。消息传到应天，朝野震动，王保保的顽强超出了所有人的预料。以前从没遇到过这样的元朝将领，这个人的战斗意志难道就无法摧毁吗？

朱元璋认为，王保保之所以如此死硬到底，是因为元顺帝的影响力还在，只要这个草台班子还存在，王保保就会奋战至死。那么，问题就变成了如何解决元顺帝的草台班子。

按照惯例，朱元璋再次作出两路出兵的决定。徐达带着冯胜、汤和、邓愈重返西线；元顺帝这边就交给外甥李文忠，由他领兵出居庸关进入沙漠，寻找元顺帝的所在，一劳永逸地解决他。

徐达的速度并不快，为了彻底击败王保保，他调集了大量的兵力，号称达到四十万之众。等他到达兰州外围，时间已过去了四个月之久。令援军万万没想到的是，兰州城下却出现了匪夷所思的一幕。

古往今来，冷兵器时代攻城差不多就是两种办法。要么是不惜代价挥兵猛攻，在守军人少的情况下，有希望在较短的时间里强攻得手。但是考虑到坚固的城墙，城头守军花样百出的防守武器，只要守军意志坚决，这种办法很可能会付出比防守方更大的伤亡，真是拿人命去填。为了保存己方的实力，许多将军会选择另一种办法：长期围困，通过消耗城里粮草的方式，让守军不战自溃。这个方法的好处是攻城一方的伤亡会小得多，副作用是时间会变得很长。

王保保围攻兰州的兵力在十万左右，城里守军在万余人上下。看到张温坚决抵抗，他舍不得强攻，决定通过围困的方法让守军不战自溃。

王保保的战术并没有什么错，错在高估了自己的后勤能力。

但凡打仗，后勤是第一位的。元军的后勤能力如何呢？这时几乎为零。

之前，好歹山西、陕西控制在手里，多年来积攒的粮草还能支撑王保保兵团的后勤。要是还不够，按照蒙古骑兵的“优良传统”，一路再抢点基本就差不多了。如今关陇全部丢失，储存的粮食全丢给了明军，这么多人马集中在一起，光靠抢劫是难以维持的。何况，兰州一带本就地广人稀，产出相当有限，经过战火摧残，哪还有什么粮食留给他们。

元军远道而来，存粮很快告罄。抢又抢不到，运又运不来，军中开始出现士卒饿死的悲惨状况。王保保给部下打气，再忍一忍，咱们都这么困难了，城里的守军一定更困难。让他绝望的是，兰州城储存了大量粮食，守军个个吃得直打饱嗝，看上去至少还能再坚守四个月。

围城战竟能把围城的军队饿死，真是太少见了。

王保保撤又不能撤，攻又不敢攻，徐达的援兵反而成了他的救星。他盼望着和徐达来一次决战，这样总好过在城下饿死。

终于，徐达总算出现在了兰州外围的平西。王保保立即撤围，回身与徐达决战，两军在沈儿峪口摆开了战场。这次决战，没有了带路之人，也没了那么多虚招。两支军队面对面地拼杀了三天，大小数十战，互有攻守，战局一度陷入僵持。

两名主帅驻马于高岗之上，时刻寻找着对方的弱点，眼尖的王保保率先捕捉到了战机。他挑选出一千多名精锐骑兵悄悄绕到明军防御偏弱的东南面实施劫营，试图在薄弱处形成突破，从而长驱直入，一举切割明军。

蒙古骑兵抄小路绕到东面山上，以雷霆万钧之势突然冲下，东南角的明军猝不及防，守将胡德济（胡大海养子）惊慌之下想到的竟然不是组织抵抗，而是带着几个亲信将领拨马就跑，守军失去指挥，防御陷入了崩溃边缘。

一将无能，累死三军，王保保复制徐达在太原时的劫营战术，眼看就要成功。但是转身准备逃跑的明军一抬头，只见后方烟尘滚滚，旌旗招展，上书斗大的一个“徐”字。

赶来的正是明军主帅徐达，当他望见东南角阵地发生异动时，一时已来不及再调别处兵马前来救急。情急之下，徐达带领自己的亲兵充当了救火队员的角色。

徐达一马当先，立斩胡德济部将数人，口中大声呼喝：退者斩！这才将军心稳定下来。在主帅严令之下，明军终于慢慢地堵上了缺口。

表现失常的胡德济论罪当死，看在胡大海的面子上，徐达饶他一命，解送京师交由朱元璋发落。

元军围城日久，体力、精神和后勤都已是强弩之末。熬过这个最危险的时段，明军士气大涨，在次日发起的总攻中，一举击穿王保保的大营，取得了决定性胜利。

徐达证明了，即使不用计，自己也依然有能力在正面击败王保保。明军此战战果空前巨大，俘获元郯王、文济王以及国公阎思孝、平章韩扎儿、虎林赤、严奉先、李景昌、察罕不花等宗王文武官员一千八百六十五人，俘获士卒八万四千五百人，获马一万五千二百八十四，其他驴骡牛羊等杂畜不计其数。

从战利品中的马匹数量，我们可以观察到，经过徐达前两次的打击，元军骑兵的人数大为下降，蒙古铁骑已经名不副实了。大明铁骑取代了蒙古骑兵，成为当世天下无敌的一支军队。

这一仗胜得相当漂亮，徐达第三次战胜王保保。

不过，王保保、贺宗哲、脱因帖木儿几个重要人物并不在伤亡和战俘名单中。作为一代名将，王保保的机动力实在非凡，他又一次突出重围，带着妻儿与几个亲信一路向北遁去。遇到黄河阻路时，还展示了一把驾船技能，在没有船只的情况下，他依靠从河里打捞起的几根木头，竟奇迹般地安全渡过了黄河。这也意味着，徐达与王保保之间的战斗还没有结束。

第二十五章 应昌大捷

应昌大捷

徐达在西线打得风生水起，李文忠在东线遇到的情况却出人意料。

元顺帝放弃上都后，跑到了应昌，李文忠的任务就是直捣黄龙，彻底解决元顺帝。以李文忠的能力和兵力，这不算个很难完成的任务。一路上，李文忠除了遇到小部分元军的顽强抵抗，基本算是进展顺利，很快挺进到离应昌百里左右的地方。

万万没有想到，不知是被赶出大都后的生活太艰苦，还是害怕落入明军手里，李文忠从抓获的一名蒙古骑兵口中得知，元顺帝妥懽帖睦尔竟然已经病死了。

世界上的事有时就是这么巧合，看来是李文忠和元顺帝妥懽帖睦尔缘分不够。

不过，元顺帝妥懽帖睦尔死了，并不代表元朝政府就消失了，相反这是个出击的绝好机会。李文忠下令，全军加速，日夜兼程急行军赶到应昌，把这座小城包围。

李文忠的判断很准确，皇帝新丧，元顺帝仅有的禁卫军根本无心恋战。他们再次放弃城池匆匆后撤。李文忠当天就拿下了应昌，可谓兵不血刃。

徐达在西线的收获很丰厚，但与李文忠相比，还差了点。李文忠的战利品如下：宋、元玉玺，图书，玉册，镇圭，玉斧，等等，以及一大批没来得及逃走的元朝宗室和妃嫔，其中包括元顺帝的嫡孙买的里八剌。

这些缴获有徐达那边成千上万的马匹和牛羊实惠吗？

明眼人都能看出，两者根本不是一个量级的东西。

牛马看着值点钱，却不稀罕，李文忠的战利品可不得了，那是历代皇帝祖传的全套办公用品，都是国之重器、传世之宝，每样东西世间仅此一件。在当时，它们的文物价值还没这么高，但承载的政治意义却很大。

有了这套东西，朱元璋既能加强自己政权的正统性，又能打击元朝顽固分子的思想，说它们相当于能重复使用的一支军队也不夸张。

徐达消灭了更多的元军有生力量，李文忠让残元的班子遭到了毁灭性打击，两人的功劳都很大。战争为政治服务，要论政治意义，还是李文忠略胜一筹。

献俘

而李文忠擒获的元朝宗室、妃嫔们，还有另一个妙用：献俘。

献俘是古代一种隆重的军礼。军队获得重要胜利后，凯旋时会将所获俘虏献于宗庙，显示战功。这些俘虏的身份越高，说明胜利越大，皇帝就越有威望。

献俘流程对于俘虏来说，是一种生不如死的体验。他们会被头绑红巾、身穿红衣，每人带着镣铐，由军士从东华门押入来到午门。在那里，文武百官早已全身朝服，按品序肃立于下。

皇上在哪儿呢？他还没出现，不可能让皇帝等俘虏吧。要等所有人到齐了，刑部尚书才能率左右侍郎出班请皇上登台，然后鼓乐大作、礼炮齐鸣，穿戴全套行头的皇帝升坐午门。三声地动山摇的“万岁”声后，献俘仪式正式开始。

刑部尚书是主持人，他会一字一顿、字正腔圆地念出这些俘虏干了什么坏事。这个过程要求这位尚书大人有很足的中气，他的声音必须响亮舒徐，确保所有人都能清楚地听到。当然角落里的人听不清通常问题也不大，但务必保证皇帝和大臣们能听清，否则就可能被弹劾失礼。

这个环节极其庄重肃穆，所有人都不得发出任何声音。接着，刑部尚书会给出量刑建议，通常只有两种：赦免或处决。

接下来就是皇帝的表演时间，在这么多人面前，他需要保持神秘庄重，话不能太多。事实上他的言语极少，只需要决定是杀还是放。这个选择并不需要集体讨论，完全取决于皇帝的意志。如果他觉得没必要杀人，可能将俘虏赦免；如果他那天正好心情不好或是决定杀人立威，等待俘虏的就是人头落地。

最高级别的俘虏是敌国皇帝，次点的就是皇亲国戚。这次明军没抓到元顺帝的太子爱猷识里达腊，不过有嫡孙等其他宗室，还有一大帮妃嫔，规格也已经很高了。

得到消息，应天的一帮文臣很兴奋，这次有机会弥补洪武元年（1368 年）攻占大都时，没有抓到元朝宗室的遗憾了。也可以一报元灭南宋时，元军对宫中妇女的不敬行为。要知道，当时遭到勒索与凌辱的内侍、宫女、妃嫔可是不少。对待南宋宗室，忽必烈并没有网开一面。

在旁人看来，这么干固然痛快，可朱元璋未必会这么想。大明天下未定，境内蒙古人、色目人众多，残元力量依然强大，要想安抚他们，就得拿出高姿态。

朱元璋要的不是逞一时之快，而是政权的稳固。

献俘虽解气，但目光过于短浅，朱元璋干脆地拒绝了大臣们的建议。这么好的政治牌，用来献俘岂不是过于愚蠢了？

朱元璋下令，对俘获的蒙古人等以礼相待，赐给他们汉族衣冠，封买的里八剌为崇礼侯，赐赠大宅子一栋。并且，他还贴心地关照中书省，要特别优待妇女，保证她们吃好穿好住好。有哪个妃嫔想要北归的，不仅发给路费，还派人护送。

这个政治信号明显得不能再明显，几个月后，就有北元宗室、将领、大臣陆续主动投降明朝。到洪武四年（1371 年），没经过用兵，西北吐蕃诸部都已归附大明。这一年，北元辽东行省平章刘益宣布投降明朝，近塞地区北方基本平定，成果巨大。

献俘好，还是优待俘虏好，历史已给了我们答案。

第二十六章 朱元璋的民族政策

大明的天下从哪里来

击败王保保，拿下应昌，徐达和李文忠都完成了任务。明军将士累了，是时候歇一歇了。还有什么比加官晋爵更实在的呢？在应天，朱元璋已为功臣们准备好了最盛大的奖赏：封爵。

洪武三年（1370年）的这次封爵，是规模最大的一次，功劳最大的六个人被封了公爵，二十八人被封侯爵。自然，他们大都是淮西人，

比较值得注意的，是另一个人：刘基。

前文多次提到刘基，在洪武朝初期，刘基是个较为重要的人物。之所以是较为重要而不是非常重要，这与他的身份有关。

按理来说，刘基的功劳这么大，这次大封功臣，按公、侯、伯、子、男的爵位高低，有没有希望封个公爵呢？但对朱元璋来说，公爵只能给资历最老、战功最卓著的人，同时还有个重要条件，那个人得是他的亲戚或者

同乡。

朱元璋掰着手指头算来算去，一口气封出了二十八个侯爵。除了汤和、耿炳文、廖永忠、傅友德、胡美，还包括朱亮祖（元将）、韩政（张士诚部下）、梅思祖（元将，先降刘福通，后投张士诚）这些降将。就连一个十一岁的小孩康铎，也因为父亲的恩荫继承了一个蕲春侯的爵位（父亲康茂才，已在分封前去世）。

那么，刘基到底被封了个什么爵位呢？答案是伯爵。伯爵，就是分封的最后一档了。洪武三年这次授封，刘伯温获封诚意伯。

刘伯温获得伯爵，这是由他的身份所决定的，因为他曾经为元朝效力。

要说朱元璋对从元朝投降而来的文臣的态度，那可真是不怎么样，想骂就骂，想贬就贬，一点也不看场合。有个叫危素的大才子，当过元朝的大官，北平被破后投降了大明。朱元璋很赏识他的才华，不过仅限于才华，这并不等于朱元璋同样欣赏他的人品。

一次危素进殿觐见朱元璋，朱元璋正在忙活，听到危素来了，头也不抬就问："是你来了啊？我还以为是文天祥来了呢？"

用文天祥来比危素，等于在抽他耳光。危素那时都七十多岁了，内心已毫无波澜，因为朱元璋拿这个挤对他也不是一回两回了。

最终，危素也没能让朱元璋改变态度，修《元史》的活儿干完后，他就被赶到安庆去为元旧臣余阙守祠庙。余阙是元朝忠臣，危素是元朝贰臣，这么安排等于变相的惩罚。

再讲远一点，元顺帝在应昌病死后，军队传来捷报。这是大明的喜事，百官自然要纷纷祝贺，表一番忠心，其中就包括不少元朝投降过来的大臣。没想到朱元璋脸一板，直接发话："你们本来是元朝的臣子，皇帝没了，你们高兴个什么劲（"尔本元臣，今日之捷，尔不当贺也"）？"

皇帝一句话让众人脸上的笑容就此僵住，还有人心存侥幸，认为是皇上今天心情不好，拿自己出出气罢了。接下来朱元璋的一道圣旨让他们彻底死了心：从此以后但凡北方传来捷报，曾经在元朝当过官的不许称贺！

这说明朱元璋眼里揉不得沙子，这些人都是贰臣，人品有污点，不值得同情。要说朱元璋手下的贰臣，那可多了，可是从陈友谅、张士诚那投降过来的人都没事。朱元璋为什么就选择性失明，这么痛恨那些从元朝投降来的文官（武将除外）呢？

朱元璋自有其用意，这牵涉到一个根本性问题：大明的天下是从哪儿来的。

通常人们会不假思索地脱口而出：这还用问，元朝呗。可不是吗？元顺帝是被朱元璋赶跑的，大都是明军拿下的，大明的天下不是随便得的，它继承自元朝。但朱元璋立马会纠正你：不对！我的天下是从群雄手里取过来的，不是从元朝那里夺来的！

关于这事，刘基还和朱元璋争辩过。应昌大捷之后没几天，朱元璋还在兴头上，他出了道题考考大家：谁能回答出“元亡明兴”道理何在？

刘基觉得机会来了，前几天朱元璋刚给元朝降官甩过脸色，今天自己正好可以借题发挥……他清清喉咙，满怀信心地回答：“自古夷狄未有能制中国者……”

话没说完，朱元璋立即打断，说刘基错了，正确的答案应该是：朕取天下于群雄之手，不在元氏之手。

刘基蒙了，自己搬出的“华夷之辨”，可是当初朱元璋北伐檄文里白纸黑字写着的，这才过了几天，皇上咋就翻脸不认了？

刘基还没意识到，此一时彼一时也。北伐檄文强调“华夷之辨”，是为了笼络人心，瓦解敌人的斗志；如今否认“华夷之辨”，也是为了笼络人心，巩固自己的政权。之前那么说，是因为北伐前元朝还控制着北方的大片土地。如今，这些地方大多落入朱元璋手中，就连他求之而不得的元顺帝也死了。形势不同了，再强调“华夷之辨”“非我族类，其心必异”之类已不合时宜，这让那些元朝遗民怎么想，不是鼓励他们造反吗？

为什么要善待元朝遗民

元朝遗民是个广义的概念，虽说大元是蒙古人建立的帝国，但奇怪的是，元朝遗民这个群体有很多却是汉人，而且还是汉人的精英：儒生和文士。

元朝的汉族文人地位不高，统治了这么多年，连科举也没开过几次。就算开了科举，元朝政府也对汉人考生不待见，民间有个说法叫“九儒十丐”，这群人的政治地位被边缘化。但这还是挡不住汉人儒生们心向大元，他们流传下来的作品，如《元八百遗民诗咏》等，满满地都是对元朝的怀念。

元朝这么对待儒生，儒生们还要死皮赖脸地贴上去，他们难道是为了做官而什么都不顾了？

当然不是，主要原因有两个。

一个是思想上。

汉朝以降，儒学虽然还是主流，可其他思想也在发展。魏晋玄学盛行，唐朝皇帝大多信佛，有时候是佛道并重，宋朝皇帝迷信道教的也不少。汉武帝定下的“独尊儒术”已是老皇历了，儒家思想暴露出了短处，许多问题解释不通。

比如儒家说的“君权神授”，天子就是“天命”的代言人，有着这么高的级别，千秋万代一统天下都是应该的。可从汉到宋，王朝不断被推翻，战争一次次将中华大地犁了一遍又一遍，上到皇帝贵族、文臣武将，下到黎民百姓，彻底被血与火洗礼。外戚、武将、太监，你方唱罢我登场，“君权神授”，已无法解释！许多皇帝的寿命还不如一条狗，甚至有人直接喊出：“天子宁有种耶，唯兵强马壮者自为之尔！”

从汉到宋，一千多年过去了，儒家那套已经有点“过时”。在思想上，皇帝对儒家没那么重视了。

皇帝自己都不信，还能指望底下人多守规矩。相信儒家那一套的人越来越少，如果不加点新理论，儒家有被动摇的迹象。

大儒们苦思冥想，要找出一个说得过去的解释来进行逻辑自洽，于是各种学派出现了。

其中有一个学派，它从北宋时期由周敦颐、张载、邵雍，以及程颢与程颐创立。发展到南宋，出现了一个更厉害的人叫朱熹，把它进一步发扬光大，后人用这三人的姓氏将它命名为“程朱理学”。

从“二程”到朱熹，他们小心翼翼地抽丝剥茧，一层层地把前人的思想加以改良，构造出了一个细致的新儒学体系，让它更适应时代发展的需要，为皇帝们的统治提供思想指导。

“程朱理学”对儒家思想的升级体现在它提出了一个说法——“天道”。它的高级之处在于格局。“天道”的格局很大，且不是一般地大，它把“王道”的地位降低，“道统”的地位拔高，道统高于一切，是宇宙最高的存在，就连“王道”也要遵从于“道统”。

“程朱理学”对此有个专业术语，叫“从道不从君”。

天子之所以被推翻，是因为他“失德”了，“失德”就会遭到上天的惩罚。如果皇帝“失德”失得太严重，那“王道”也救不了他，自然会出现“有德”之人来取代他，这就是“天道”。

这个天命观，也就是“天道”说的厉害之处在于，它不仅是对君权的解释，还包括对人权的解释。在这套学说里，君权被限制了，皇帝得“有德”，要是统治腐朽，百姓就有推翻皇权的权利。这个学说释放了部分人权，是个进步，非常符合老百姓的愿望。

那么，皇帝如何才能做到“有德”呢，当然是要严格按照儒家的理论来进行统治，让社会按照儒家的一套来运行。否则，就可能“失德”。百姓和官员们更要服从“道统”，遵循圣人之道，忠君不贰。老百姓“失德”，皇帝有权力惩罚他；皇帝“失德”，上天自然会惩罚他。

总之，“道”是没有错的，错的只会是人。

这个“补丁”一打，完美解决了之前的理论漏洞，儒家立马又高大上起来。理论闭环了，一切又都能解释得通了，而且滴水不漏，佛教、道教再也不能动摇儒家的根基。

这么厉害的“补丁”，在宋朝的社会里却没有多高的地位，全怪当时理学派别太多了，竞争相当激烈。“程朱理学”只是各种学派之一，怎么也排不到前列。甚至在相当长的时间里，它还被朝廷排斥，一度被斥为“伪学”。

宋朝灭亡，眼看“程朱理学”也派不上什么用场了，没想到它却被元朝给看上了。因为这一套用来消除“华夷之辨”的影响实在是太管用了，宋朝天子“失德”，大元来取代他们，至于是“华”还是“夷”那有什么关系，“天道”里可没规定“有德”之士的民族籍贯。

“程朱理学”被元朝正式确立为官方意识形态，它蓬勃发展起来。到了元朝中晚期，“程朱理学”的地位被提到相当高的程度，也因此稳固了元朝的合法性。“君臣大义”的思想深入读书人的脑海，成为挥之不去的思想烙印。比如元朝的“义兵”，许多都是汉族地主武装，他们自发组织起来抵抗农民军，因为“君臣大义”要遵守，“道统”必须得到服从。

“天道”就是这么说的，有理论依据支撑。

朱元璋怎么办，得想办法破解啊，所以北伐檄文列举了元朝的种种“失德”之处，并再次搬出“华夷之辨”，来唤醒士大夫的记忆。

但朱元璋当真这么想吗？朱元璋才不在乎，这只是斗争需要罢了。等天下差不多大定，“华夷之辨”已经用不上了，就得把它下架，重新请出理学，这是个能帮自己江山永固的好东西。

除了思想原因，第二个原因要来得更加现实——利益。

元朝统治者是见过大世面的人，蒙古贵族多次西征，铁蹄踏遍半个世界，见识过各种西方文明与宗教，用现在的话叫颇具“国际视野”。带来的结果是，蒙古贵族在思想方面比较包容，他们不搞汉武帝“罢黜百家”那一套，允许多种宗教与文化并存。儒家思想作为其中一种，被当作一种宗教来进行管理，好处是可以减税甚至免税，还能免除各种差役。

大家可以再回想一下全书开头，朱元璋为什么要去寺庙当和尚，因为和尚们就有这样的待遇。佛、道、儒、回等都有一套自上而下的机构进行专门管理，儒生们虽然很难做到大官，但能在地方上得到具体的实惠，日子过得还算不错。

蒙古贵族自带光环；官员贪腐是常态，不贪才是例外；和尚、道士、儒生、回回都有优待政策；地主豪强又有特权，那最遭罪的是谁呢？只有千千万万自耕农和佃农了。他们是被剥削的底层，高额的赋税与差役最后都落到了他们头上——“大家收粟，岁至数百万斛，而小民皆无盖藏”。

谁最怀念元朝？自然是得到利益的人。大明是要摧毁他们的利益的，教他们如何不怀念元朝。

遗民数量众多，显然不能一杀了事。虽然大家都知道大明天下是怎么来的，但是不能这么说，这是个政治正确的问题。承认元朝的合法性，强调大明天下取于群雄之手，对安抚蒙古贵族和前朝遗民的作用极大，朱元璋宣布大元不是自己的敌人，他们的投降就会变得心安理得。

所以，为什么要善待元朝遗民？

大明是个汉人的王朝，也是个多民族的大一统王朝，这是稳固统治的需要。

这么一来，朱元璋（装作）痛恨贰臣就解释得通了，他造的不是元朝的反，所以他不算贰臣。相反，他要强调“忠君”，这是一道不能撼动的枷锁，是臣民的义务。大元政权曾经是合法的，你们应该忠于它；现在的合法政权是大明，同样地，臣子也应该忠于大明。

刘基一下子蒙了，这怎么和说好的不一样呢？他书读得比皇上多得多，可要论玩政治，他在朱元璋面前还差得远。

朱元璋要向天下宣布，“忠君”才是王道，贰臣我是看不起的。为了向天下表示自己的宽宏大量，朱元璋还是可以给他们官做，但他一辈子不会真正重用贰臣。

刘基的身份是文人，当过元朝的官，曾抵抗过农民军，朱元璋征召他时爱答不理。还记得他写的那些诗吗？把朱元璋称为盗贼，等大明建国后再去翻翻，简直就是大逆不道。

刘伯温的“黑历史”多了去了，要不是投靠得还算早，又立下过不少功劳，论资排辈还算说得过去，没被当成反面教材肃清就不错了，还想封公爵、侯爵？伯爵就是顶格封赏，朱元璋已经对刘基相当高看。

伯爵归伯爵，名字还有讲究。刘基的爵位是“诚意伯”，细细品味一下，是不是觉得哪里不对劲？别人的爵位，基本都是以战功或封地为名，如费聚的“平凉侯”、吴良的“江阴侯”、吴祯的“靖海侯”、胡美的“临川侯”等。“诚意伯”算个什么伯，“诚意”又指的哪门子“诚意”？朱元璋露出诡异一笑：节操有亏，（投降后）诚意满满。

所以，刘基只是较为重要而不是非常重要，同样较为重要的官员至少还有几十位。在洪武朝，他的地位远不如李善长和“淮西勋贵”们，也就是个较为重要的大臣而已。

总之，刘基这个诚意伯已经是朱元璋的特殊优待，这么多投降文人里，仅此一位，说明朱元璋还是认可他的能力和功绩的。

雷霆雨露，皆是天恩，和其他人比，刘基已经受到很高优待了。

第二十七章 徐达只能称大明第二名将

岭北之战

封爵是洪武三年（1370年）十一月的事，朱元璋君臣在应天享受着成功者的喜悦，别忘了当初在应昌还跑掉了一个重要人物，元顺帝的太子爱猷识里达腊。

爱猷识里达腊早在至正十三年（1353年）就被册封为皇太子，作为血统纯正的孛儿只斤氏，他很好地传承了大元皇族的内斗基因。从至正十五年（1355年）开始，爱猷识里达腊就不安分起来，与爹斗，与文臣斗，与武将斗，斗得不亦乐乎。顺帝朝的内斗他是绝对主力，为朱元璋等人缓解了不少压力，简直像“潜伏”在大都宫廷内的半个红巾军。

为此，朱元璋很欣赏爱猷识里达腊，几次带话让他投降，还许诺他只要臣服明朝，“尚可为一邦之主，藉我之威，号令部落”。条件很优厚，只需要表面上臣服，他就不用遭受明军的毒打，还能继续当他的酋长，过上安稳的小日子。

爱猷识里达腊坚决拒绝，这位新皇帝的年号为“宣光”，取自杜甫《北征》诗中“周汉获再兴，宣光果明哲”之意，希望成为像周宣王、汉光武帝那样中兴国家的君主。他要当的是名正言顺的皇帝，而非什么草原酋长。

爱猷识里达腊宣布继位，称“必力克图汗”。他任命王保保为中书省右丞相，在他周围，仍然围绕着也速、哈剌章、蛮子、纳哈出等一干大臣。

由于元顺帝后期表现实在太差，许多蒙古贵族都投降了明朝，但他们的投降未必是真心，有些只是权宜之计。看到年富力强的爱猷识里达腊即位，不少人心中又燃起了希望。

元顺帝荒淫无道，儿子却矢志中兴。所以，从洪武四年（1371 年）开始，在“宣光皇帝”登基的激励下，华亭、大同、忻州等地降将发动叛乱，西北形势再次发生动荡。持续到洪武五年（1372 年），当地驻军还未能完全将叛乱扑灭。徐达提议，由自己率军再次西征，彻底剿灭王保保。

西北元军的主心骨只有一个，还是王保保，他是各地叛乱的幕后人物，也是爱猷识里达腊最倚重的股肱之臣，只有剪除王保保，才能保证西北元军不再折腾。

这个建议，朱元璋起初是反对的，可架不住众将天天劝，说那就试试吧（“初不准，日奏叠叠，试许之”）。这次用军出征共计十五万兵马，分为三路，主将分别是徐达、李文忠、冯胜，目标是吸引王保保决战，同时摧毁北元朝廷。

徐达对王保保，之前已经打了个三连胜，从战略到战术，王保保都被遏制得一败涂地，哪有一丝名将的风采？这次，徐达要毕其功于一役，彻底了结这个名不副实的对手。

这时刘基已不在朝廷了，洪武三年（1370 年）时，他已告病回家，临走时交代了朱元璋两句话，一句是“凤阳虽帝乡，非建都地”，另一句就是“王保保未可轻也”。

刘基的预言，这次还能应验吗？

和以前一样，战略战术都要由朱元璋亲自筹划。朱元璋的方案是，西路军和东路军作为偏师，主要是策应与疑兵，战斗主要由徐达的中路军解决。

徐达已多次击败王保保，被朱元璋表扬为“持重有纪律”，他来对付王保保，朱元璋放心。

徐达再次出征，一路上并没有遇到大量元军。在击溃一些小股敌人后，先锋官蓝玉在土剌河遭遇王保保并将其击退。明军士气大振，北元都城和林已距离不远，再加一把劲，就能复制李文忠的功绩。

只不过，徐达忽略了一件事。仔细回忆一下徐达与王保保的前三次较量，此人给人最深的印象不是压制徐达的军事能力，而是奋战至死、决不放弃的战斗意志。王保保不用多赢，只要能赢一局，就能让徐达的领先优势化为乌有。

洪武五年（1372年）五月，明朝中路军主力进抵杭爱岭北（今蒙古乌兰巴托西）。在这里，他们又听到了太原之战时那种万马奔腾的声音。这次声音不是从一个方向传来，而是来自四面八方。

岭北之地，是王保保预设的战场，另一员骁将贺宗哲早就在此以逸待劳，两人合兵后，反身与徐达决战。中路明军人数在五万左右，又是长途行军、客场作战，王保保占尽天时、地利、人和。

漠北是王保保真正的主场，明军没有可以据守和补给的城池要塞，蒙古骑兵的战斗力在漠北自动得到提升，这里是最适合他们发挥的广阔天地。

奇迹没有再次出现，在元军的围击下，明军被打败，只得狼狈南撤。撤退途中，负责断后的汤和在断头山再折一阵，明军死伤数万人。

徐达的中路军失败后没多久，李文忠的东路军也遇到了麻烦，他的对手是北元太师蛮子、哈剌章。两军激战一场，虽然击退蛮子，俘虏了一万多人马，但李文忠也损失巨大，仅高级将领就有宣宁侯曹良臣、指挥使周显、常荣（常遇春从兄）、张耀等阵亡。东路军也没办法再孤军深入了，李文忠只得下令班师。

反倒是冯胜的西路军打得有声有色。尤其是先锋傅友德，率领五千骁骑开启了无敌模式，一路从西凉打到永昌，击败数股元军，甚至还在战场上亲手将敌将卜花射死。随后，他与冯胜合兵一处，追得北元太尉锁纳儿加、平章管著上天无路入地无门，只好投降。傅友德还不肯罢休，一路进攻到沙州（今甘肃敦煌），获得大量战利品后才得胜而还。

当然，西路军势如破竹的代价是中路军和东路军的受阻，元军精锐都被王保保调去决战了，在河西走廊留下的只是些弱兵，自然无法抵挡强悍的傅友德。

西路军取得的一些战果只能聊以自慰，这次北伐失败得很彻底，战前制定的两大目标一个也没实现，明军反而损失了数万老兵，输得一塌糊涂。

王保保第一次战胜徐达。

王保保打了一场漂亮的反击战，在太原和庆阳，他重复使用“围魏救赵”，都被徐达识破并克制了。这次他换了花样，用的是“诱敌深入”之计。此前蓝玉在野马川、土剌河连战连胜，这都是王保保的诱敌之计。

蓝玉取得的胜利其实微不足道，却给明军造成了错误的判断。

土剌河之后，王保保不断后撤，继续撒出一些诱饵引诱明军，意图就是拉长徐达中路军的补给线，又消耗明军的体力。

朱元璋打仗喜欢有板有眼，事无巨细都会交代清楚。出征前，朱元璋向徐达叮嘱，中路军的战术是“扬言趋和林而实迟重，致其来击之”。也就是大张旗鼓，声称要直捣和林，但脚底下不要太快，路上要故意磨磨蹭蹭。为的是吸引王保保上钩，主动来攻击明军，战机就出现了。

但徐达轻敌了，这位统兵的主将不顾明军步骑混杂、后勤运输困难、机动力不足的弱点，一味地尾追元军，违背了朱元璋的告诫。

常胜是徐达的标签，岭北之战恰恰是他军事生涯中最大的苦楚。“王保保未可轻也”，刘基的话应验了。

时来天地皆同力，运去英雄不自由

徐达失败了，那么他还能进入历史第一档名将的门槛吗？按照前文提到的标准，徐达还欠缺了一点。他还有机会吗？理论上有，条件是必须一雪前耻，重新击败王保保，或是扫荡北元朝廷。现实不会给徐达这个机会了，王保保这位大明的劲敌，在取得生平最辉煌的战绩三年以后，病死于哈剌那海之衙庭。

徐达和朱元璋都没能真正击败王保保，他只是败给了自己。

也有人觉得王保保并不能算什么名将，理由是他大部分时间都在和自己人内斗，而且在与徐达的交手中败多胜少，名气更多来自他养父察罕帖木儿的余威。

但看看岭北之战后形势就能知道，事实并非如此。

战败后的明军不得不战略收缩，元军乘胜发起反攻，两年内数次犯境，并占领了一些州县。在云南，原来已被明军隔断的梁王把匝剌瓦尔密也和北元朝廷重新接上了头，又有辽东纳哈出在东北出兵呼应。元主爱猷识里达腊得意地声称，“顷因兵乱，播迁于北，今以扩廓帖木儿为相，几于中兴”，北元的统治就此逐步稳定下来。

明朝方面，朱元璋认识到一味追求迅速灭亡北元力有不逮，深入漠北作战的风险极大。于是，他改变了策略，对北元从军事打击为主转为以招抚为主，施以怀柔手段。洪武初期，数万大军急风暴雨般横扫河西走廊的战役遂成绝响。

这次惨败让大明脸上无光，直到二十五年后，朱元璋回忆起来仍耿耿于怀：

> 吾用兵一世，指挥诸将，未尝十分败北，致伤军士。正欲养锐，以观胡之变。其在朝诸人，日奏深入沙塞，初不准。日奏叠叠，试许之。不免兵疵于和林，轻信无谋者，以致伤生数万。此乃擅听群无谋者。

若仅从军事能力来看，可以认为王保保并不能超越徐达，但王保保还是有资格被称为名将的。他是元军的脊梁、北元的支柱，最大的本事是把西北各路松散的元军捏合成一个整体，这点除了他无人能做到。

徐达可以多次击败王保保，却无法摧毁他的斗志，每次他都能卷土重来，周围很快又集结起大批元军。这样的对手，是谁都不想遇到的，难怪朱元璋称他为“天下奇男子也”。

徐达，可以赢王保保三次，但王保保只要赢徐达一次，就能毁了徐达在历史上的地位。

当遇到十分强大的敌人时，许多人或是选择“曲线救国”，或是暂避锋芒，或是远避他乡，更多的人则会选择归附强者。但是，请不要嘲笑那些明知希望渺茫而死战不退的人，他们有自己的坚守，他们同样是勇士。

正所谓“时来天地皆同力，运去英雄不自由”，只是这时的天下，元亡明兴的大势已不可阻挡，“运”和“势”都不在王保保这边。只能说，他已经尽力了。

王保保很快去世，但岭北之战的影响还继续存在了很多年，它直接导致大明第一阶段的北伐就此告一段落，而下一次大规模北伐，要等到九年之后。

这次北伐失败，主帅徐达难辞其咎。出乎意料的是，三路主帅中唯一受到处罚的却是打了胜仗的冯胜，原因是他的二愣子精神又上来了，因私藏缴获的驮马遭到举报，又因为私自弃守甘州等四城受到追究。朱元璋见冯胜这么不开窍，气得干脆将他贬为了庶人，数年后才复职。至于徐达，因为之前的功劳太大，朱元璋不忍心问罪；李文忠得不偿失，不赏不罚。

等到三路人马都回到应天，时间已经到了洪武五年（1372 年）十一月。

在洪武四年到五年之间还发生了一件事，徐达在西北打得不亦乐乎，朱元璋在应天也没闲着，他已调兵遣将，顺手把西南的夏国给灭了。

这个小国是当初徐寿辉部下大将明玉珍所建，陈友谅杀死徐寿辉后，占据巴蜀的明玉珍干脆自立为王，两年后称帝，国号“大夏”，建元“天统”，定都重庆。在位五年后，明玉珍病逝，十岁的太子明昇继位，政事由母亲彭氏帮助打理。

大夏国小力弱，人才凋敝，朱元璋怎么可能让它长期存在下去？这位彭太后大概是等得有点不耐烦，在洪武三年（1370 年）七月竟然主动派兵攻打明朝的兴元和归州。朱元璋听到消息笑了，这下师出有名了。洪武四年正月，他派汤和、傅友德、杨憬、周德兴等率兵两路伐蜀。

历史上，只要南北基本统一了，西南的巴蜀从来就不可能成为独立王国。孤儿寡母如何能抵挡大明开国的虎狼之师？明灭夏的战役并没有持续多久，明军前锋三月抵达夔州，开始进攻瞿塘，六月二十二日已兵抵重庆城下。明昇识时务地开城投降，明夏政权灭亡。

转过年来，就是洪武六年（1373 年）了，这一年七月，胡惟庸刚被李善长推荐为中书省右丞相。

五六年间发生了这么多事，朱元璋还是很忙，他既要关心中都的建设进展，又要筹划对外的作战方略，时时留神战事的进展，同时还要处理政务，确实需要个丞相来替他干活儿。

到了洪武八年（1375 年），大规模战事暂时告一段落，中都遇“咒”和刘基之死点醒了朱元璋，他终于意识到事情有点不对劲，他决定彻底地处理一下内政。

第二十八章 丞相制度终结者

丞相制度终结者

彻底的意思不只是指对付胡惟庸，朱元璋直接把目光投向了丞相这个职务，他不想再看到任何一个丞相了。

立国短短八年，四任丞相一个被杀，一个被贬，胡惟庸眼看亦人头不保。丞相们仿佛中了魔咒，对大明有害无益，可既然丞相这么不好，当初为啥还要设置这么一个职务呢？

这个架构不是朱元璋发明的，丞相制度从春秋时期就已出现，经过历代君主的改良和完善，已存在一千五百余年。其实也不是朱元璋想要丞相，而是历史惯性使然。当他决定明承元制之时，就意味着丞相一定会存在。这是系统所决定的，并不是朱元璋心血来潮奖励功臣时封出去的。

如果朱元璋不想要丞相了呢？有点麻烦。丞相连着中书省，中书省管理六部，这个架构不改，砍掉多少个胡惟庸都没用。

如此来看，杀胡惟庸简单，撤销丞相才比较困难。想要彻底让丞相消失，就要让中书省这个机构也一并消失，否则就算官名再怎么换，它的长官行使的还是丞相的权力。

因此，朱元璋并没有动胡惟庸，非但没动，他还在朝会上表扬了胡丞相勤于政务，并给予了物质嘉奖。朱元璋在装糊涂，他要先对帝国的组织架构作出调整，等一切稳妥了，再杀死胡惟庸也不迟。

在此期间，胡惟庸的劣迹越来越明显，弹劾他的奏疏越来越多，朱元璋却一概置之不理。不仅如此，胡惟庸受到的礼遇还日渐隆重，朱元璋将他从正二品升为正一品，又让他荣升中书省左丞相，君臣之间的感情显得十分融洽。

毕竟，千百年来国家机器的这个架构，就算他是朱元璋，也不是轻易就能撼动的，需要花费大量的时间和精力。其中最重要的有两项工作：

一是撤销自元制继承而来的行中书省设置，改为承宣布政使司。

行中书省，简称“行省”，顾名思义，是中书省的派出机构，在体制上有总揽地方军国重事的权力。它是集军、政、经于一体的一级行政区，我们今天所说“省”的区划，就自它而来。

承宣布政使司（简称“布司”）和“行省”相比，级别就降了。在地方一级，与它并列的还有另两个司：提刑按察司（简称“提司”）和都指挥使司（简称“都司”）。它们分掌一省行政、司法、军事，并称“三司”。

这一下，原来的行中书省就不存在了，权力被一分为三，三司互不统属，各对中央负责。

二是架空中书省。

这个动作要分几步走，先是取消中书省的平章政事和参知政事，这些是丞相的重要副手；接着又将又中书省衙署内的佐理官员全部调走；最后一步，才是命令六部所属诸司：以后有事无须禀告中书省，直接找各自部门的长官就成。

做完这一步，从中央到地方，中书省的影响力不复存在。朱元璋接着将在陕西督办军事的李文忠调回应天，命他提督大都督府事。调回李文忠坐镇，是为了防备万一，消除一切不安定因素。

到这时，连傻子都能看得出朱元璋想干什么了。一瞬间，原来的同党纷纷成了污点证人，御史涂节（同党）带头站出来指控胡惟庸。诸臣察言观色，料定胡惟庸必死无疑，也纷纷站出来举报揭发。一番审讯后，胡惟庸、陈宁和涂节都被处死，财产充公，“妻子分配军士，子弟系斩之”。

丞相问题解决了，新问题又冒了出来。

中书省没了，意味着改变了原来的制度。有道是不破不立，改变旧制度，就必须推出新制度来代替它。新制度没出炉，旧制度已经被废除，那六部九卿几十个部门跟谁交接，向谁请示呢?

朱元璋想好了，谁说没有新制度的，他就是新制度。从此以后，朱元璋既是皇帝又是丞相，六部由朱元璋直接统领，直接向皇帝汇报。

朱元璋接着就宣布永久裁撤中书省。丞相废除后，其事由六部分理，六部直接对皇帝负责。朱元璋大权独揽，皇权得到进一步加强。稍后，他又宣布以后嗣君不许议置丞相，大臣如敢奏请者，处以重刑，并立为祖训。

当初朱元璋就胡惟庸入相一事征求刘基的意见时，刘基这么说过：胡惟庸就像头小牛犊，用来耕地，非折辕破犁不可。十几年过去，刘基的最后一个预言也应验了。秦、汉以来实行了一千多年的丞相制度从此废除。胡惟庸成功地成为历史上最后一任丞相。

皇权越来越集中

可是丞相毕竟是帮皇帝干活儿的，一旦被废，意味着皇帝的工作量增加了数倍乃至数十倍，如何忙得过来?

砍掉丞相和中书省后，朱元璋就开启了工作模式。除了吃饭、睡觉，他就是个随时待命的奏章批阅机。根据史书记载，在洪武十八年（1385 年）九月十四日至二十一日这八天时间里，朱元璋批阅的公文数量是一千六百六十件，处理国事三千三百九十一件，平均下来每天批阅二百多件公文，处理四百多件国事。

这真是太累了，朱元璋还苦中作乐，写了首诗吐槽自己：

> 百僚未起朕先起，百僚已睡朕未睡。
> 不如江南富足翁，日高丈五犹拥被。

皇帝当到这个份儿上，也是一种失败。

问题真的解决了吗？

朱元璋天赋异禀，起自微末，是创业的一代，习惯了吃苦。可他的子孙，在皇宫中成长起来的接班人们，能个个做到跟他一样吗？显然是不可能的。

根据历史周期律，开国君主个个都是厉害的角色，但子孙往往一代不如一代。这个要求对他们实在太高了，高到难以企及。

旧矛盾的解决必然是它被新矛盾代替了，朱元璋给他的子孙们挖了个制度陷阱，新矛盾很快就冒了出来。丞相制度终结者没错，终结的只是丞相这个名称，丞相们卷土重来是必然的，只是后来他们的权力被一分为二了，那得到后面再说。

其实，朱元璋的这个决策并不是必然，而是偶然。说白了，朱元璋的思想还是有局限性的。他出身底层，既有优势也有缺陷，过于看重个人奋斗而忽略了制度设计。

可是事物都是有两面性的，再从另一方面来看，由于封建王朝的局限性，朱元璋的选择有个人的偶然因素；但从长远来看，封建王朝往进一步集权方向发展又存在着必然的因素。

比如春秋战国时期，周天子的松散统治，导致的结果是天子被诸侯架空，很多诸侯又被手下的卿大夫架空；秦汉以来，皇帝又轮番被外戚、权臣、宦官架空。说得夸张一点：不集权，就会死。

这样的结果是随着王朝的灭亡，国家也随之四分五裂。自宋朝开始，这种现象得到遏制，皇权开始向越来越集中的趋势发展。所以，集权可以说是个人的偶然，历史的必然。

第二十九章 朱元璋的『理想王国』

朱元璋的两种武器

朱元璋端坐在奉天殿的龙椅之上，继续俯视着他的帝国。他并不满意，因为这不是他心目中的“理想王国”。那朱元璋的“理想王国”是什么样的呢?

其实也没有很多条件，主要有两个，第一，要集权，不能让大元朝堂那些破事发生在大明王朝；第二，要改善百姓的生活条件，不允许再出现百姓造反这种不安定因素。

第一条，他通过杀死胡惟庸，裁撤中书省，正在一步步实现。第二条，也很好理解。在他还是朱重八的时候，曾目睹民间地主乡绅盘剥，贪官污吏横行，遂有江山残破，生民倒悬。

朱元璋总结经验，认为根源有二。一是土地兼并让农民失去了生产资料，才会出现自己全家死光的悲剧；二是官员的贪腐使得对农民的剥削变本加厉。

只要让农民都有口饭吃，大家就不会造反；只要让贪腐的官员无处遁形，国家机器就能保持清廉公正的运转，大明王朝就能长治久安。

为此，朱元璋把目标对准了两类人：地主乡绅和贪腐的官员。经过仔细考虑，他拿出了两样东西：土地改革和反腐。朱元璋相信，这两样武器能帮助他打造一个长治久安的“理想王国”。在这个国家里，农民都有田种，官员都能做到公正清廉，造反这种事，不会发生在他的子民身上。

朱元璋的经验总结得对不对呢？很遗憾，是错的。

朱元璋是杰出的军事家、政治家、战略家，勉强还能算半个社会学家，但他不是个经济学家。甚至可以说，他根本不懂经济。土地兼并只是表象，在以小农经济为主的封建农业社会，它是经济规律，是无法被消灭的。土地改革也好，反腐也罢，都是治标不治本，谁要逆经济规律而行，必定失败。

朱元璋没想那么多，事实上土地改革这件事，在他看来并不那么困难。

一个王朝在兴起之初，正是其兴也勃。许多事在开国皇帝手上能办成，在继任者手里就办不成。元末明初亦是如此，天下刚刚平定，正是一片荒芜，百废待兴。朱元璋的土地改革就是在这样的背景下开始的。

洪武皇帝是个敢说敢做的人，他发布诏令：根据人口分配土地，保证贫农有地种，富户不许兼并。如有土地兼并的事发生，就是犯罪（“宜验其丁力，计亩给之，使贫者有所资，富者不得兼并。若兼并之徒多占田以为己业，而转令贫者佃种者，罪之”）。

可是天底下的富户还是很多，平均主义只是个理想，在现实中是无法实现的。实际操作中，许多殷实的富户仍有办法逃避监管，保留自己的产业。因此，朱元璋的土地改革不可能彻底，它只是在一定程度上缓解了土地兼并的问题。

就在那些未受到波及的富豪们暗自庆幸土地没有被农民分走多少的时候，朱元璋又下了一道诏令——“徙富室以实京师”，即使用行政强制手段，逼迫富豪们离开故土，背井离乡地搬到京师。

这道命令很不人道却非常实际，它起到了四个作用：解放土地、削弱地方豪族势力、充实京师人口、利用富豪们带去的财富活跃京师经济，可谓“一石四鸟”。

不过京师虽大，但容量也总是有限。总有为数不少的富人没有被迁走，他们躲过了两道诏令，自以为是最幸运的那批人。但是不久后，朱元璋就会告诉他们，他们才是最惨的那批人。

值得一提的是，朱元璋或许是历史上极少数真心对农民好的皇帝之一。因为他不光尽量让农民有地种，还大大地降低了他们的赋税。

按元末的税率，一个一百亩地的普通自耕农一年收成八十石，就要缴纳二十石的税赋，比例接近四分之一，这是个逼着农民造反的税率。这里要为元朝说句公道话，大元皇帝还没这么蠢，不可能去征这么高的税。元朝官府的实际税率在百分之七至百分之八，多出来的是官员层层盘剥、豪族转移税赋的结果。

朱元璋找户部尚书徐铎询问赋税问题。

徐铎手捧牍册，摇头晃脑地回答：按前朝的法子，元时至元七年（1270年）定每亩六升之制，海内称颂。依臣愚见，似乎可取此数。确实，元朝的税率并不高，在历史上甚至可以说很低，真正繁重的是五花八门的徭役。

朱元璋却沉下脸来，认为用元朝的定制来定大明的税赋，脸上十分无光。这到底是蒙元的江山，还是大明的天下？徐铎匍匐在地，汗流浃背，不敢再发一言。

朱元璋倒也没有为难他，让他再斟酌一下。

按照洪武皇帝的指导，明朝的税率最终定在了民田每亩三升三（官田高二升），也就是三分之一斗。如果是一个有一百亩地的自耕农家庭，正常年景时，收成在八十石左右，洪武年间他需要缴纳的税赋是三百三十升，也即三点三石。

差距是巨大的，至少在洪武朝，农民扬眉吐气了。他们的税赋在三十税一到四十税一之间，不足百分之四。这是历史最低税率，没有之一。

可是，少征税意味着财政收入减少，朝廷有官员队伍要开工资，还有数量庞大的军队需要养活，这些都依赖国家财政收入支撑。收入减少了，支出怎么对付？

朱元璋自有办法。

哪个朝代官员的工资最低

朱元璋在农民眼里成了大善人，不过在官员们的眼中，他的形象则完全不同。

大明王朝的官员们发现，在洪武皇帝手下做官，收入越来越缩水了。创业阶段始终在打仗，俸禄低点大家都能理解，可等到大明建国后，不涨点俸禄好像就有点说不过去了。谁知俸禄非但没涨，反而还降了！

洪武四年（1371年），朱元璋第一次出台了关于全国官员俸禄的规定：最高的正一品九百石，最低的从九品五十石。

这个工资在历史上处于什么水平呢？和农民的赋税一样，历史最低，没有之一。

官员们虽有不满，倒也没有太大的怨言。因为他们本来就不是靠俸禄生活的，俸禄之外的补贴再加上灰色收入，要比工资本身高得多。

官员的这种补贴叫“职田”，根据职务高低，赏赐公田作为俸禄的补充。像徐达、胡惟庸这个级别，“职田”达到了二千五百石，其他的官员也各有上百石到几百石不等的“职田”赏赐。官员们能做到俸禄基本不动，吃喝基本靠请，开销基本靠送，日子还挺滋润。

此后二十多年，官员的俸禄又调整了数次，增加了百分之十五至百分之二十五不等。奇怪的是，涨了俸禄的官员们却个个满腹牢骚。

俸禄涨了点，但皇帝把补贴给取消了。这是明升暗降。

要是不考虑官员的感受，这是个历史性的进步。在此以前，所有朝代都给官员赏赐“职田”。古代的田地有稳定的产出，比房屋还保值，是历代官员俸禄中最稳定的一项收入。到朱元璋这里，把实行数百年的“职田”制度给取消了。

百官还没缓过神来，打击又来了，朱元璋再次下诏调整俸禄，这次调整为：正一品月米八十七石，从九品月米五石。更彻底的是，这次朱元璋把每月三十贯的俸钞奖金也一并取消了。

这是个什么标准呢?

明代一个五口之家，一年差不多需要六十石解决衣食住行等生存所需。以从九品官员为例，一年六十石，全家勉强能不挨饿。

然后呢?

官员们可不止有家人要养，用人、官场、交际、开会出差、亲朋来访、打点上下，那都是要花钱的。

再纵向比较一下的话，以大明正五品官员（年收入一百九十二石）为例，他们的俸禄仅仅是唐朝同级别官员（岁禀数百石，月俸六七万）的十分之二。

说句公道话，这点俸禄真心不多。

更让官员们眼前一黑的是，朱元璋又在官员退休后的收入上动起了脑筋。哪个官员致仕（退休）了，朝廷一次性买断工龄，计算方式为“N+0.5”。N为零，只有0.5是真的。就是说，不论你干了多少年，退休后可以一次性领取半年的俸禄，然后就没了。什么退休养老费用、职务补贴，统统收回。历史最低，毫无疑问。

确实是过分了点，朱元璋的子孙们也有点看不下去，后来又把退休养老之费给改回来了。

军屯

国家的另一大开支是养兵，这个问题已经解决了。

早在渡江以后，朱元璋就宣布了“罢各郡县寨粮”，他的对策是设立“营田司”，用军屯的方式解决军粮问题。

军屯，就是官兵按照一定的比例，从事戍守和屯垦，起初在内地推行。

洪武九年（1376年），朱元璋命宋讷总结经验，写出了《守边策略》，以制度的形式把屯田推广到大明边军——“边地三分守城，七分屯种。内地二分守城，八分屯种”。

开始时，军屯不用上交田赋，遇到天灾，国家还会进行补贴。洪武二十五年（1392年），政府开始向军屯征收税粮，起初是每亩交一斗，明成祖时定为一斗二升。

明初，长期战争导致人口锐减，社会生产力急剧下降。军屯很好地帮助国家解决了军费问题，并成为国家财政的一大补充。到永乐元年（1403年），朝廷得屯田籽粒二千三百四十五万余石，而同年官民田税粮为三千一百二十九万石，全国税粮共计五千四百七十五万余石，屯田籽粒约占总税粮的百分之四十三。

明代的军屯，无论是规模还是组织管理，都达到了中国军屯史上的新高度。难怪朱元璋得意地宣称：“朕养兵百万，不费民间一粒米。”

洪武到永乐时期，军屯运转正常，发挥了良好的作用。但是，制度都是有生命周期的，再好的制度，到了一定的时间就会崩坏。国祚较长的封建政权到了中期都要面对旧制度无法维持的问题，都要变法，进行新的制度设计。

军屯制也是这样，到了明代中期，它早已不适应时代，不复明初那样拥有勃勃向上的生命力，带来的结果，就直接反映到了军队的战斗力上。

第三十章 朱元璋的强力反腐

朱元璋反腐

官员收入降低带来一个问题，俸禄不够花了，官员的廉洁如何保证？这个问题不在朱元璋的考虑之中，不廉洁的官员，就如同丞相一样，在他的帝国中本就不应该存在。

朱元璋是个原则性相当强的人，就如对农民怀有善意一样，对贪官抱有敌意，同样是他身上最鲜明的标签。

在朱元璋眼里，官员们只有两种罪：贪污罪和非贪污罪。只要犯的不是贪污罪，一切有的商量。若罪行不是太重，朱元璋很少刑戮官员。

要犯的是贪污罪，犯官们就要做好被砍头的准备。

还有什么比酷刑更能震慑贪官呢？洪武朝的反腐，是和酷刑联系在一起的。

在洪武朝，存在着一种可怕的酷刑：“剥皮楦草”。

“剥皮楦草”，据说是地狱当中对罪大恶极的灵魂施行的酷刑。它在人间的操作过程分三步：先把罪犯的首级斩下，在闹市悬首示众；然后将罪犯的皮肤完整地剥下来，做成袋状；最后一步是将人皮填充上稻草，悬挂以作惩戒。

为了剥皮方便，朱元璋规定，府、州、县、卫各级政府衙门的左边必须开辟一个专门的场地，平时祭祀土地神，需要剥皮时就在这里进行，因此这个地方被称作“皮场庙”。

这绝对是对贪官肉体和灵魂的双重暴击。更恐怖的是，展示完毕的人皮还要持续发挥作用，它将被取下放置到官府大堂的公座旁边，用以时刻提醒下一任官员：你的前任因为贪污，落得如此下场。试想继任的官员，每天上堂就对着这具人皮，工作体验一定好不到哪里去。

“剥皮楦草”工序复杂，对技术的要求高，不是所有贪官都能“享受”到。朱元璋给定的价码是六十两，超过这个金额，“剥皮楦草”跑不了。

对于贪污金额在六十两以下的，朱元璋也给明明白白地安排好了酷刑。比如凌迟、枭首、挑筋、挑膝盖、剁指、断手、刖足、刷洗、称竿、抽肠、阉割为奴、迫令自杀等，分别对应贪污金额不小，又达不到“剥皮楦草”标准的官员。

除此以外，也有一些比较仁慈的刑罚。要是哪个贪官被判墨面文身、常号枷令、枷项游历、免发广西拿象（发配广西捉大象）、发配远方为奴等，那他的家里一定像过节一样，大家都认为他在前世积了德。

对贪腐的官员，朱元璋从不知宽恕为何物，在他眼里“若贪虐之徒，虽小罪亦不赦也”。

朱元璋的反腐风暴有多猛，可以看两个例子就明白。

朱亮祖，当初把守宁国，击伤常遇春，力阻徐达，朱元璋亲自出马才将他收降，实属悍将。

投入朱元璋麾下后，朱亮祖立功甚多，后来又在平定南方的战争中啃下广西最硬的骨头——元朝尚书普贤帖木儿。洪武三年（1370年），朱亮祖被授“开国辅运推诚宣力武臣”、荣禄大夫、柱国，封永嘉侯。

当时明太祖钦定功臣三十四位，朱亮祖名列第二十七。常遇春在洪武二年（1369 年）已卒，张定边早已不知所踪，称朱亮祖为其时第一悍将，也没什么大问题。

洪武十二年（1379 年），朱亮祖奉命出镇广东，成为封疆大吏。但仅仅一年多以后，朱亮祖便被召回应天，朱元璋下令，用铁鞭鞭打朱亮祖与其子朱暹，两人当殿被活活打死。原因是朱亮祖父子贪赃枉法、祸害地方，还将当地的正直官员——番禺知县道同陷害致死。

朱亮祖是开国功臣，又有“免死铁券”，如果在其他皇帝手里，至少能免一死，但他最后还是死了。

法之为法，必须上下共守，有法不守，等于无法。如果对官僚们法外加恩，朱元璋这反腐等于白反了。

自古以来就有“刑不上士大夫”之说，到朱元璋这里，别说士大夫，女婿他也敢杀。

朱元璋有几十位妃嫔，若要问他最爱谁，答案只有一个——结发妻子马皇后。爱屋及乌，他对嫡出的子女也要高看一眼。两个嫡女是他的掌上明珠，宁国公主许配梅思祖之子梅殷，安庆公主嫁与欧阳伦。欧阳伦虽然是平民出身，但更显朱元璋的苦心，他看中的是欧阳伦的才华与学识，再加上一表人才，在众多人选中可称出众。

洪武十四年（1381 年），欧阳伦抱得佳人归，成为众人眼中的仕途新星，彼时他刚二十二岁，前途可称无量。亲自为女儿觅得如此金龟婿，朱元璋亦是老怀甚慰。

世事无常，十六年后欧阳伦贪赃枉法，卷入一起贩卖私茶案件中，朱元璋不顾众人求情和女儿成为寡妇的命运，亲自下令将这位驸马都尉处死。

欧阳伦显然低估了老丈人朱元璋反腐的决心，皇亲国戚如果以权乱法而不受制裁，势必上行下效，法纪荡然。欧阳伦虽是自己心爱女儿的丈夫，朱元璋也决不宽宥。

当然还会有人说，朱元璋的儿子们贪污不法的事干得多了，怎么不见他将儿子正法？只能说，人都是有历史局限性的。作为一位封建帝王，朱元璋能做到不给皇亲国戚面子，已经是殊为不易，很难要求他更多了。要不，怎么说古代是“家天下”呢。

眼看“剥皮楦草”也震慑不了贪官，朱元璋重申自己坚决与腐败作斗争的决心：“自今官吏犯赃罪者无贷。”

猛烈的反腐风暴刮遍全国，倒下的官吏数以万计，既包括驸马都尉欧阳伦、永嘉侯朱亮祖、户部尚书赵勉、工部侍郎韩铎、福建右布政使陈泰这种级别的达官，也包括不起眼的知县、县丞、主簿、典吏。

如此严厉的反腐手段反复荡涤，朱元璋想来，大明应当是官场清明、百姓乐业，与他的“理想王国”相去不远了。

洪武十五年（1382 年），他叫来锦衣卫头子毛骧，吩咐他做一次秘密调查，看看官员的清廉程度达到了什么水平。毛骧手下的北镇抚司专职刺探侦缉，官员们的私生活他们都能查得清清楚楚。可是毛骧这一去，却迟迟没有下文。

朱元璋不耐烦了，召来毛骧问，上次交代的事，为何还不报告？

毛骧吞吞吐吐地说不是不报，是还没查完……仅在京城，就有不少贪赃枉法之事。

朱元璋有点吃惊，拿来报告一看，差点没气吐血。

刑部：尚书收受罪犯贿赂，指示属下把罪犯放走，用死囚来代替罪犯坐牢。

户部：官员和印钞局大肆勾结，印了七百万锭纸币，自己私藏一百四十三万锭。

兵部：侍郎借抓捕逃亡军人的机会，收受军人家属贿赂二十二万锭。

朱元璋按捺着心中的怒火，命令毛骧再查地方！

毛骧不敢拖延，以最快的速度呈上报告。朱元璋再看，顿时急怒攻心。

浙江省的农民，缴纳的农业税比国家规定的数额还多，全部落入地方官的腰包。中小地主们勾结官府，多年来用包荒、洒派、移丘换段等手法，把农业税转移到普通农民身上。甚至他们还把自己的田产转寄到长工名下，美其名曰“铁脚诡寄”。

这种欺骗一层层上报，乡骗县，县骗府，州府骗朝廷，一直骗到朱元璋，名叫“通天诡寄”。

好个“通天诡寄”！这已不是偶发的腐败，而是系统性的腐败！

当自己费尽心力作出的种种努力被证实如同隔靴搔痒一般时，只要是个人都会愤怒。一个人身份级别越高，他的愤怒的影响力就越大。布衣的愤怒大概率只有老婆、孩子能感受到，如果这个人是皇帝，他的愤怒就是毁灭级的——“天子之怒，流血漂橹”。

目标是解决地主和官僚的问题，整了十几年却没什么效果，这一年朱元璋已经五十四岁，他还有多少时间呢？

这个国家问题还很大啊，不动一番手脚，怎么行呢？！一个一个来已经不行了，朱元璋决定加快速度，把这两个问题合并到一起解决。

惊天大案

机会很快就来了。

大明立国以来，规定每年地方各级都要向户部呈送钱粮及财政收支、税款账目。各布政司、府、县上报的数字，必须经户部核实，分毫不差后才可以结项。若有一项不符，整个账册就要被驳回，重新填报。

政策没什么问题，难就难在，这些账目上必须盖有地方各级的印章。本来盖章也不是什么大问题，问题是中央政府在南京办公，所有地方官员汇报钱粮，都要到南京户部来核实账目。

古代没有飞机，没有高铁，也没什么公路，南京城不是想来便能来的。每年临近核实账目的时候，视路途远近，官员就要牵骡子套马，装上粮食揣上账册，算好时间提前赶赴京师。

京师附近省份还好，一来离得近，二来可以走水路。如果是云贵、川陕这些地区的官员，跑一趟京城可不是好玩的事。要不怎么说，从前车马很慢，书信很远……意思就是旅程三个月起步，一来一回半年就没了。

话虽如此，只要能顺利交接，一年出趟差也认了，可事情没这么简单。这一路翻山越岭，道路崎岖，很难保证运来的粮食不出现损耗，比如说出发时账册登记的是一千石，到京师清点发现只剩了九百八十石……

这时地方官会很诚恳地向户部官员解释，不是他们虚报，实在是所辖之县距离南直隶太过遥远，一路上水分蒸发、虫吃鼠咬的，粮食难免会有损耗。户部官员很是理解，奈何规定就是规定，在洪武皇帝手下办事，那是一丝一毫都不能有差错的。他们只能两手一摊，表示原来的账册不作数了，粮食数字也要修改一下，重新盖个章。

可官印是不能随身携带的，只能回去属地盖章。要知道，那些地处偏远的地方官们春天出发，到京师时已是夏天，这要再跑个来回……不行不行，绝对不行。

这么些年下来，地方上早就研究出了一条对策。即官员们前来京师报账时，预先带好已经盖好大印的空白表册，一旦账册被驳回，在京城就能重新填写，无须千里迢迢地再跑一趟。

这个难题就这么愉快地解决了，地方官不用再折腾，也方便了户部工作。大家对此都心照不宣，没人去追究这事，这叫作“空印”。

直到这事被朱元璋知道了。

朱元璋从没听说过还有这种操作。得到报告后，他盛怒无比，皇权被盖在白纸上到处跑，还有何庄严可言？必须彻查！根本不用查，全国所有布政司都存在“空印”行为，全部有罪。

朱元璋的火更大了，这帮人沆瀣一气，欺君罔上，实在是大逆不道！他传下旨意，将各地主印官员处死，副手以下杖一百并充军远方。

此案史称“空印案”，被列为明初四大案之一。根据后人的考证，牵连官员一千余人，按明初官制，当时地方官总数在两万人左右，落马百分之五，足以造成官场地震。

朱元璋的处理可称刚猛无比，那么，这些官员们冤不冤呢？

首先我们要确立一个基本认识，“空印”的操作是先盖章再填数目，这种行为肯定是违规的。放到今天也是伪造公文，没的说。设想一下，如果随便一个办事员就可以拿着盖章的空白印纸到处跑，随便填写内容，那财务审计也就没有存在的必要了。

在朱元璋看来，这事可怕在所有官员都觉得这是个好办法，中央和地方的相关人员坐到一起对账用印，等于是所有官员一起利用这个漏洞欺骗他。

中国古代十分重视印章，它既是权力、身份的象征，又是责任、信用的体现。每个印章都代表着国家的最高权力，那是皇权的力量。

这叫什么？皇权成空，规矩如印！

官员们觉得，“空印”事发，顶多就是个渎职，怎么也不会掉脑袋；朱元璋觉得，这不是什么表面的问题，而是对皇权的侵犯！

双方的认识不在一个频道上，但谁叫皇帝是朱元璋呢？此案的实质是，朱元璋借“空印案”发挥，对当时司空见惯的违规行为进行了超乎常规的重罚，以此警告皇权不可侵犯。

官员们冤吗？必然是有不少冤枉的。但你要说这么多人里，一定就没人利用这个制度漏洞搞点其他花头？既然账册上能盖上空印，其他文件怎么就不行？就算这样，也仅有千把号人而已。在洪武一朝，这实在不算什么了不得的数字。

与接下来一桩大案相比，“空印案”只是开胃菜，真正的惊天大案是郭桓案。

洪武十八年（1385年）冬，南京城，入夜。

一弯新月划过精致的角楼，给高墙内的皇宫披上了一层朦胧的纱。时间已经不早，但这座宫殿的主人朱元璋仍然没有休息。

洪武皇帝朱元璋，此刻怒目圆睁、嘴唇发抖，已然是盛怒至极的表现。桌子上，是御史余敏、丁廷举呈上的一道弹劾奏疏，其中翔实而具体地写下了一桩惊天要案。户部侍郎郭桓勾结各省官吏贪污，数额特别巨大，已经到了令人发指的地步。

看着一字一句触目惊心的案情详述，朱元璋调整心情，深吸了一口气，召来毛骧，吩咐彻查。

等数字呈上，朱元璋又不敢相信自己的眼睛，是不是写错了？

毛骧回禀，没有错，确实是精粮两千四百多万石。毛骧不敢抬头，所以他看不到皇帝已是青筋毕露，目光如电如炬，似要喷出火来。

两千四百多万石是个什么概念？洪武十八年（1385 年），大明的财政收入也就堪堪达到两千四百多万石，相当于贪污了全国整整一年的收入！

这么巨大的数字，当然不可能是郭桓一个人能吞下的。此案必定是一个长期、系统的腐败案件。时间跨度长，参与人员多，从中央到地方，形成了一整条的利益输送链条，才能累积到这个规模。

其实，郭桓他们的手段并不高明，只是最原始的涂改账册，然后将多出来的部分各自瓜分，中饱私囊。

不知用了多久，通过这种简单到甚至不用脑子的方法，官员们居然贪掉了如此巨大的数额。在朱元璋看来，这样的手段摆明了是在亵渎皇权。

毛骧请示朱元璋想如何处理，是顺藤摸瓜，还是惩办首恶？朱元璋只是冷冷一笑，说不用查了。毛骧不解。朱元璋直接下旨，将六部侍郎以下全部处死。而郭桓却被留了下来。

饶是毛骧这样专办大案要案的特务头子，也不禁吓出了一身冷汗。

处死六部侍郎以下全部官员，不审不查，朱元璋的手段暴烈无比，亘古未有。

这就结束了吗？

“空印案”部分地解决了地方上的官僚问题，处理侍郎以下官员，处理了大部分京官。可地方官员们还没彻底整肃，地主豪族们还没受到惩罚。朱元璋决心毕其功于一役。

朱元璋不是不杀郭桓，而是他活着还有价值。于是，案情扩大了，郭桓的供词从京官牵连到各布政使司的官吏，又从官吏牵连到地方上的地主富户。

躲过朱元璋第一、第二棒的富户们，他们还没庆幸完，真正的绝望到来了。

“核赃所寄借遍天下，民中人之家大抵皆破”——为了追赃，民间富人为此破产的不计其数。根据记载，浙东、浙西、三吴一带富庶的家庭，不是

“多以罪倾其宗”，便是“豪民巨族，刬削殆尽”。

“天子之怒，流血漂橹”，名副其实。“空印案”加郭桓案，总计杀了七八万人，绝大部分是官僚和地主，朱元璋取得阶段性的胜利。

负面效应是，即使是明太祖朱元璋，也吃不消这样大范围的打击，全国上下一片骚动。为了平息民怨，朱元璋不得不把主审官员吴庸等人处死。可怜这位吴庸，当时说不能放过一个的是朱元璋，现在要借他人头的也是朱元璋，横竖他都活不了。

在朱元璋手下当差，可真是个危险系数高的工作。

郭桓案还有了一个影响，为杜绝贪官污吏通过篡改数字贪赃枉法，朱元璋将记账的汉字“一、二、三、四、五、六、七、八、九、十、百、千”改为“壹、贰、叁、肆、伍、陆、柒、捌、玖、拾、佰、仟”。从此，这种人们熟悉的大写数字出现了，并沿用至今。

重典肃贪

在洪武朝流行着一个传说：看朱元璋腰间玉带的位置能预测今天要大杀还是小杀。上朝时，如果玉带高高地贴在胸前，说明朱元璋心情不错，杀人会少一点；如果玉带位置位于肚子下面，这天很可能又有不少大臣要掉脑袋。

每天出门上朝前，官员们都会跟家人诀别，因为这一去可能就没法完整地回来了。要是竟然能平安下朝回家，全家都会像过节一样庆祝，又多活了一天！

这些传说看上去夸张，却有可能是真的。在洪武朝，出现了一大群“不务正业”的读书人，他们抛下书本，闷头种地。一些有点名声的读书人，干脆自残肢体，宁可当残疾人。这些人不是喜欢种地，只是不想当官（“多不乐仕进”）。

这真是一大奇观，读书人的最高理想就是出仕。然而，在洪武朝官员的死亡率实在太高，种地苦归苦，至少不会死；当官能活多久，那就很难说了。

没人肯出来做官，官员已经不够用了，于是出现了另一种奇观：堂下跪着的被告戴着镣铐，抬眼一看，堂上端坐的官员竟也戴着镣铐。如果被告恰巧也是位官员，说不定两人还要拱拱手，相视苦笑一番。

这是朱元璋发明的新办法，叫“戴死罪”和“徒流罪”。御史犯了死罪先不砍，继续戴着脚镣坐堂审案。地方官也一样，本该流放的暂时不流放，戴着脚镣回到原衙门继续做官。

在洪武皇帝手下当差，能全身而退的官员实在太少了，要想活命，每个人都得有点绝招才行。比如有位御史袁凯，他的绝招有点厉害：吃屎。

袁凯是明初大诗人，诗作负有盛名，其《白燕》一诗被认为当时翘楚，得美名“袁白燕”，被推为明初诗人之冠。

袁凯也是官员，洪武三年（1370 年）被举荐为御史。袁凯觉得朱元璋杀戮太过，委婉建议说诸将都是武人，不知礼仪（“诸将习兵事，未悉君臣礼”），皇上您该在都督府请博学之士开堂授课，教他们懂懂规矩，省得武臣一个不小心得罪陛下，自讨取死之道。

话说得很诚恳，朱元璋欣然同意。这件事属于袁凯的功绩，《明史》里记录下了这一笔。

袁凯传记里记录的另一件事就不甚光彩了。

这次风波来自太子。朱元璋拟定了一份死刑名单，命袁凯拿去给太子朱标征求意见。朱标仁厚，觉得杀人太多，主张从宽处理。

朱元璋拿眼一瞟袁凯，意思是我要杀人，太子却要宽减，你看谁对？

这是道送命题，袁凯不愿表态，就说了两句自认为讨巧的话：“陛下要杀是守法，太子要赦免是慈心。”

哪知朱元璋听了大怒，表示袁凯就是个老滑头（“老猾持两端”），既不得罪自己，又想讨好太子，要不得！朱元璋下令把袁凯下狱，但没杀他，三天后释放，仍旧官复原职。

经过这件事，朱元璋怎么看袁凯怎么不顺眼，经常在临朝时指着袁凯说："这家伙是个滑头（'是持两端者'）！"

眼看被皇上惦记上了，这样下去早晚是个死。袁凯诗写得很好，脑子也很灵活，他决定装疯求生。洪武皇帝目光如炬，要在他面前装疯可不容易。袁凯的第一招是碰瓷。

这天上朝经过金水桥时，袁凯与一位同僚撞了个满怀，只见他就势一躺，浑身抽搐不已。旁人一看，这是风疾发作了。

朱元璋不信，吩咐卫士："疯子是不怕疼的，给我拿木匠锥子去扎他。"袁凯确实是个狠角色，身上被扎得全是锥子眼，硬生生忍住没动（"凯忍死不为动"）。朱元璋将信将疑，让人把他抬了回去。

袁凯躲过一劫，但他太了解朱元璋的为人了，要么不做，要么做绝。他一不做，二不休，用铁链锁着脖子，弄得人不人鬼不鬼，继续装疯。

果然朱元璋又想起袁凯了，"东海（袁凯是华亭东海人）走却大鳗鲡"，意思是袁凯这个人很狡猾，不能让他溜了。他再派锦衣卫暗中观察袁凯，看他是真疯还是欺君。为了活命，袁凯使出了绝招：吃屎。

特务来到袁凯家窥探，看到了让他们呕吐的一幕。袁凯正爬到篱笆边大口吃着"狗屎"，还喊着真香。锦衣卫顿时一阵恶心，说袁凯这是真疯了。

"屎"当然是假的，袁凯早知道皇上还要派人侦查，就叫家人用炒面拌着糖稀，捏成一段段洒在篱笆下。同僚给他通风报信，袁凯就大口吃"屎"。这招终于斗败了朱元璋，袁凯后来得以寿终正寝。如此来看，袁凯做御史是浪费人才了，他其实是个演技派诗人。

与袁凯相比，左佥都御史严德珉算是捡了条命。

洪武年间，这位御史因病想辞职回家休养。朱元璋认为他是装病逃避责任，将他脸上刺字，戍边南丹。严德珉本来应该老死广西，不过他运气真不错，后来遇到大赦放还，一直活到宣德朝。

宣德年间，严德珉牵连到一桩案件里被御史逮捕。严德珉跪在堂下，口称自己曾在御史台工作过，知晓法律。御史觉得好笑，这糟老头子哪有半分御史台官员的样子？

严德珉回答："洪武年间的御史台长官严德珉就是在下。"

御史吃惊不小："前辈为何黥面布衣？"

数十年过去，回忆起当年的经历，严德珉还是心有余悸："先时国法甚严，重典肃贪，做官的常保不住脑袋，这顶破帽不好戴啊！"说完还朝北面拱手，连称："圣恩！圣恩！"

严德珉估计是没敢说实话，洪武朝的国法不是甚严能形容的，活到他这个岁数的官员太少了。不过从他的话里，我们还能得出一个结论：洪武年间，朱元璋的重典肃贪确实起到了效果。

"空印案"与郭桓案的接连发生，确实让明初官场为之一清。郭桓这样的巨贪绝迹了，虽然小贪中贪还是年年都有，但那已经不大能影响朱元璋的心情。

话说回来，如此大面积的打击，朱元璋确实是矫枉过正了。

翻开朱元璋亲自制定的《大诰》，里面记录着一些他亲自惩办的贪污案，看到里面的赃物，人们会不相信自己的眼睛。在这些案件里，一件布衣、一条纱巾、一双袜子、两双靴子都是赃物。当时并没有奢侈品牌之说，这些衣物实在是值不了几个钱。以朱元璋的标准，在洪武朝要想不当个贪官，实在太难了。

不少清官无可避免地惨死在无差别反腐运动下，济宁知府方克勤（建文朝大臣方孝孺之父）是有名的清官，在任上口碑极佳，被赞为"百姓父母"。就因为是掌印官，他也在"空印案"被牵连的名单中，落了个身首异处。

那么，朱元璋的反腐到底成功没有呢？短期看，效果明显，时人谓："郡县之官虽居穷山绝塞之地，去京师万余里外，皆悚心震胆，如神明临其庭，不敢少肆。"长期看，几乎没有作用，明朝仍然以历史上最腐败的王朝之一而被载入史册。总体来看，还是失败了。

其实明眼人都能明白，朱元璋的反腐为何会失败。官员的腐败是制度问题，是几千年的老难问题，就算把官员都杀光，再换一批，仍然会产生腐败。

说到底，朱元璋的反腐是"粗暴式"的反腐。农民出身是优点也是缺陷，终其一生，朱元璋也没能摆脱农民思维的影响。最后，他自己感叹："朕才疏德薄，控御之道竭矣！"

朱元璋聪明一时，顽强一世，想以一己之力逆天改命，终究无法抗拒制度的惯性。大明的腐败是制度性的，而不是偶发性的。朱元璋重典肃贪虽博得后人称颂，但从历史意义来看，他唯一为后人证明的是，如果制度不改，重典反腐就算一时起到一些作用，长远来看也必将失败。

孔雀胆

洪武十一年（1378 年），朱元璋得到了一个好消息：爱猷识里达腊死了，年仅三十九岁。

在此之前，双方形成了对峙的局面，经常骚扰对方。爱猷识里达腊矢志中兴，按年龄来讲，他本来还能威胁大明好几十年，可他竟然年纪轻轻就死了。

可想而知朱元璋的高兴，他派使者前往吊祭，还不忘调侃一番，大意为生死是天定的（"生死废兴，非一时之偶然，乃天地之定数"），所以让你"殡于沙漠"。

人死还要诛心，朱元璋的心情很好。因为这意味着，大明对北元又要采取攻势了。

好久没打仗了，开国名将们尚能饭否？为了验证一下养兵的成果，先要试试自己的本事，也是试试北元的成色。

洪武十三年（1380 年），沐英受命发动一次小规模北伐。朱元璋这位干儿子首次担任一军主将就表现亮眼，率军翻越贺兰山突袭和林，擒获北元国公脱火赤、枢密知院爱足等众，得胜而回。

现在的北元有点弱，不过在对他们发起大规模打击之前，朱元璋决定先解决西南的问题。

在云南，还盘踞着北元梁王的世袭势力。在云南镇守的蒙古宗王本来叫云南王，来自元世祖忽必烈第五子忽哥赤一系，他们世镇云南，忠诚地维护着大元在云南的统治。到至正六年（1346年），云南王孛罗平定了麓川酋长思可法的叛乱，以功进封梁王，获赐金印兽纽，晋升为一等王，是蒙古皇族在云南的最高代表。

蒙古人在云南地区已经统治了一百二十八年，末代梁王之位，传到了孛罗之子把匝剌瓦尔密手里，元朝在云南的统治将在他手上终结。

其实在此之前，把匝剌瓦尔密就差点死掉。自古巴蜀被敌人占据后，下一步就是征服云南，元末盘踞巴蜀的明玉珍也是这么干的。至正二十三年（1363年），他带兵三万攻打昆明，把匝剌瓦尔密不敌逃奔楚雄，眼看就要被赶出云南。在这关键时刻，云南的大理总管段功救了他。

段功是大理段氏后裔，元灭大理国后封段氏为世袭大理总管。段功和明玉珍在吕阁关大战数场将其击退，力保云南不失。

在云南昆明一带，流传着一个名叫《孔雀胆》的凄美爱情故事，在当代它还被排成话剧，写成小说。故事讲的是一位英雄受到老丈人猜忌，逼着女儿给丈夫服下毒药孔雀胆，女儿不从，但丈夫还是被岳丈派来的刺客刺杀。这位妻子肝肠寸断，随即殉情而死。

这个故事是真实的，里面的男主人公就是段功。

段功立下大功，梁王对这个小伙子非常欣赏，拜他为云南省平章政事（省长），又把女儿阿盖公主嫁给他。到这里，这是个羡煞无数人的英雄配美女的故事。

但接下来就很匪夷所思了。逐渐，多疑的梁王怀疑女婿有架空自己吞并云南的野心，他授意女儿给段功下毒。阿盖公主对丈夫情深义重，不忍下手，反而将一切都告知了段功。但最终段功仍被刺杀，阿盖公主亦殉情自杀。后人为了纪念这对爱人，在西寺塔旁建起了阿姑祠，这个悲伤的故事就此流传下来，名为《孔雀胆》。

云南山高路远，地形险僻，朱元璋一直不愿用兵，最好是能和平解决问题。但是，把匝剌瓦尔密不识好歹，非但多次拒绝投降，还杀死了派去的使者王祎以示抵抗到底。

爱猷识里达腊死后，北元的威胁越来越弱，是时候教训这个不听话的梁王了。

洪武十五年（1382年）九月，朱元璋派出两路兵马南下，分兵夹攻云南。

看看这两路军队的统帅和规模就能知道结果，他们包括傅友德、沐英、郭英、蓝玉，兵力多达三十万人。打王保保，朱元璋也没动用过这么多兵力，这支大军足以横扫一切。

把匝剌瓦尔密无法抵挡，主力在曲靖被明军击败后，他逃离昆明来到普宁州忽纳砦，想要再次求救于段家。他得到的只有一个字：滚！走投无路之下，把匝剌瓦尔密将妻子赶入滇池淹死，自己和亲信大臣自尽身亡，云南遂告平定。

第三十一章 大元东北王纳哈出

东北王纳哈出

平定云南后，从洪武十四年（1381 年）到洪武二十年（1387 年），大明又发动了三次北伐，战绩是全胜。其中洪武十四年这次，是魏国公徐达挂帅的最后一次北伐，也是他人生中最后一次军事行动。

没有了王保保这个级别的对手，徐达的征途显得有点平平无奇。得知征虏大将军徐达又出动了，北元部队纷纷不战而逃，明军一路追击，擒获一大批北元高官和人畜，四个月不到就宣布班师。

这一年，徐达并不算老，他只有四十九岁。

徐达早已位极人臣，武将能得到的最高待遇，朱元璋都给他了。但他心头还是有一丝落寞，那是英雄没有敌手的落寞。岭北之战失败的苦楚并没有消退，可徐达再也没有机会完成复仇了。他在历史上的地位已经定论——大明第一名将，但比起卫青、李靖等人，总是差了那么一点意思。

现在的北元弱不禁风，根本用不着自己出马，没有对手的战斗，已经提不起徐达这个级别将领的兴趣。毕生戎马倥偬，徐达累了，他为战斗而生，一旦找不到战斗的激情，自己的精力也就被抽干了。回到北平两年后，徐达染病，病情再也没有好转。次年（1385 年）二月，徐达病逝。

徐达的去世让朱元璋悲痛万分，他亲自来到葬礼致哀，将他列为开国第一功臣，追封为“中山王”，谥号“武宁”，赠三世皆王爵。

对于这位一开始就追随自己的小伙伴，朱元璋绝不吝赞美：

> 将军谋勇绝伦，故能遏乱略，削群雄。受命而出，成功而旋，不矜不伐，妇女无所爱，财宝无所取，中正无疵，昭明乎日月，大将军一人而已。破虏平蛮，功贯古今人第一；出将入相，才兼文武世无双。

从这段文字可以看出，朱元璋对老兄弟的感情是真挚的，没有任何虚情假意。祭文很公正，除了“功贯古今人第一”比较夸张外，其他都是徐达实打实的功绩。

徐达已逝，北伐还要继续，在这三次北伐里，战果最大的是洪武二十年（1387 年）的北伐。这次的目的不是北元小朝廷，而是为了对付北元太尉纳哈出。

纳哈出，元朝贵族，另一个身份是辽东军阀。

早在至正十六年（1356 年）的时候，朱元璋就与纳哈出打过交道。那一年朱元璋率众血战后攻克当涂，手下说生擒一名万户，问是杀是留。朱元璋说不急，他先看看。手下押来万户，朱元璋细观此人，发觉长相不凡，举手投足颇有气度。

朱元璋寻思，这等人才若能收归于自己麾下，岂不快哉？他非但没杀万户，还好吃好喝好招待，一心劝此人投降。

这名万户就是纳哈出，他本是大元贵族，成吉思汗“四杰”之一木华黎裔孙，朱元璋这等小角色，怎能入他的眼？逼得急了，纳哈出干脆绝食抗议，说要杀便杀，但绝不投降！

搞清纳哈出的身份后，朱元璋也有些为难，名门之后不好说杀就杀。让他饿死在这里，影响更加恶劣。干脆大度一点，非但没难为纳哈出，还给了纳哈出一大笔财物，放他走了。

此事传开，徐达等人都颇有微词，认为是养虎遗患，朱元璋却没有在意。当时郭子兴刚死，朱元璋只是濠州红巾军的三号人物，还没有想好下一步怎么办。

纳哈出逃回后，果然成为红巾军劲敌。刘福通三路北伐，中路军在“破头潘”带领下一度杀入高丽境内。元顺帝急调纳哈出围剿，在纳哈出的打击下，“破头潘”连吃败仗被赶出辽东，最后被察罕帖木儿等联手剿灭。

元顺帝妥懽帖睦尔对此大加赞赏，说“辽东贼皆为所殄”，晋升纳哈出为辽阳行省左丞相，数日后又加太尉、开元王等官爵。

当初察罕帖木儿、孛罗帖木儿等人大打出手的时候，纳哈出没掺和进来，一直在辽东经营。发展到洪武初期，他已膨胀为“拥数十万众屯金山”的东北王，并开始驱兵南下，时不时就来骚扰抢劫，成为明朝的一大边患。

大臣们很着急，建议朱元璋先放一放西北，不如先收拾纳哈出，朱元璋却不置可否。

战略家自有他的眼光，朱元璋早就看出，对付纳哈出是有门道的。有些人，你永远无法让他投降，比如王保保；有些人，看似忠诚，实则是在观望。纳哈出就是如此，他的忠诚和王保保比起来简直不值一提。

王保保和徐达在西北大战时，纳哈出早就能率大军南下威胁徐达的后方，但他只是虚张声势，打着南下的幌子大肆抢劫。朱元璋算是看明白了，什么木华黎后裔，也就是个大号军阀而已。这样的人，不足虑！

利用自己对纳哈出有不杀之恩，自洪武二年（1369 年）起，朱元璋就不断向纳哈出遣使通好。而且，每当明军在其他战场取得胜利时，朱元璋总不忘第一时间通知纳哈出。

朱元璋本人还亲自写信大打感情牌，说咱们一晃十几年没见了，朕怪想你的。你也读过书，东汉年间窦融归附光武帝刘秀的事知道吧，向窦融学习下？纳哈出一门心思当他的东北王，充耳不闻。朱元璋也不生气，依旧乐此不疲地劝降。

一直示好的同时，朱元璋手上也没放松。洪武十二年（1379 年），马云拿下大宁，两年后，徐达、汤和、傅友德、沐英四位名将齐出，将西拉木伦河以北全数扫平。

随着明军不断开疆拓土，纳哈出的地盘被压缩得越来越小，辽阳行省军民不断归附明朝。大明兵精粮足，爱猷识里达腊死后，北元再次衰弱，留给纳哈出的时间已经不多了。

洪武二十年（1387 年）正月，大明动一动纳哈出的时机成熟了。朱元璋命宋国公冯胜为征虏大将军，颍国公傅友德、永昌侯蓝玉为左右副将军，南雄侯赵庸、定远侯王弼为左参将，东川侯胡海、武定侯郭英为右参将，率师二十万北征纳哈出。

这是自岭北受挫后，大明王朝十五年后再度大规模北征。王保保都要望风而遁，纳哈出如何能挡？

洪武二十年（1387 年）二月，冯胜大军抵达通州，蓝玉轻骑掩袭庆州，击杀北元平章果来；三月，大军师出松亭关；六月，冯胜进驻辽河东岸，到金山（即勃勃图山，在今吉林省双辽市东北、农安县一带）西侧扎营。

与六年前徐达最后一次北伐类似，明军一路几乎没有遇到什么强有力的抵抗，元军大多望风而逃。纳哈出力不能支，一度有了放弃辽东，逃亡高丽的念头。正在绝望之际，昔日旧部乃剌吾从明军军营赶来，再次带来了朱元璋的劝降信。

纳哈出展开书信，朱元璋热情的问候扑面而来，大意是朕推人心，谁无父母之念，兄弟之情？折腾我二十年，那都过去了！现在投降，咱们还是兄弟！纳哈出感动之余又不敢相信，对我这么好，莫非有诈？他回复冯胜，说投降可以，但如何保证，我投降了，大明能信守承诺？意思是，冯胜你不会和朱元璋串通，拿我当猴耍吧？

冯胜没有权力给出这种保证，他用自己的方式来作出回答。明军翻越金山，进驻到金山东北，离纳哈出部众只有几十里之遥。

元军震恐了，纳哈出已无法约束部下，部将观童率先出降。纳哈出要再不识大势，人头就会成为投名状。

纳哈出还是比较聪明的，他选择投降。考虑到部队规模太大，他亲自带领着数百骑，来到蓝玉军中约定投降的办法。

蓝玉是常遇春妻弟，洪武四年（1371 年）开始崭露头角，一路成长为大明新一代将领的领军人物。这个人的特点是很能打，也很豪横，是个典型的武夫。

听到纳哈出来降，蓝玉非常高兴，他在帐中摆下酒席热情款待。宾主推杯换盏，气氛一时十分融洽。喝着喝着，又到纳哈出敬酒了，蓝玉突然站起身来，脱下身上的外衣，示意纳哈出穿上再喝。

在一些历史典故里，时常可以看到这样的桥段。敌将来降，主将嘘寒问暖，还脱下自己的大氅给他披上，敌将十分感动，当场表示以后愿效死力。比如后来皇太极招降洪承畴就用过这招。

此时正值正月，辽东的天气十分寒冷，蓝玉这个动作可以理解为向纳哈出示好。不过，蓝玉书读得少，他忽略了纳哈出是蒙古人，穿的是自己的民族服饰。民族习惯不同，要一个蒙古人随便穿上汉服，会被视为一种羞辱。

两人就这样僵持不下，“纳哈出不肯服，玉亦持酒不饮，争让久之”，气氛一时陷入尴尬。

眼见蓝玉不依不饶，纳哈出便与身边一个蒙古将领低声用“胡语”讨论应该怎么办。没想到，出席宴会的常茂突然就拔刀砍向纳哈出，纳哈出大惊失色，连忙骑马逃跑。常茂追赶之下，砍伤了纳哈出的手臂。

酒宴正酣，常茂为何突然要砍纳哈出呢？

《明史纪事本末》云：“将脱去，时郑国公常茂在座，其麾下赵指挥者，解胡语，以告茂，茂直前缚之，纳哈出大惊，起就马，茂拔刀砍之，伤臂不得去，耿忠遂以众拥之见胜。”

意思是说，常茂麾下有一个姓赵的将领略懂“胡语”，他听到纳哈出在和属下商量逃跑，便告诉了常茂，常茂因此才拔刀先下手为强。幸好耿炳文之弟都督耿忠保持了冷静，连忙招呼身边士卒护住纳哈出，将他簇拥到主帅冯胜那里，一场巨大的风波才算平息。

常茂，常遇春长子，朱元璋亲自赐名，继承了老爹烈火般的性格，却没继承到本事。常茂凭着常遇春的军功封郑国公，长期以来是明军中可有可无的角色。又因为他和冯胜是翁婿关系，军营中从来没人敢惹他，是个有名的愣头青，一言不合就拔刀相向。

常茂这一击，后果很严重。纳哈出的十几万人马，听说首领被砍伤，许多人震惊溃散，再也没能召回。其中一部分袭击了班师明军的后卫，都督濮英率领的三千骑兵全部战死，濮英被俘后自尽身亡。

闹出了一场不小的变故，好在有惊无险，明军迫降纳哈出，辽东悉入版图，云南已平，只剩北元小朝廷了。

当时的人们并没有了解到，这次北征除了迫降纳哈出，还带来了一个意外的收获。

东北王纳哈出雄踞辽东，他知道自己打不过朱元璋手下那帮开国猛将，便把手伸到了另一个方向——高丽。高丽一直是大元的一部分，高丽国王世代迎娶蒙古公主，以驸马的身份兼管征东行省（为征讨日本而设置，后来成为统治高丽国的地方统辖机构）。

大明立国后迅速攻取大都，高丽国王唯恐朱元璋对自己用兵，眼疾手快地宣布归附大明。等到纳哈出成了气候，对高丽这种墙头草的做法相当不满，他派兵阻断了高丽与明朝的交通道路，还派人上门威胁。高丽国王王禑被吓得腿肚子发软，洪武十年（1377年）改用北元“宣光”年号，又反了明朝的水。

纳哈出投降，明军主力班师，辽东一时间失去了重兵。高丽国王王禑看了心痒难耐，他冒出个惊人的主意，出兵与明朝争夺辽东！

高丽百官觉得国王疯了，没人支持。王禑一意孤行，他杀死明朝差官二十一人，扣押五人，任命崔莹为八道都统使，进行全国总动员，征兵攻辽。最后，高丽集结起多少人马呢？说来可怜，共计三万八千八百三十人，加上杂役五万余人，号称十万。

王禑要找死，大家拦不住他。可高丽军人知道自己的实力，不肯跟他陪葬。都统使李成桂带兵屯于威化岛，多次请求班师，王禑不准。

李成桂一琢磨，大明打不过，打王禑还是有把握的。一念至此，李成桂来了手高丽版的“清君侧”。他带兵杀回开京，取王禑而代之，建立起半岛历史上最后一个统一的封建王朝——李氏王朝。

废掉王禑，李成桂的立场很明确。他派人来到应天向朱元璋大献殷勤：我们又成大明的臣子啦！高丽那段不愉快的记忆，陛下就不要往心里去了。这个名字有点欠妥，要不，您给改个名？于是，这个国家的国号从高丽变成了朝鲜，一个我们中国人熟悉的名字。

此事发生在洪武二十五年（1392 年）。

当时的冯胜、蓝玉、常茂并不知道这些连锁反应。回头看纳哈出事件，首要责任人显然是蓝玉。不尊重人家的民族风俗，还不知错地跟纳哈出闹脾气，作为领军大将，蓝玉难辞其咎。

鲁莽的常茂受重罚并不让人意外，朱元璋将他革职安置到龙州（今广西龙州）。当然，要谈到受罚，不提冯胜是不完整的。冯胜收降有功，本该重赏，可他又被人告发私藏良马，强娶寡妇，再加上因指挥失当而损失濮英率领的三千骑兵。本来不赏不罚差不多扯平。不过，冯胜回京之后，他又和女婿常茂当殿相互推诿责任，终于惹得朱元璋龙颜大怒，再次下令将他罢官，不再让他统领兵马。

冯胜和常茂，这对活宝翁婿受到惩罚固然是咎由自取。神奇的是，始作俑者蓝玉非但没被处罚，还接手了冯胜的印信，继续统领部队。

胡惟庸的作用

纳哈出事件带来的后果是严重的，冯胜和常茂的军事生涯就此结束。常茂没多久死在了龙州，冯胜也在军队中失去了存在感，以后再也没能统领大军。

冯胜，宋国公，诏列德隆望重勋臣中居第三位。徐达去世后，冯胜已经是朱元璋手下三个最能打的将领之一。

常茂，郑国公，年少起就随父（常遇春）从征，没立啥大功，但资历和背景都很深。

蓝玉，常遇春妻弟，军界新星，在几次北伐中表现出色，洪武十二年（1379 年）封永昌侯。

这三个人放在一起，蓝玉的资历和能力显然还差点。朱元璋选择废掉冯胜翁婿而不处罚蓝玉，自有他的道理，这与另一位大人物有关，太子朱标。

至正十五年（1355 年）时，朱元璋刚渡江不久，正在率军攻打集庆，后方传来了朱元璋得子的消息。

作为江浙重镇，集庆并不好打，听到朱标降生的消息，正在前线的朱元璋备受鼓舞。老子打天下是为了谁，不是为了手下，也不是为了百姓，为的是儿子！他实在忍不住兴奋，趁着打仗间隙跑到一座山上题字——“到此山者，不患无嗣”。

与其后陆续降生的兄弟们相比，朱标受到朱元璋无与伦比的重视，一开始就是按照接班人的标准来培养的。至正二十四年（1364 年），朱标才十一岁，朱元璋在称吴王的同时，将朱标立为世子；洪武元年（1368 年），朱标升级为皇太子，再次以官方形式确认了他的地位。

历史上太子争位的例子不少，朱标不同，朱元璋对他的信任是无条件的。朱元璋的班子就是朱标的班子，他们用的是同一批人。朱标的东宫囊括了帝国精英，著名的文武官员几乎都指导过太子。

朱元璋虽然投入了大量教育资源，朱标却并不能理解父亲。这不是说朱标不好，他从小熟读儒家经典，性格仁慈宽厚，是兄弟心中的好大哥，臣子眼中的好太子。

而在这时，朱元璋正在着力整顿帝国秩序，在杀人的道路上越走越远。看到父亲杀戮太多，朱标经常忍不住出言相劝。次数多了，朱元璋也开始不耐烦，一次他找来一根通身带刺的木棍丢在地上，叫朱标伸手去捡。

太子朱标有点犹豫，这东西浑身是刺怎么能抓。朱元璋趁机教育：“你怕有刺不敢拿，我把这些刺都给去掉了，再交给你，岂不是好？我所杀的都是天下的坏人，内部整理清楚了，你才能当这个家。”朱标不服气，顶嘴道：“有什么样的皇帝，就有什么样的臣民。”朱元璋气得举起椅子就要砸这个太子。

朱元璋的人生经验来自他数十年的艰苦斗争，朱标从小信奉的却是尧舜之道，这种矛盾是无法调和的。

朱元璋心底里不信孔孟那一套，认为那只是工具而非方法，他信奉的是以“猛”治国，把内部的敌对力量全部消灭，把帝国的统治夯得结结实实的再交给儿子，那才是最好的。

为了清理“棘刺”，在洪武二十三年（1390年），朱元璋又整出了一起惊天大案。

前丞相胡惟庸已经死了十年了，这起案件还远远没有结束。

从洪武十三年（1380年）开始，胡惟庸案的余波还在不断发酵，根据需要，它可以被不断往里面加料。朱元璋根据自己的需要不断深入调查，直到它达到自己理想的标准。

洪武二十三年（1390年），这件大案终于完成了，胡惟庸的罪状从开始的六条翻了一倍，增加到了十二条。

胡惟庸的罪名：第一，擅权罔上。第二，曾经谋刺徐达。第三，毒死刘基。第四，同李善长勾结相通。第五，定远宅井生石笋，祖墓夜有火光，因有异志。第六，外结陆仲亨、费聚为助。第七，收纳亡命之徒。第八，遣林贤下海招倭，倭使如瑶伪贡率兵为助。第九，遣封绩称臣于元求援。第十，惟庸杀挽车者，太祖责偿死。第十一，阻占城贡使，被罪。第十二，私给文官以入官妇女坐罪。

朱元璋有没有冤枉胡惟庸呢？这是个很难回答的问题。这十二条罪名，在史料中都能找到记载，还都写得有声有色。除了第五条看来有点离奇，其他看起来都是事实。比如第七条收纳亡命之徒，《明实录》中这样记载：又与陈宁坐省中，阅天下军马籍，令都督毛骧取卫士刘遇宝及亡命魏文进等为心膂，曰：“吾有用尔也。”

从记录来看，这事确实有，但到底有多严重是个很模糊的概念。在那个天下未平、百废待兴的时代，高官们身边都收有家奴卫士，其中有几个亡命之徒并不算奇怪。或许，他们的另一种称呼“死士”更常见一些。

胡惟庸家很可能确实有，问题是别的公侯家可能更多。要是这也算犯罪的话，一大半官员得背上“谋逆”的罪名。

所以，这些罪名就看怎么理解了，反正第一条擅权罔上就足够死罪，治死了胡惟庸，要怎么加罪名就随朱元璋的意了。这些罪名是一步步升级的，先是私通日本，然后是勾结北元，最后是串通李善长谋反。把这些串起来，形成了一个完美的证据链。

尤其是看上去胡扯的第五条，老宅井里长出石笋，祖坟冒青烟，把它跟其他罪名联系起来看，都指向一个目的，说明胡惟庸有天子之运。这不是“谋逆”是什么？

既是“谋逆”，必有同党。“空印案”、郭桓案清洗了官员和富户，但勋贵们依旧风光。这些人倚仗功劳傍身，就算犯错，朱元璋也不好意思搞大清洗。

胡惟庸案是个筐，什么人都能往里装。大家相互攀扯，词语相连，牵涉了越来越多的人。直到最后，牵扯到了李善长身上。

李善长当时已经七十七岁，老得连路都要走不动了。但是作为“淮西勋贵”的老大哥，胡惟庸的保荐人，唯一还活着的（前）丞相，胡案既然已被定性为“谋逆”，李善长到底做没做根本不重要，他不死是不可能的。

洪武二十三年，李善长被以胡惟庸党追问，朱元璋将李善长连同其妻女弟侄七十余人一并处死。

明朝仅剩的一位丞相也没能得到善终，从李善长、杨宪到汪广洋、胡惟庸，前后四任丞相一一被朱元璋终结，丞相确实不好当啊！

此案延续十几年，一共杀了三万多人，其中公、侯级别的就有二十二人，一些我们曾熟悉的名字：吉安侯陆仲亨、平凉侯费聚、南雄侯赵庸、营阳侯杨憬、永城侯薛显等都被列为胡党，哪怕已经身故了也会被追究革除爵位。公侯是很少，更多的是地方上的豪门望族，在洪武朝他们也是真惨，每回大案都是陪绑的对象。

比较搞笑的是，当初朱元璋大封功臣时，给不少公侯发了丹书铁券，也就是俗称的“免死金牌”。李善长一人独得了两块，按道理可以免两次死罪。大家拿的时候乐呵呵，觉得白捡一条命可以放纵一下，等锦衣卫来抓人时才发觉不对劲，这牌子不管用。原来明朝的铁券与前朝不同，显著变化有两点，一是“谋逆”不宥，只宥其他死罪；二是不能送人，赠予无效，子孙不能免死。

胡惟庸案是“谋逆”，不在铁券的免死范围内，大家这才明白着了朱元璋的道，等他们被推上刑场的那一刻，估计心里都在大骂皇帝过河拆桥。

从“空印案”、郭桓案到胡惟庸案，一案未平一案又起。除了朱元璋的子女，没人有免死的权利。杀戮确实很重，但也不是只有负面效应。官员们在人人自危的同时，必须全力以赴拿出最优异的表现来施行朱元璋制定的国家政策，这已不是为了升官发财而是为了保命，朝廷的行政效率又一次得到了保证。

经过清洗，老一辈武将退的退，死的死，以蓝玉为首的新兴少壮派将领已经顶了上来。在洪武二十年（1387 年）的时候，蓝玉已接了徐达的班，成为新任征虏大将军，统领十五万大军再次远征北元。

第三十二章 捕鱼儿海大捷

捕鱼儿海大捷

该介绍下蓝玉了。

蓝玉，苗族人，原籍宝庆府（今湖南省邵阳市），元末随祖父、父亲迁徙濠州，遂为定远人。蓝玉有个姐姐，是开平王常遇春的王妃，而常遇春之女又被太子朱标纳为太子妃，因此蓝玉又成了朱标的妻舅。

宝庆出苗兵，自元末苗帅杨完者率苗兵转战江淮，宝庆苗兵即名扬天下。沐英、蓝玉身为苗人，身上都具有那份尚武悍勇的基因，初隶常遇春帐下，蓝玉即“临阵勇敢，所向皆捷”。常遇春曾对朱元璋夸奖，说蓝玉有大将才，蓝玉遂由管军镇抚积功至大都督府佥事。后来同沐英征讨西番，又同沐英一起佐傅友德征云南，“滇地平，玉功为多”。

常遇春的儿子们都不争气，蓝玉反倒继承了开平王的衣钵。在常遇春、徐达、李文忠先后薨逝后，蓝玉的地位蹿升。蓝玉由于与太子朱标关系特殊，更被朱元璋视为留给朱标的政治遗产。此种情况下，蓝玉俨然成为军界新一代领军人物。

洪武二十一年（1388 年）三月，蓝玉完成战争准备，率师十五万北进。他的目标只有一个——北元王庭。

元昭宗爱猷识里达腊去世后，他的弟弟孛儿只斤·脱古思帖木儿继任北元皇帝，汗号为乌萨哈尔汗，年号天元（《明实录》中则记载，明成祖指天元帝为元昭宗之子买的里八剌）。

这位前益王殿下很倒霉，即位没赶上好时候。元顺帝妥懽帖睦尔和元昭宗爱猷识里达腊虽然也被明军打得挺惨，但至少还有都城和军队，时不时还能反击一下。到了脱古思帖木儿手下，干脆连都城也没了，大汗的蒙古包在哪里，哪里就是王廷。朝廷威望大减，一年不如一年，部下各怀异志，已经没有多少军队直接听命于他，堂堂大元皇帝只剩下挨打的份儿。

脱古思帖木儿不傻，他明白朱元璋一直在惦记着他，为了避风头，他把他的大帐一再往后挪，这会已经撤到了极北的捕鱼儿海。那地方现在叫贝尔湖，位于中蒙边境，离蓝玉出兵的北平有一千三百多公里。

这里实在是够隐秘，为了追捕脱古思帖木儿，明军费了老大的劲。蓝玉的十五万大军吓坏了元军，蒙古人如同惊弓之鸟，早已消失在茫茫无际的草原与大漠之上。

这不是一场实力对等的较量，只是场猫捉老鼠的游戏，只要能找到脱古思帖木儿，就已胜利了一大半。

可是条件实在太艰苦了，自洪武二十一年（1388 年）三月出兵以来，明军每天都在行军。漠北的天气依旧寒冷，随着补给线越拉越长，大军的军需供应已开始出现困难。

十五万人马的吃喝拉撒可不是小问题，这种情况下，蓝玉也动摇了。他告诉大家，再坚持一下，前进到捕鱼儿海看一眼，还是找不到脱古思帖木儿的话就收兵。这番敷衍的话无法掩盖主帅内心退堂鼓已经敲得山响，没人指望还能找到脱古思帖木儿，大家彼此心照不宣。

到离捕鱼儿海还有四十多里的百眼井时，蓝玉放出侦骑四处查探，依然没见到一个蒙古人。他彻底泄气了，下令收队班师。

如果是这样，蓝玉这个名字在历史上将平平无奇，湮没在明初一众名将中。可是定远侯王弼不答应。定远在朱元璋创业阶段拥有重要的意义，能爵封定远侯，足见王弼绝非泛泛之辈。

王弼是朱元璋的老乡，早在至正十二年（1352 年）就已投奔，他最高光的时候是在围攻张士诚的平江之役中。张士诚亲率精兵突围，常遇春防线告急，是王弼挥舞双刀杀入阵中，稳住战线，为常遇春争取了时间。此战过后，张士诚就失去了突围的能力，只能束手就擒。

这是条铁打的硬汉，从不知放弃为何物。王弼厉声说道："我们深受皇上信任，十几万人出塞，好不容易深入这里，如果现在放弃，回去怎么向皇上交代呢？"

蓝玉觉得有道理，他接受建议继续前进，并下令大军偃旗息鼓，隐匿潜行。四月十二日，明军前进到捕鱼儿海东南的哈拉哈河岸，在这里蓝玉终于等到了他迫切需要的好消息：斥候骑兵发现了脱古思帖木儿的宫帐，就在捕鱼儿海东北方向八十多里。

这是个价值连城的情报，所有坚持都是值得的。蓝玉令王弼为先锋，衔枚疾进，直扑王庭，自己率大军随后赶到。

脱古思帖木儿压根儿没想到明军竟然能摸到这里，北元军队更是毫无戒备。王弼的双刀早已饥渴难耐，他率部下如同幽灵一般，趁着漫天的风沙，悄悄地逼近了蒙古人的营帐。

直到明军发起进攻时，元军才意识到发生了什么，战斗过程用"一边倒"都不足以形容。蒙元损失十万人左右，明军的损失却微不足道，据说是"不费寸兵，以收其效"。

洪武五年（1372 年）岭北之战后幸存下来的元军，主要有蛮子、哈剌章的军队及原属王保保的军队，这些军队全部参加了洪武二十一年（1388 年）的捕鱼儿海之战。

其中北元朝廷直属的太尉蛮子及太师哈剌章二人的军队，他们一直承担着保卫北元小朝廷的任务。这两人对北元极为忠心，哪怕遭到突袭也竭尽全力抵抗。结果蛮子被郭英当场挥刀杀死，哈剌章的大营亦在十多天后被蓝玉击破，所部“一万五千八百三户”与“马驴四万八千一百五十余匹”被俘，哈剌章本人下落不明。

这两个元朝老臣长期并肩作战，死中求生，却在捕鱼儿海劫数难逃。中央禁卫军作为北元正规军的主力，终于在这次决战中基本上被明军全歼。

其次，还有王保保的军队。王保保于洪武八年（1375 年）病故后，他的直属部队由其弟脱因帖木儿统领，是脱古思帖木儿手下仅剩的还有战斗力的军队。随着詹事院同知脱因帖木儿这次被俘，各种史料再也没有关于原属王保保军队的记载。由此可知，包括脱因贴木儿在内的原属王保保的军队，已经在捕鱼儿海遭到了明军的毁灭性打击。

值得一提的是，明军还在捕鱼儿海俘虏了北元吴王朵儿只，朵儿只是成吉思汗同母弟哈赤温的后裔，他在世袭的封地上被俘，意味着成吉思汗亲自分封的哈赤温汗国的结束。只有脱古思帖木儿、太子天保奴以及少数随从趁乱逃出了包围圈。明军出动精骑追击千余里，都督余通渊所部一直打到了克鲁伦河，因追之不及，方才撤了回来。

北元皇室遭到毁灭性的打击。蒙古高原的信条是强者为王，没有实力的脱古思帖木儿是脆弱的，就如同免死金牌不能免死一样，孛儿只斤的姓氏并不能给他保护，反而成为催命的符咒。他曾经的部将也速迭儿在土剌河袭杀了这位大汗，同时被杀的还有太子天保奴。

这其实是个复仇的故事，也速迭儿是阿里不哥后裔，脱古思帖木儿则是忽必烈一系。阿里不哥当年起兵与忽必烈争夺汗位，被击败投降后，没多久就不明不白地死去。他的后代并没有忘记这个仇恨，当机会来临时，也速迭儿终结了忽必烈的直系子孙，完成了长达百年的蒙古版王子复仇记。

脱古思帖木儿死后，传统意义上的北元宣告灭亡，明朝方面不再承认后来的蒙古政权。自他以后，蒙古大汗不复有汉式庙号、谥号。

当然，对蒙古而言，元主还继续存在着。按蒙古规矩，非黄金家族血统不得称汗，也速迭儿也属于孛儿只斤家族，有称汗的资格。他于 1388 年上尊号“卓里克图汗”，宣布继承北元政权，蒙古至少在表面上维持着统一。

在也速迭儿统治时期，北元的政治中心西移到原阿里不哥后王势力范围内，原脱古思帖木儿的部众大部分被强迁到西蒙古瓦剌地区，朝政开始由瓦剌贵族把持。

但由于阿里不哥后裔诸王世代居住于草原，有浓厚的蒙古文化背景，他们的执政使蒙古政权的汉文化因素迅速衰退。

大元的汗位之争又回到了起点，这次是阿里不哥的继承人战胜了忽必烈的继承人，汗位完成了一个因果循环，还是在拖雷一系手中。

带来的副作用是，蒙古本部（鞑靼）正式与阿里不哥家族为代表的卫拉特部（瓦剌）分裂，两大部落为争夺蒙古高原的统治权进行的长达半个世纪的斗争也开始了。

封狼居胥

蓝玉这份成就超越了徐达。

要问在中国古代，华夏武将的巅峰荣誉是什么？不是封公侯，不是于万千军中取上将首级，更不是什么入朝不趋、剑履上殿，而是四个字："封狼居胥"。

这是个古老而崇高的荣誉，来自历史上第一档名将、西汉骠骑将军霍去病。公元前 119 年，这位少年英雄率军深入大漠，在漠北之战中消灭匈奴左贤王部主力七万余人，追击匈奴军直至狼居胥山（现蒙古国乌兰巴托东侧肯特山）与姑衍山，分祭天地，临瀚海而还。此战使得"匈奴远遁，漠南无王庭"。

凭此一战，霍去病回朝后官拜大司马，成为史书上不灭的光辉印记。

从此，"封狼居胥"成为一个专属名词，表示中原王朝对外作战极其显赫的武功，仅仅"封狼居胥"四个字，就已经成为后代无数兵家的毕生所求。

在冷兵器时代，这不光需要天时、地利、人和，还需要运气和实力。霍去病之后，只有东汉名将窦宪的“燕然勒石”与唐朝李靖灭东突厥能与之相提并论。

蓝玉的捕鱼儿海之战在战斗层面不如前三位，性质是类似的，同样是恢复元气的汉人王朝对漠北游牧民族政权中枢的毁灭性打击。没有蓝玉的这场大胜，蒙古不会那么快陷入分裂，明朝将不得不继续出塞对北元朝廷进行打击。

捷报奏传至京，朱元璋忙赐诏奖励慰劳，将蓝玉比作自己的卫青、李靖。蓝玉回朝后，立即将他晋升为凉国公。

这个功劳要是给徐达，他绝对能进入卫青、霍去病那一档。徐达没能做到的，蓝玉做到了，这里面有王弼的功劳，但作为主帅的蓝玉绝对是首功，这毋庸置疑。

那么，蓝玉有没有资格与卫、霍并列呢？非但不能，他连徐达的大明第一名将的地位也无法撼动。因为蓝玉很快就死了，而且大明的史书不会称颂他，他的身份是罪人。

第三十三章 『功臣政治』和继承人问题

“功臣政治”

蓝玉死得很惨，在所有被杀公侯中是最惨的一位。曾经的征虏大将军、凉国公蓝玉，在洪武二十六年（1393 年）被以“谋逆”的罪名下狱，他享受到了明太祖的最高“礼遇”：“剥皮楦草”之刑。

蓝玉之死，不是个孤立的事件，它为洪武朝的杀戮行动画上了休止符。这事关大明立国后最大的一个谜团：明太祖朱元璋为何要大肆屠戮功臣？

蓝玉死后再看这个问题，答案就比较清晰了。

首先需要明确一点，朱元璋并不是个翻脸不认人的人。“鸟尽弓藏，兔死狗烹”这种事，一开始并不在他考虑之中。

比如胡惟庸案。

胡惟庸案发生在洪武十三年（1380 年），都知道朱元璋杀勋贵天下第一，奇怪的是，胡惟庸案这么好的机会，竟没有一个勋贵被杀。那一年，被砍头的重要官员只有胡惟庸、陈宁、毛骧、涂节等寥寥数人。他们中分量最重的胡惟庸，也称不上是“淮西勋贵”，顶多算淮西新力量。

胡惟庸被杀，得益的是谁呢？竟然还是“淮西勋贵”！

除了李善长重新出山执掌御史台，更绝的是，朱元璋还将宠爱的大女儿临安公主嫁与李善长长子李祺。

在此之前，他已有长子朱标娶了常遇春之女；晋王朱棡娶了谢成之女；秦王朱樉娶了邓愈之女；燕王朱棣娶了徐达之女。张罗这些婚事的目的很明确，要通过联姻的方式笼络功臣。

此后，朱元璋又陆续封了一批新的公侯，大多数还是淮西人或渡江旧部，比如傅友德在洪武十七年（1384 年）从颍川侯晋升为颍国公，同一年郭英封武定侯、胡海封东川侯。

数一数，朱元璋先后封了十一个公，都是淮西老臣；五十七个侯，大多数是淮西人；只有六个伯不是淮西籍。

处死“淮西勋贵”，再扶持“淮西勋贵”，这是什么套路？这只能说明，朱元璋对老兄弟们依旧是信任的，哪怕胡惟庸背靠的是李善长，他也没有怪罪李善长，反而进一步笼络以示亲近。

这完全可以说明，洪武十三年（1380 年）的朱元璋，并没打算对开国功臣开刀。那他后来为何改变主意了呢？

这种事有个逻辑，叫作“功臣政治。”

历史上，所有开国皇帝都要面对同一个问题，王朝建立以后，如何对待开国功臣？

“自古帝王之兴，曷尝不建辅弼之臣所与共成天功者乎”——“功臣政治”是每个王朝建立后所必须经历的阶段。

帝国建立之初，新的皇帝往往根据参与人员缔造新朝的功绩进行政治权利的分配，也就是“以功次定朝位”。这种政治管理体现出成功的政治集团首领与其他参与人员的人情债务清算，也是使这一政治集团内部的利益关系进一步强化的方式。所以第一步就是大封功臣。

功臣崇拜是古代传统政治观念的基本内容之一，王朝初期，也是“功臣政治”最为炽盛的时期。但是“功臣政治”被取代是必然的，因为随着王朝的发展，它的存在已经不再具有历史合理性了。建设新政权与摧毁旧政权相比，需要更高层次的政治人才。而中国古代的功臣崇拜与“功臣政治”，常常表现为军功崇拜与暴力政治。

功臣大多是军人出身，军人在战争中的特殊地位，使得他们不能不成为战后建立新王朝的主要支持力量。战争功臣是“功臣政治”的主要力量，但以军功授官，却容易导致军人以军事管理方式强力推行苛政的政治局面。

典型例子是秦朝。秦朝以军人为官吏，使各级行政机构都有产生极权暴力的倾向，令统一后不久即应结束的军事管制阶段实际上无限延长，终于酿成暴政，二世而亡。

“功臣政治”还有另一个明显的特点：功勋与政治权利都可以世袭。

这种世袭制度很早就已形成，以家族为单位发展为世袭政治。然而，这些家族终于逃不过殒命亡国的命运，其主要原因在于其自身素质的逐步退化。换句话说，占据高位的功勋家族还有另一层意思：德不配位。

在具体的政治活动中，并无特别才干的勋贵家族占据了与其能力不相称的地位，真正优秀者寥寥无几，在促进政治进步方面没有任何重要的建树。

“功臣多出于亡命无赖”，即功臣身上多自带土匪习气，在政治形式逐渐进步的过程中，“功臣政治”的弊病会越来越突出地显现出来。当权者逐渐注意到，要完善政治，必须有效吸引和任用贤能之士。即从“功臣政治”向“贤臣政治”过渡。这一点从汉朝开始表现得很明显，汉初受封功臣有百余人，到了汉武帝太初时期，仅余五侯。

将“功臣政治”修正为“贤臣政治”，这个步骤往往不得不经历艰难的转折过程，后世君主们有的成功了，有的失败了。

比如，汉高祖刘邦，该清的清，该洗的洗，功劳越大越倒霉，人们把这叫“功高震主”。另一种皇帝，比如宋太祖赵匡胤，来个“杯酒释兵权”，一顿酒，就让功臣们主动退休。还有的皇帝，比如唐太宗李世民，基本不动功臣，爵位不动，官职不动，只要你想干，可以一直干到倒在工作岗位上。

看上去选择大不相同，不过有一个共同点：皇帝们在做选择时，从来都没放心过功臣。

军功功臣们就是一个个大大小小的军头，江山代有才人出，各领风骚数百年。但每个人都应该清楚适合自己“领风骚”的是什么时间段，可大多数人都是能上不能下，上去了就再也下不来了。皇帝只能帮他们做选择，用自己的方式。

不管第二步怎么选，皇帝们心里明白得很，“功臣政治”的存在对他子孙的统治有害无益。功臣当然需要参与执政，但功勋具有永久政治效力的迷信必须破除，转为“贤臣政治”才能让国家长治久安。

转型比较暴烈的做法是斩尽杀绝；温和一点的做法是削夺他们的主要权力；最温柔的办法是建立散官、勋官制度，给功臣荣誉和物质奖励，却不给予与其实际行政能力相称的政治权利。

虽然法度有更替，制度有变迁，开国功臣的命运总也逃不出这几种。然而，这些办法绝非一锤子买卖，帝王们还要综合考虑各种内外因素的互相作用。

再看朱元璋。

从洪武初期到洪武晚期，明太祖屠戮功臣有两个时间节点：

洪武二十三年（1390 年），胡惟庸案余波发酵，这次共有二十二家开国勋贵被处死和除爵。

洪武二十六年（1393 年），蓝玉案，共有十九家勋贵被铲除。

显然，如果你是朱元璋手下的开国勋臣，直到洪武二十三年都会活得很舒服。

继续重用淮西旧部，还和他们联姻，朱元璋想得很好，可勋贵们并不配合。冯胜、常茂、蓝玉性格乖张，乱权坏法，其他人差不多也是这样，这让朱元璋十分为难。

“功臣政治”的困境出现了。

问题是，这些以军功起家的功臣们，军事以外的素质本来就很低下，并不具备足够的治国理政能力，闲下来以后，他们的短板逐渐暴露出来。

事实基本如此，这些人大都是从农村闯出来的，里面文化水平较高的李善长也只是“粗持文墨”。他们拿手的是上阵杀敌，一旦没仗可打，就很容易搞事。汤和嗜酒妄杀；赵庸私占奴婢；郭兴不奉主将之命；薛显强夺军官财产，乱杀部下；曹兴“多不循轨度”；周德兴营造宅邸僭越；谢成仗势欺负小民。

除了徐达、郭英等有限几个人，没一个让朱元璋省心。他们是说又说不听，听又不会做，做又做不好，就连这些勋贵的家人也习惯了狐假虎威，仗势欺人。

大明的“功臣政治”走进了一个歧途，朱元璋眼里的老兄弟们变了，变成了自己曾经最痛恨的那种人。他们已不是跟自己起事时，发誓“立纲陈纪，救济斯民”的那些人了。为了眼前的一些小利，他们可以将皇帝的警告置若罔闻，自恃劳苦功高，骄纵妄为。

仔细注意一下还能发现，开国以后“功臣政治”越炽盛的王朝，越容易发生政治动荡，皇帝与功臣的矛盾最终会爆发，许多短命王朝直接就是被功臣搞垮的。

所以，“功臣政治”一般都表现出“反文治”和“非进取”的性质。

朱元璋按照他的方式改造帝国，“功臣政治”的弊病却越来越突出。朱元璋真的要一直忍受下去吗？他还没想好。直到洪武十五年（1382年）八月，朱元璋结发妻子马皇后的离世，把事情推向了过激的一面。

马皇后荣宠一生，她让杀人如麻的朱元璋有了软肋，自她离去，朱元璋不再立后。失去了马皇后，朱元璋性格中强硬的一面失去了制约，没人再有资格劝他。

当大规模联姻依旧无法解决问题时，洪武二十三年（1390年），朱元璋用行动对勋贵们作出了回答。

这一年，胡惟庸案历时十年后再次集中爆发，牵连勋贵二十二家，其中包括李善长、唐胜宗、陆仲亨、赵庸、费聚、陆聚等。

毋庸置疑，这是一次有计划的屠杀，目标是“淮西勋贵”。再仔细看一下，还能发现有意思的细节。这二十二家勋贵里，有二十家都是洪武三年（1370年）所封。后封的二十家新勋贵，基本完好无损。这不是巧合，而是朱元璋的计划，清洗一部分德不配位的功臣，让国家向“贤臣政治”

过渡。

杀戮本该到此为止。洪武二十三年（1390 年）的朱元璋，并不想对功臣赶尽杀绝，直到洪武二十五年（1392 年）太子朱标意外去世。

继承人问题

洪武十一年（1378 年），朱元璋终于下诏改南京为京师，踌躇了十年的建都问题，看上去似乎告一段落了，实际上并未解决。

朱元璋对应天并不满意，迁都的心思一直没有断过。洪武二十四年（1391 年），他派太子朱标代他巡视西北，实地考察比较迁都地点。朱标一圈转下来，绘制好了地图，回到南京交给父亲检视挑选。

由于出差时感染风寒，朱标就此一病不起，第二年去世，年仅三十七岁。

朱标是朱元璋早就确定好的继承人，这个儿子跟马皇后一样仁慈，一样宽厚，一样讲道理。兄弟们视他为好大哥，臣子们视他为明主，他将来一定会是个好君主。

按照既定的设计，朱元璋一步步帮朱标清除“棘刺”，最难最烂的事他全都一肩挑。朱元璋明白，自己的这个儿子太过善良，他不愿把得罪人的事情留给朱标，他要让儿子有条件按照自身的想法治理国家。当朱标接手的时候，不必再去面对那些杀戮，可以依照他的理念，用温和的方法来进行统治。开国皇帝强硬，继任皇帝以“仁君”面目登场，更能赢得百姓的爱戴，一张一弛间也让帝国得到喘息。

世上没有什么灾难比得过死亡，世上没有什么痛苦能大过白发人送黑发人。六十五岁的老皇帝朱元璋受到这样严重的打击，伤心至极，身体一天天虚弱下去，他的背开始佝偻，头发、胡子全变白了。

精力被抽走一大半，生活还是要继续，朱元璋强打精神，开始抓紧处理善后问题。首要问题是确定继承人。朱元璋几经犹豫，终于立朱标之子朱允炆为皇太孙。

为何选朱允炆，这里面有个微妙的细节。朱标有五个儿子，长子朱雄英夭折，朱允炆是最大的儿子，但他并不是太子妃常氏所生，而是侧妃吕氏所生。也就是说，朱允炆并不是朱标的嫡子。

太子妃常氏生了两个儿子，除了朱雄英，还有个朱允熥。朱允炆和朱允熥只差一岁，按“立嫡不立长”的规则来说，朱允熥应该比朱允炆更有资格被立为皇太孙。

原因出在太子妃常氏身上。常氏是常遇春的女儿，朱允熥是常遇春的外孙。常遇春早就死了，可常家的影响力还在，“常十万”的儿子常茂娶了冯胜的女儿；女儿常氏嫁给了太子朱标；妻弟蓝玉又是大将军，同时还是蜀王朱椿的岳父。

这本是朱元璋布下的局，他废除丞相，将权力集中到皇帝手中。按这种设计，朱标即位后，蓝玉掌握着军权，朱标掌握着蓝玉，军政一把抓，以朱标的威信没人能挑起事端。

朱标病故后，朱元璋为他准备的计划顿时失去了作用。朱允熥的母家势力庞大、盘根错节，外戚有可能成为威胁。朱允炆母亲吕氏平民出身，母家没啥力量，不可能出现外戚干政的局面。

未经历练的孙子们不比儿子，选择朱允炆是个安全的方案。

确定人选只是第一步，十五岁的朱允炆半大不大，和朱标相比差得太远。此时的朱元璋已日渐垂暮，他有没有时间再来扶立一个皇太孙呢？

从地位被确立开始，朱允炆就投入繁忙的朝政处理中来，并表现出了和其父类似的潜力。大家开始对他刮目相看，朱元璋也很欣慰地认为自己没有选错人。

朱允炆确实很像朱标，同样的仁厚，同样的宽大，他向爷爷请求修改朱元璋亲自制定的《大明律》，删减了里面七十三条过分严苛的条文。

“仁孝”的朱允炆很得朱元璋欢心，但是“仁孝”之君往往难以驾驭骄兵悍将，朱元璋手下这批如狼似虎的百战之将，哪个也不像省油的灯。

传位给朱标，朱元璋有足够的时间采取措施，让朱标建立起自己的威信；传位给朱允炆，朱元璋的时间已经不多了。

朱允炆终将建立起自己的威信，但那是朱元璋驾崩以后的事。在朱元璋还活着的时候，需要确保没人能在自己死后掀起风浪。

朱元璋甘愿背上暴虐的罪名，也要为孙子扫除障碍。朱元璋扶持朱允炆之坚定，一如当初为朱标清除“棘刺”，毫不犹豫。

一场针对功臣宿将的清洗即将展开，作为此时帝国最荣耀的将军——蓝玉，能独善其身吗？非但不能，蓝玉还正在作死的道路上越走越远。

捕鱼儿海大捷后，蓝玉已成为大明帝国二代将领的领军人物，本来前途无量，但他的骄傲也水涨船高，达到了横行霸道的地步。

在那次超级成功的北伐回师途中，蓝玉就开始忘形了，他侮辱了元主的妃子，违反了朱元璋的民族团结政策。更过分的是，在他回师经过喜峰关时，就因为守关官吏没能及时开门接纳，竟然纵兵毁关，破门而入。

这两件事都不小，此时朱标尚在，朱元璋忍了。朱元璋只是略施薄惩，将蓝玉的梁国公改成了凉国公，意思大概是叫他冷静一下，不要被胜利冲昏了头脑。

蓝玉不以为意，日渐恣意骄横，还蓄养了许多庄奴、义子，行不法之事。这种事可大可小，朱元璋又忍了。

蓝玉还强占东昌民田。御史前来了解情况，蓝玉却叫手下把人家打跑，这就非常过分了。其他功臣都不敢干，蓝玉敢。

蓝玉犹不改过，在陪侍朱元璋酒宴时口出傲语，说军中将校升降进退，大权操于他一人。西征返回后，蓝玉被封为太子太傅，可他不愿位居宋、颍两公之下，竟然发牢骚说：“我难道不能做太师吗？”

这些事单独看，就和冯胜等人犯过的类似错误一样，说小不小，说大也不大。差别在于冯胜犯二是断续的，总是等朱元璋忘得差不多了，他才再犯一次。蓝玉犯二则是连续的，上一次还记忆犹新，新的劣迹又来了，且有愈演愈烈之势。

这些事都发生在短短四年左右时间里，还是接连发生，朱元璋心里早就对蓝玉十分不满。

朱标制得住蓝玉，朱允炆就不一定了。朱允炆的性格和朱标很像，但威望完全不能比，蓝玉要是发起疯来，朱允炆能有什么好办法吗？

朱元璋很为孙子担心。蓝玉是个武人，性格乖张，这样的人控制不住是很危险的。一旦朱元璋不在了，一个无法控制自己情绪的大将军会干出什么事，谁也无法预料。

按发展趋势看，蓝玉是很有可能发疯的，他本就是这样的人，纳哈出投降事件，冯胜和常茂实际上是替他背了锅。当时有朱标替他撑腰，现在朱标没了，除了朱元璋，蓝玉已无所畏惧。

朱标突然去世，随后蓝玉案爆发。

蓝玉案是朱标之死的衍生品，是朱允炆登基的代价，朱元璋就算不想做也不得不做。

爬得有多高，跌得就有多惨。洪武二十六年（1393 年）二月，锦衣卫指挥蒋瓛告蓝玉谋反，蓝玉下狱，迅速被以谋逆罪名处死。此时距离朱允炆被立为皇太孙，仅有五个月。

或许是为了警告，蓝玉成为明朝官方史料记载中尝到“剥皮楦草”之刑的最后一人。用刑完成后，他的皮还被送往全国进行巡回展示，最后是女婿蜀王朱椿出面，请求父亲让蓝玉的皮留在四川，朱元璋批准。此后，蓝玉的皮被装上金头供奉起来，直到明末张献忠攻入蜀王府时，抬头看到这幅人皮，还被吓了一大跳。

蓝玉在狱中没有混吃等死，他很“负责”地供出了一大批人，景川侯曹震、鹤庆侯张翼、舳舻侯朱寿、东莞伯何荣、吏部尚书詹徽、户部侍郎傅友文都在他同谋名单中。这些人又进一步牵出了更多的人，最后被杀的有一万五千多人。

只不过，蓝玉案办得比胡惟庸案利索多了，这么重大的谋反案，七个月就全部结案。洪武二十六年九月，朱元璋宣布：“自今胡党、蓝党概赦不问。”

蓝玉真的要谋反吗？

其实，朱标的去世，才是蓝玉的灭顶之灾，也是剩下不多的开国公侯的无妄之灾。朱元璋留给朱标的班底不光包括蓝玉，还有傅友德、王弼、曹震等人。他们可以唯威望出众的朱标马首是瞻，但朱元璋难以相信，他们可以同样对年幼的皇孙忠心耿耿。最稳妥的办法，就是斩尽杀绝。

后人无法想象朱元璋作出这些决定时的心情，要宣判这些大半辈子一起出生入死的老兄弟死刑，这绝不是个轻松的决定。但是在帝国的稳固面前，这些都是可以被牺牲的。

把这个过程连起来看，能体会到朱元璋思想的变化。称帝后长达二十多年的时间里，他并未想过要清洗功臣，甚至还以各种手段加以笼络。随着时间的流逝，“功臣政治”表现得不合时宜，功臣们的骄纵更是让他担心。朱标去世后，为子孙清除障碍的心思完全压倒了曾经的战友之情。

转变是慢慢发生的，这个过程朱元璋思考准备了长达十年。

以朱标的死为一条明显的分界线，之前被杀的功臣基本都是自己作死，之后被杀的功臣个个堪比窦娥。

其中还有个容易被忽略的细节，朱标去世后被杀的功臣，他们都是朱元璋的姻亲，而且清一色地把女儿嫁到了皇家。比如晋王世子娶了傅友德之女、周王是冯胜的女婿、蜀王是蓝玉的女婿。这些功臣都有成为藩王臂助的可能，为了防止串联，他们都得死。

举例来说——徐达、李文忠去世后，大明勋贵中最强的两个武将——冯胜和傅友德。

蓝玉是太子朱标的班底，又有捕鱼儿海的战绩加持，后期上升为大明第一将军。但要单论军事能力，冯胜、傅友德哪个也不比他差。

傅友德在洪武二十七年（1394 年）被赐死，冯胜仅仅比他多活了一年。他们并不是死于蓝玉案，只是因为朱元璋不想让他们再活下去了。

他们两人被清洗与一位亲王有着密切的联系：朱元璋次子，晋王朱棡。

洪武十一年（1378 年），朱棡就藩太原，从此与燕王朱棣、宁王朱权、辽王朱植等几个兄弟一起，成为大明边疆支柱，是朱元璋分封体系中的重要一环。晋王表现出来的军事能力也不差。晋王、燕王、宁王、辽王几个塞王最受器重，数次受命统兵出塞，筑城屯田，为大明初期北方边防的稳固作出了不少贡献。

周王朱橚是冯胜的女婿，但从统属关系上说，冯胜、傅友德皆受晋王节制。晋王朱棡和他们曾长期合作，就在洪武二十五年（1392 年），朱标还在世的时候，冯胜还协同傅友德前往朱棡镇守的山西练兵，接受晋王的统属。甚至，傅友德的女儿还嫁给了朱棡的世子，两人是亲家。

晋王朱棡又是个颇有野心的藩王，数次向太子朱标打过燕王的小报告。朱标死后，他一度蠢蠢欲动。

冯胜、傅友德都是百战名将，帝国无人能出其右。晋王一人不足虑，朱允炆有足够的资源对付他。可要是晋王和老部下冯胜、傅友德联手呢，大明还有谁能挡得住他们？答案是无人能挡，除非蓝玉还活着。既然蓝玉已经死了，那他们也只好跟着蓝玉去了。

从长远看，“功臣政治”被“贤臣政治”取代是必然的。本来会死的只是洪武二十三年（1390 年）那二十二家勋贵，另外十九家并不在计划中，只是由于朱标意外去世，朱元璋不得不为孙子朱允炆打造一个最易掌控的环境。

朱标死后，朱元璋的身体一年不如一年，他明白自己大限将至。

到了皇帝这个份儿上，有些事是不得不做的，哪怕是杀了自己的老兄弟们。朱元璋宁愿独自背负恶名，也要为子孙后代铲平后路。

经过两次集中清洗，朱元璋给孙子朱允炆留下了这么几家勋贵：徐达、李文忠、汤和、耿炳文、吴良、沐英、吴复、郭英。这些人的共同点是，要么没有女儿，要么相当识时务，或者是第一代已经去世。

朱元璋相信，孙子朱允炆能够驾驭他们。后来发生的事情也证明，除了一个意外（徐增寿），这些人确实是帮着朱允炆的。

可以作出总结了，朱元璋清洗功臣的两个原因：

一、纠正“功臣政治”的错误。二、太子朱标的去世。催化剂：马皇后的去世。

第三十四章 以农为本与小农模式

以农为本

洪武十三年（1380年）到洪武三十年（1397年），朱元璋委实制造了不少大案，杀得人头滚滚。据此许多人认为他是暴君。奇怪的是，残暴的朱元璋的统治却越来越稳固了。

荀子说："君者，舟也；庶人者，水也；水则载舟，水则覆舟。"但朱元璋是个很有头脑的皇帝，他对贵族、官员下狠手，不代表他对百姓也这样。

朱元璋最恨的是贪官，最同情的是农民，他的国策是"安民为本"，主张"与民休息，藏富于民"。

杀戮会带来恐怖，却也会带来秩序。大案接连发生，朱元璋将勋贵、官员、豪族、地主打击得支离破碎。以农为本，朱元璋想要的经济振兴计划更容易推行了。

朱皇帝的首要目的还是朱家千秋万代一统宇内，但在客观上，他也确确实实把恢复农业当作头等大事来抓。

根据户部的统计，洪武元年（1368 年）全国增加的垦田数字是七百七十顷，这个可怕的数字甚至还不如如今一个县的耕地。它说明，战争让社会变得有多残破。

每一次改朝换代，都是人口波动最剧烈的时期，损失过半几乎是常态。战乱造成的人口死亡只是一方面，社会失序造成的饥荒、疫疾流行才是主要方面，朱五四一家就是这么死的。元朝后期全国户籍人口九千万左右，明初只剩六千万人，损失达三分之一。

当朱元璋开始收税时，他才意识到问题有多严重。许多地方根本交不上额定的租税，因为根本没有足够的人口去种地，许多行政单位只能降格，州改为县，人口少的县被合并，重新确定交税数量。

要问朱元璋的天赋是什么，除了军事可能就是农业了。祖祖辈辈的务农经历让他从小就熟悉农业，游方要饭的经历又让他增长了社会见识，他很明白如何发展农业。

数字不会说谎，经过一系列休养生息的政策，垦田的数量每年都在增长。到洪武十二年（1379 年）户部统计时，这个数字是二十七万三千一百零四顷三十三亩，十六年翻了三百五十多倍。

庄稼不会自己长出来，还得靠人来种。根据洪武十四年（1381 年）的人口统计，全国共有户口一千零六十五万四千三百六十二户，人口五千九百八十七万三千三百零五人。

为什么看上去几乎没有增加呢？这里面有个统计学上的概念。这个数字是根据里甲制统计出来的人口，不包括罪犯、奴隶，也不包括不实行里甲的少数民族地区，而且军户和卫所衍生出的人口亦不计算在内。

这些人有多少，现在没法确切统计。根据现代学者的研究，认为洪武朝的人口巅峰数字很可能在一亿以上。

在农业社会，当土地兼并的主要推手豪族和官员受到一再打击后，底层农民的生存条件就改善了，大家吃得更饱，就能生更多的人口，开垦更多的荒田。

人口和垦田两个数字一上升，农业便开始复苏，带动经济复苏；经济好转，大明的统治自然也就稳固了。

其实，朱元璋是很有机会让大明的经济再上几个台阶的，只是他定下了“重本抑末”的总原则，从而失去了这个机会。

“本”是农业，“末”指商业，“重本抑末”就是“重农抑商”。朱元璋骨子里是个农民，他最推崇自给自足的自然经济，商业终究是不被重视和受到抑制的。皇帝压根儿不重视商业甚至抑制商业，经济怎么能发展呢？这决定了明初工商业的发展终究有限。

小农模式

说到底，恢复生产、重视农业、清除弊政这些事，在那个时代，几乎所有开国皇帝都会去做。这是大乱之后必有大治的必然反弹，不能说是朱元璋独一份的功劳。

大明统治越来越稳固的原因，还在于另一方面，一个被后人诟病的方面——加强对百姓的人身控制。

明初，人口是不能随便流动的，因为朱元璋设计了里甲制度。

这项制度规定，每一百一十户编为一里，十户为一甲，由缴纳粮食最多的十户人家担任里长，管理这一百一十户人家。每年由一名里长率领十名甲首应当差役，负责“管摄一里之事”。除了里长、甲首之外，还有坊长、厢长、社首、社正、社副，一整套班子可谓麻雀虽小，五脏俱全。

“一里”之内能有什么事呢？主要就是看好自己这一百一十户人家，完成赋役征收、水利维持、维护基本治安等任务。

若有人要去“一里”之外办事行不行？可以，倘有外出，必须让本甲人户相为知晓，大家共同监督。

要是有人超时不归，或者趁机逃跑怎么办？轻则，里长要受杖责；重则，里长拿官治罪，甲首打板子。

所以，里长是万万不敢放人离开本里的，否则许多人都要倒霉。

此外，朱元璋自己推行了另一项制度——户籍制，发挥了作用。

户籍制起源很早，历史很长，历代王朝都有推行，不过明代的户籍制是相当有特色的。

洪武三年（1370年），大明进行了第一次人口普查。根据普查结果，朝廷按照职业对全国百姓的户籍进行了重新划分，最主要是三类：军户、民户、匠户。此外还有站户（驿站人员）、陵户（守墓人员）等，由于数量太少，不代表普遍意义。

三大类下面又包含许多具体的职业，比如匠户有医生、厨师、裁缝；民户有上户、中户、下户、下下户（鳏寡孤独，不承担差役）之类不同的户。根据地域和成分不同，他们分别负担不同的差役。

而且，朱元璋规定，职业世袭，永不更改。

比如你是裁缝，你儿子也必须是裁缝，你儿子的儿子还得是裁缝。至于你的子孙们想不想当裁缝，手艺怎么样，那是你的事。总之，朝廷出任务，你家必须有人来当裁缝。以此类推，民户、军户也是如此。尤其是军籍，更是不容更改，要求每个军户必须保证在任何时候始终提供一名士兵在军队服役。假如很想改军籍怎么办呢？有三种途径：要么家里的男丁死完了，无人继承你的户籍；要么当官，坐到兵部尚书及以上的位置；要不然就等着皇帝大发慈悲，允许你更改户籍。

那么，出门要饭行不行？不行，因为另一种制度起作用了——路引制。

明朝年间有这样一项规定：凡人员远离所居地百里之外，都需由当地政府部门发给一种类似介绍信、通行证之类的公文，叫“路引”。

政府在交通要冲处设巡检司，军民人等往来超出百里范围的须交验地方官准发的“路引”，若无“路引”或与之不符者，要依律治罪。

陆地江河有卡口，那走海路，还不是想走多远就多远？抱歉，海禁在等着你。朱元璋早就宣布，为了防备沿海奸民与倭寇、海盗勾结，下令“片板不得下海”，禁止老百姓私自出海。

在胡惟庸的罪名里，有一条就是“通倭叛国”，说明当时来自海上的威胁是存在的。当然这只是借口，明初的海防威胁远没到那么严重的地步。只是在朱元璋看来，来自海洋的利益不是必需的，而且会威胁自身的统治。

朱元璋真正的意图是，按照自己的理想打造一个可以自给自足、循环自生的小农经济王国。

明朝建立以后，摆在朱元璋面前的，是一个刚刚从废墟上诞生起来的新帝国。尤其是民间乡里，经受了几十年的战乱，盗贼横行，田地荒芜，大量百姓成为“逸夫”（游民）。对于乞丐出身的朱元璋来说，他最不想见到的就是这种场景。他深知游民遍地会带来什么后果，谁知道里面没有下一个朱重八？

朱元璋认为，不从事士农工商的“逸夫”就是社会的蛀虫，对社会发展和大明统治是无意义的。里甲制、户籍制、路引制，包括海禁，都是为了防止农业人口流散，出现“逸夫”，都是封建统治者“重本抑末、重农抑商”的一种体现。

这些制度虽不是朱元璋首创，但在他手里被重新设计和推行后，达到了前所未有的高度：从穷乡僻壤到中央，形成了一张巨大的管理网，一切都在朝廷的管理控制之中。

朱元璋是一个十分推崇小农模式的人，即便是在当了皇帝后，他也依然希望自己国家的百姓能遵从这一理念。他希望老百姓的生老病死都在他精心编织的这张网里进行，不要流窜到其他地方。

在最初的一段时间里，这些制度确实按照朱元璋的设想运作着，朝廷委派到民间的徭役、公差都能在里甲制度的基础上进行，效果也是出奇地好。这代表朝廷能直接任用技术官员管理基层了，保证了皇权能够下乡，完全颠覆了大元时期那种乡村接近自治的模式。它还分化了基层势力，让这些力量互相制约，使其难以形成豪强集团。

然而，这只是洪武年间的事，这些违反历史趋势的制度是无法长期存在下去的。

路引制、海禁制到永乐年间基本上已废弛。里甲制运行一段时间后，越来越难以正常地发挥其职能，也逐渐名存实亡。户籍制更是被证明不适应时代发展，到明代中期，大量人口逃籍，流民一发不可收拾，户籍制沦为官员盘剥勒索的工具。

这显示出朱元璋的治国水平其实不怎么样，他亲自设计的制度往往自带漏洞，后来他的子孙们宁可被骂，也不得不把祖制废除。

第三十五章 『南北榜案』

“南北榜案”

朱元璋一生办了无数大案，洪武三十年（1397 年），他迎来了人生中的最后一个大案——“南北榜案”。

说是大案，其实没杀几个人，但重要性直接影响了后世数百年，因为它涉及的是大明的根基——科举。

从洪武初期开始，朱元璋就开始扶持教育，培养贫苦人家的子弟读书。培养出来的生员，中上等的直接送京师国子监，次等的送中都（凤阳）国子监。

国子监，直接听命于皇帝。朱元璋这么做的目的，除了重视教育，还要和里甲制连起来看。国子监培养出来的官员不会被其他政治力量左右，对皇帝的忠诚度极高。等到里甲制开始推行的时候，朱元璋从中央派出与地方粮长对接的人居然是国子监的学生。

这招出乎所有人意料，它把中间庞大的官僚阶层都给绕开了，中央派下去的人能直接与基层对接。也就是前面提到过的皇权下基层。简简单单一手，既节省了国家巨额的行政支出，又能把控基层。能想出这样的办法，说明朱元璋确实很了解社会底层的情况。

大明的科举在洪武三年（1370 年）第一次举行，第二次举行到洪武十五年（1382 年），中间停摆达十一年之久。不是朱元璋不重视科举，是他觉得选出来的人才缺少实际才能，他需要时间为自己的计划做准备。直到洪武十五年，科举才得以恢复。洪武十七年（1384 年），明朝公布《科举成式》，基本制定了明朝此后二百五十多年的科举成文法规。

洪武三十年（1397 年）二月，大明又迎来了其三年一度的科举会试。在主考官的选择上，朱元璋经反复斟酌，圈定了八十五岁高龄、德高望重的大儒刘三吾为主考。

三月初，录取名单一出，舆论哗然，北方士子几乎闹翻了天——所录五十一人全都是南方人！这一榜因此被称为“南榜”。

南方经济、文化都比北方发达是事实，可这么多次科举下来，从没出现过北方人一个也没录取的情况，这也太夸张了。几天后，落第的北方士子便联名上书，跑到礼部鸣冤告状，告考官刘三吾、白信蹈偏私南方人。而在南京街头上，更有数十名考生沿路喊冤，甚至拦住官员的轿子上访告状。街头巷尾的小道消息满天飞，有说主考官收了钱的，有说南方士子集体作弊的，种种说法都有声有色。

消息传来，朝野震动，先后有十多名御史上书，要求皇上彻查。朱元璋自然恼怒，三月初十，他正式下诏，成立了以侍读张信为首的十二人的调查小组，于落第试卷中每人再各阅十卷，增录北方学子入仕。

然而，调查小组经过数日复核，到该年四月末作出的调查结论，再次让朱元璋瞠目结舌：经复阅后上呈的试卷，文理不佳，并有犯禁忌之语。以考生的水平判断，“南榜”所录取五十一人皆是凭才学录取，无任何问题。

结论出来，再次引起各界哗然。落榜的北方学子们无法接受调查结果，朝中许多北方籍的官员们更是纷纷抨击，要求再次选派得力官员，对考卷进行重新复核，并严查所有涉案官员。有人上告说，刘三吾、白信蹈暗嘱张信等人故意以陋卷进呈。

朱元璋大怒，五月突然下诏，指斥本次科举的主考刘三吾和副主考白信蹈等人为“蓝玉余党”。尤其是抓住了刘三吾十多年前曾上疏为胡惟庸鸣冤的旧账，认定他为“反贼”。结果涉案诸官员皆受到严惩，刘三吾被发配西北。

最惨的是张信，这位前科状元因被告发说曾得到刘三吾授意，落了个凌迟处死的悲惨下场。其余诸人也被发配流放，只有戴彝、尹昌隆二人免罪。此二人得免的原因是，他们在复核试卷后，开列出的中榜名单上有北方士子。

六月，朱元璋亲自策问，钦点韩克忠为状元，王恕为榜眼，焦胜为探花，是为“夏榜”。因所录六十一人全系北方人，故又称“北榜”。

“南北榜案”的深远影响

“南北榜案”的原因众说纷纭，到现在也没个定论。那么，朱元璋为什么要这么处理?

按照科举考试三年一届的周期来看，如果录取的全是南方人，三年时间下来，这些官场新血液已经能形成一定的势力。这或许还不足为虑，可是朝堂就是江湖，里面还有他们很多的南方前辈，新老南方官员一旦形成合力，受打压的必定是北方士子。

这个逻辑的原因是，明初的北方与南方绝非一家亲。

经过辽、金、元长达四百余年的统治，大明南北在人口、文化、经济上都有了很大的差异，导致的后果是南方人和北方人在族群认同上也产生了不小的分歧。比如灭南宋的元将张弘范本是汉人，他却将南方人称为“南蛮”，率蒙古大军压山灭宋毫无心理压力。而灭宋以后，元朝的统治者将“汉人”与“南人”区分开来，久而久之，北方汉人和南方汉人之间的族群差异越来越大，南北有撕裂的危险。

朱元璋好不容易驱逐元朝，收复幽云，让南北重新成为一个整体，怎么能让这种事在大明再次发生？

这一届录取的全部是南方士子，三年后就算有北方士子录取，朝堂上南北平衡的格局也已经被大大改变。长此以往，几届下来，朝堂之上南风将全面压倒北风，北方士子再无出头之日。真到了这一步，朱元璋好不容易建立起的南北统一局面，很可能会重新坏在地域歧视手里，这是绝对不允许的。

在有可能导致国家分裂的后果面前，“南榜”作没作弊实在只是个微小的细节，可以忽略不计，南北方必须要互相融合，重新成为一个整体。哪怕刘三吾、张信等人是冤枉的，这个锅他们也只能背下去。

此案造成的直接影响是，明朝改变了科举取士的制度。经过“南北榜案”这次重大的变革，从此明朝的科举录取，不再是“全国统一划线”，而是分成了“南北榜”。即南方、北方的学子，按照其所处的地域进行排名，分别录取出贡生后，再统一参加殿试。

南方考生有点吃亏不假，但跟国家统一、民族融合这种事比起来，总是需要有人作出点牺牲的。

朱元璋用搞平衡的办法处理了这次震撼明王朝的科举大案。“南北榜案”同时在一定程度上体现了全国统一形势发展中南北政治平衡的要求，也体现了朱元璋打击和限制江南地主的政策。此事件开明朝分南北取士之先例，至洪熙以后遂成定制。

大案未必要杀许多人，单论影响，“南北榜案”要远远大于胡惟庸案。

第三十六章 如何评价朱元璋

驾崩

洪武三十一年（1398年）十月二十一日，明太祖朱元璋躺在龙床上奄奄一息，他已是个七十一岁的老人，在那个平均寿命只有三十多岁的时代是不折不扣的高寿。他的魂魄已经迫不及待地要离开这副躯体，七十一年来的一切，电光石火般在这个倔强老头的眼前一幕幕闪过。

“罢了，应该没有什么遗憾了吧。”朱元璋看了病榻旁的皇太孙朱允炆一眼。他同时想到的，还有他的太子朱标。“标儿，我来了！”他呼出了最后一口气。

就在这一天，朱元璋驾崩，庙号太祖，谥号“开天行道肇纪立极大圣至神仁文义武俊德成功高皇帝”。

从个人角度来说，朱元璋应该没有遗憾了，在他之后那些坐上大明龙椅的子子孙孙，没有一个能比他干得更出色，也没有一个能活得比他长。从这点上看，朱元璋长寿是名副其实的。

朱元璋不会料到自己驾崩后的事，他生命中最后也是最大的布局，仅在四年后就化为泡影。

仁者见仁，智者见智，如何评价朱元璋，大家心中自有一把尺。

要说军事能力，朱元璋是顶级的。强悍的军事能力碾轧众多同时代的对手，哪怕后期不再亲临前线，也总能直指问题本质，制定出最合理的战术。这一点徐达也要甘拜下风。

然而在政治上，朱元璋还是差点意思。

“政治”是一个词，“政”一般指王朝的制度和秩序，以及朝廷中君主和大臣们进行的政务活动，通俗点讲就是政治手腕。在“政”上，朱元璋的能力并不差，翻手为云覆手为雨，一切皆在掌控，在历代皇帝中也算佼佼者。差点意思的是“治”。“治”一般指治国能力。从身后来看，朱元璋制定的一系列制度许多都不怎么样，与他的期望相去甚远。要说治国能力，说难听点，许多地方他还停留在“村长”的思维模式上。

纵有瑕疵，人们也不能否认朱元璋的功绩。自古白手起家成为皇帝的人不止两位，白手起家建立一个大一统王朝，并能长久统治下去的，有且仅有两位：刘邦和朱元璋。

朱元璋的成功是封建社会平民百姓的成功，朱元璋的失败是封建社会帝王的失败。至少他告诉我们，每个人身上都存在着无限可能，“开局一个碗，结局一个国”不是穿越小说，只要努力，草根真的是可以逆袭的。

盖世英雄

讲到明太祖的功绩，许多人的思维定式是推翻元朝，建立明朝。可是元朝真的是靠朱元璋独立推翻的吗？显然并不是。

元朝被推翻是群雄共同的努力，不能简单说成朱元璋一个人的功劳，要是没有彭和尚、刘福通、徐寿辉、陈友谅、张士诚这些人，朱元璋也是孤掌难鸣。

大元表现出了王朝末期的所有要素，可以说它的灭亡是必然的，没有朱元璋，也会有其他人来推动这一历史进程。成功了就是英雄；失败了就只能是枭雄。

朱元璋对元朝决定性的一击，是洪武初年那次令人印象深刻的北伐，战略方案高屋建瓴，配合徐达、常遇春秋风扫落叶般的攻势，委实是中国古代军事史上不可多得的杰作。四百多年里求之不得的幽云十六州，竟然如此顺利就被收复，过程轻松得让人不可思议，简直就像大明立国后买一送一的赠品。

这背后是朱元璋表现出的领先同时代对手的顶级政治手腕和军事能力。

汉语中有个“盖世英雄”的成语，用以形容非常杰出的英雄人物，他必须有超出当代所有人的才能，或者是功绩。以此为定义，朱元璋当得起这个称呼。

事实上，没有谁天生就是英雄。他们之所以能成为英雄，是因为他们赶上了时代潮流，于千万人之中，既没有早一步，也没有晚一步，他们恰好踩着时代最需要的步点，在最恰当的时候及时出现了。

历史最终选择了朱元璋而非其他人，他就是盖世英雄。

朱元璋的功绩绝非建立了一个朝代那么简单，更在于重新统一了南北，让原本可能进一步撕裂的南北方重归同一个大一统王朝的旗帜之下。为了让南北重新融合，他采取了极其开明的民族政策。在这个角度，朱元璋配得上开国之君的长远眼光。

不能不承认，明太祖打下的这个基础重要得无以复加，四百多年的割裂得以融合，让后世受益至今。仅凭这一点，朱元璋就至少能排进历史上君主前五之列。

朱元璋不是完美的，应该再加个定语，“农民本色”。他治理国家的方式有很浓重的农民思想的影子，重农抑商、里甲制、户籍制、海禁等这些都体现了他的农民本色，出身和阶层的禁锢终究让他无法跳出农民的思维方式。从这点上说，他建立的大明帝国是有缺憾的。

大明的日子还长着呢，在接下去的部分，还有不少机会再提到朱元璋。

第三十七章 朱元璋的分封制度

起兵

当朱允炆听到朱棣起兵的消息，心头一凛。

朱允炆想过四叔朱棣可能会反，没想到他会以这种方式造反。靠八百亲兵就敢造反，四叔朱棣就这么藐视朝廷吗？他难道不知道朝廷手里有多少兵力吗？

二十岁之前，朱允炆对朱棣并没有多少印象。洪武十三年（1380 年）的时候，朱允炆才三岁，这位大他十七岁的四叔就奉命就藩北平。再次见到朱棣，是两年以后，那一年马皇后薨逝，藩王们从各地回京奔丧。朱允炆五岁了，在二十几个叔叔中，四叔朱棣是给他印象较深的一个，记得他皮肤黝黑，身材高大，表情肃穆。听说朱棣临走时，还从京城带走了一个穿黑衣服的和尚。

再往后，朱棣在北平干得很不错，率军出击并招降了一位北元丞相。

朝野都在称颂燕王的武功，朝廷多了一位强有力的藩屏，大明军界后继有人了。

与此同时，闲言碎语也多了起来。尤其是晋王朱棡经常送来一些消息，大多是些琐碎的小事，晋王却总是一惊一乍，向朱标进言朱棣怀有异心。

都是老朱家的人，能有什么坏心思呢？朱标认为他真是小题大做，并未放在心上。

直到大将军蓝玉也向朱标说了类似的话，他说："燕王不是一般人，迟早是要造反的，我找过人望他的气，有天子气象，你一定要小心！"

朱标的回答很沉着："燕王对待我非常恭敬，绝不会有这种事情。"

接下来几年，燕王朱棣一直在北平戍边，杀敌建功。朱元璋在位，朝政经由太子朱标处理，井井有条。且朱标正值壮年，按这样发展下去，朱允炆应该也就做个藩王。

这一切在洪武二十五年（1392年）被改变了，朱允炆在毫无准备的情况下被推到前台。几乎是同时，朱元璋要求朱允炆开始熟悉并处理朝廷事务。

在同一年，朱棣已是帝位的潜在争夺者之一。

朱标去世后，在立谁的问题上，朱元璋大费了一番脑筋。起初最有资格的是次子秦王朱樉——朱标死后，他就是众兄弟的老大。然而最有可能的却是四子燕王朱棣。

朱樉不争气，洪武十一年（1378年）就藩西安后，就没干过什么好事。朱元璋听说秦王的劣迹后多次斥责，甚至还将他召回京师，准备废掉他的王号。朱樉有暴君的潜质，自动失去了即位的资格。

要说朱棣，这个儿子的性格与朱标迥异，在早早确定了朱标的太子地位后，朱元璋是按照武将的标准来培养朱棣和其他几个儿子的，为的就是将来能指望他们出藩边塞，拱卫大明。

除朱标以外，朱棣是最争气的一个，他不仅成长为一名出色的军事统帅，待人接物也显得谦恭冷静，表现出了智慧的一面，老四朱棣有勇有谋，朱元璋很是欣赏，为此他召来亲信大臣询问："燕王英武似朕，立之何如？"一众大臣无人表态支持。

不是燕王不行，而是规则不允许。

翰林学士刘三吾说道：“立燕王，置秦王和晋王于何地？皇孙年纪也已经不小了！”

刘三吾的话直指要害，朱棣是四子，上面还有二哥秦王和三哥晋王。皇上确实可以不顾规矩立燕王，但是这个坏头一开，让以后的皇帝怎么办？是继续实行嫡长继承制呢，还是想立谁就立谁？

这是个大问题，帝位的稳定传承意味着国家的稳定，历史上因为争夺帝位二世而衰的王朝实在太多了。朱元璋听后沉默良久，决定听从刘三吾之言，以儒家法礼册立皇长孙朱允炆为皇太孙，继承大明皇位。

朱标死后几年，秦王、晋王先后去世。至于蓝玉，这位凉国公已凉了五年多了，人皮还在四川蜀王府供着呢。

军情接连不断从北方传来。通州归附朱棣了，蓟州被攻破了，居庸关被攻破了。

朱允炆从来没指挥过军事，更没上过战场，他有点不明白，朱棣的八百人能闹出这么大的动静吗？自己的将军们都是干什么吃的，战争到底是怎么回事？

朱棣很凶猛，朱允炆却并不怎么担心，他从小学习到的知识告诉他，自己不是司马衷，皇后更不是贾南风，“道统”和权力都在他手里，燕王是不会有机会的。

朱棣取得了小小的成功，那又怎么样，顶了天他也还是个藩王，欲以一藩之力对抗全国，等待他的只能是自取灭亡。

这段时间，朱允炆正忙着和大儒方孝孺讨论如何合并州县、裁减冗员、实行“井田”制，这些才是正经事。

建文元年（1399 年）七月的最后一道军情，是北平周围已全部被朱棣扫清，燕王的兵力增加到了数万人。就算朱允炆再不上心，也明白形势有点严峻了，他命令请来自己的智囊齐泰、黄子澄。当初“削藩”就是他们两个人的主意，现在事闹大了，要问问他们该怎么解决。

一切问题的起源都是“削藩”，这也不能全怪朱允炆，归根结底，还是分封制的原因。

分封诸子

强如洪武皇帝朱元璋，也不得不面对任何普通人要面对的一个问题，儿子们逐渐长大了，拿他们怎么办？办法其实就那么两个，分家还是不分家。

皇帝分家就是分封，封出去的儿子叫作诸侯王，是他封地所有人的主人。这些亲王与中央维持着宗法血缘的联系，在自己的领地他们就相当于国王，享有独立的行政权和军事权。

分封制的缺陷很明显，诸侯王拥有世袭统治权，很容易发展为地方割据势力，对中央形成威胁。

于是，自从西晋分封闹出“八王之乱”后，后来的皇帝恢复了秦朝的郡县制。王爵成为一种荣誉性称号，王爷们不再拥有实权。因为权力全部掌握在皇帝手里，所以也可以称为集权制。

不分封的缺陷也很明显，唐、宋两朝的王爷空有名号没有权力，朝廷出了乱子根本帮不上忙，本来能够倚重的宗族力量被严重削弱。

参照前朝的经验，加上朱元璋本身的性格，他应该选择集中权力才对，结果他选择的是分封。

不要因为分封最后被集权取代就认为这是个很落后的制度，每个制度在历史上得以存在，都有它的时代背景。

朱元璋的出身比刘邦还低微，整个家族在乱世里几乎死光，他能依靠的只有功臣和儿子们。

朱元璋没有必须分封异姓王的压力，但也有自己的内外问题。在帝国内部，南北差异明显，元朝遗民还是一股不可忽视的力量；外部，虽然蒙古贵族已退回塞外，大元国号仍在，蒙古骑兵仍然不断骚扰着边境，一旦北方没有强有力的将领镇守，他们随时可能深入大明腹地。

朱元璋几次动过迁都的脑筋力图解决这个问题，如今迁都已经不可能了，他必须想别的办法：要么分封儿子们，要么交给将领。或者，有没有第三种办法，既能分封儿子们，又能依靠将领呢？

只要动脑筋，办法总是有的，按照这个思路，朱元璋的改良版分封制就呼之欲出了。

朱元璋共有二十六个儿子，去掉太子朱标和夭折的朱楠、朱杞。从洪武三年（1370 年）到洪武二十四年（1391 年），他一共封了二十三个亲王，再添上朱文正之子朱守谦这个郡王，总计二十四个藩王。这些藩王的地位非常尊贵，仪仗礼仪仅次于皇帝，不管多大的官，见了他们都要拜伏在地进谒。

藩王们有自己的王府，王府内有官吏。他们有自己的护卫亲军，还有护卫指挥使司，每个王府设三护卫，军士人数在数千到上万不等。地方上的大小官员，每月初一、十五必须定期向藩王汇报工作，如果有什么事，藩王可以随时召见他们。

遇有战事，藩王还有权调动地方军队，王府的军官往往兼任所在都司卫所的指挥官。遇到需要调兵时，地方军事长官需要先得到当地藩王的同意。藩王要么不出征，领兵就是统帅，比如燕王朱棣率军征讨北元太尉乃儿不花时，强如颍国公傅友德也要受他的调遣。

朱元璋这个设计还有个理由，汉、晋已远，作为曾经的大元子民，元朝宗室亲王们的拖后腿表现给他留下了深刻的印象。在元末这个舞台上，长达数十年的时间里，元朝宗室们没有出现一个能打的。哪怕是世镇云南的梁王，死到临头连个段氏都没搞定。

目睹元末的朝纲不振，朱元璋很容易总结出皇帝的力量不够强大是重要原因。如果皇帝的兄弟叔伯们都有兵权，那么在权臣凌主时，他只要振臂一呼，宗室们便能领兵“清君侧”，把皇权置于宗族力量的保护之下。

吸取大元灭亡的教训，朱元璋加强宗室力量的建设，是大明政治构建的重要一环。

看到这里，人们会觉得藩王们权力很大，甚至不输于前朝的诸侯王。然而重点来了，大明的藩王们少了一样最重要的东西——治理权。

朱姓藩王没有臣民，也不能建国，连赏赐的封地也不能直接管理。他们不能任免官员，更没有地方行政的管理权，和官员们一样每年领取俸禄。

参照前朝的得失，朱元璋分封的思路是“惟列爵而不临民，分藩而不锡土”。

它结合了汉朝和元朝的分封制，把治权和军权剥离开来——藩王有军权，但除了王府护军，其他军队都是国家的，跟你出征可以，须得有朝廷的旨意。

那么，为了造反，藩王可以自己养兵吗？理论上可以暗箱操作，可前提是要有钱。矛盾的是没有治权就无法收税，无法收税就养不起兵。如果哪个藩王想要染指地方治权，无异于宣布自己要造反，朝廷立马就能反应过来。

就算哪个藩王要强行起兵，明太祖朱元璋也帮他们算计好了。

朱元璋的分藩布局非常讲究，形成了四条带状分布的层次。除了韩王朱松、沈王朱模、唐王朱桱等几个亲王，其余藩王都是大明军事防御体系中的一环。

在最北方和最南方，是帝国边境的第一道防线。它包括辽王朱植、宁王朱权、燕王朱棣、谷王朱橞、代王朱桂、晋王朱棡、庆王朱㮵、肃王朱楧等诸王的北方防线和蜀王朱椿、靖江王朱守谦的南方防线。秦王朱樉、周王朱橚、鲁王朱檀、齐王朱榑被封在西安、开封、兖州、青州等地，与第一条防线相距几百公里不等，他们组成了第二条防线。京师应天和湘王朱柏、楚王朱桢沿着长江形成第三道防线。

设计思路是以北元为最强大的假想敌。假设蒙古自北方来袭，他们要打穿两道防线才能威胁到应天，这个时间已足够蜀王、湘王、楚王率军顺江而下勤王；来自南方的威胁较弱，有岷王和靖江王坐镇就已足够。就算南方第一道防线被击破，同样要突破蜀、湘、楚形成的第二道防线才能威胁京师，此时在北方诸王的支援下，应天已是固若金汤。

这个设计同样也防备藩王作乱。南北两线任何一个藩王要进攻京师，和敌人要面对的难度是差不多的；如果是内部两道防线的藩王造反，将会受到中央和外线诸王的两面夹击。

朱元璋的另一个基本原则是：京畿地区不得封王。

这几条线都远离京师板块，在京师方圆千里之内，则没有分封任何藩王。这是历朝分封传下来的教训，毕竟是京畿要地，要是藩王突然之间在家门口造反，那皇帝就孤立无援了。

显然，这绝不是拍脑门子的决定，朱元璋是经过深思熟虑的。

藩王与藩王之间互相监督，地方政府又与当地藩王互相监督，哪一级的平衡被打破，就意味着有人要造反，朝廷可以迅速作出反应。

这样来看，朱元璋分封的藩王更像是朝廷派到地方的高级监军，所以从意图上说，他的分封并不是削弱了中央集权，反而是加强了中央的稳定性和控制力。

朱元璋对他亲自改版的这个分封制很满意，可有个大臣叶伯巨不那么满意，他上疏表示“分封太侈”。朱元璋看了气得浑身发抖，认为这个姓叶的是在离间他们的骨肉感情，大喊要亲手射死他！叶伯巨最后虽没被射死，但还是因为此事死在了狱中。

朱元璋的方案真有这么好吗？按照他这个设计，我们来推算一下朱棣造反成功的难度有多大。

关于朱棣造反的推演

明初北平十七卫计有将士十万五千四百七十一人，但朱棣直属的王府护军只有五千七百余人。没有正当理由，他无法调动其他军队，一旦他造反，北平都指挥使司首先就会调动十七卫的兵力来围剿他。

在北平，朱棣需要面对的就是十万级别以上的兵力——五千多人对十万多人，有脑子的人都不会想尝试。

即便造反，朱棣也只能基本控制北平一府之地，资源相当有限。在他身后有宁王、辽王，西面有谷王、代王、晋王。朱棣成了反贼，他们有义务服从中央政府，协同或率领边将出兵讨伐叛军。

就算他们没有主动进攻，朱棣总不可能一直窝在城里吧？只要他率军出征，就有后方被端的风险，那样一切都完了。

假设朱棣出兵了，恰好靠近他的藩王都失明了，他们什么也没看见，按兵不动呢？此时朝廷讨伐的大军也差不多到了，按照明初“三大营”和地方军队的规模，兵力应当不少于三十万。

这时朱棣应该能有十万左右的兵力了，十万人对三十万人，风险还是巨大的。

朱棣的运气很好，他又赢了，但他丝毫不能松懈，因为朝廷的资源几乎是无穷无尽的。朱棣必须马不停蹄地直捣京师，速度是他唯一的希望，持久战他毫无胜算。在路上，还有第二道防线在等着他，也就是秦王、齐王、鲁王、周王四个辖区的部队。

当然，朱棣又赢了，不然造反就无法继续了。

根据洪武二十五年（1392 年）的统计，大明的军队总数在一百二十六万人左右。不出意外的话，此时天下“勤王”的军队早已云集京师，朱棣还需要面对几十万大军。

决战在京畿地区展开，朱棣要击败“勤王”的部队，然后攻克京师，这才算完成最终任务。

对了，朱棣还不能让朱允炆跑掉，否则他能在其他地方召集军队继续讨伐朱棣，这场战争还将没完没了地持续下去。

所以，朱棣造反成功只存在理论上的可能，概率上几乎不可能。中央有近乎无限的资源，可以承受一场场失败，而朱棣则没有什么容错率，一旦有一两场真正的大败，就很可能一无所有。

除非朱棣已经拥有无敌的舰队，能够出海绕过所有陆地防线，从水路直捣应天。否则，他的成功只能存在于梦中。

再把朱棣换成其他藩王，难度类似，朱元璋的方案很可靠，这也是朱允炆能有恃无恐“削藩”的倚仗。

朱元璋还在世的时候，爷孙俩曾有过这样一次对话。

朱元璋摆出一张得意脸：“爷爷我把防御外敌的事都安排给了你的叔叔们，让你当一个太平皇帝。”

朱允炆没有顺杆爬，他提出个疑问："要是叔叔不安分，谁去抵御他们呢？"

孙子的问题出乎朱元璋的意料，沉吟片刻，他反问道："按你的意思呢？"

朱允炆正气凛然地回答："我会先以德服人，用大道理说服他。如果不行，我就削他的封地；如果还不行，那就废掉他的爵位；这些都不起作用的话，那就必须派兵讨伐。"

看来朱允炆的书没白读，这套程序正义性与实用性兼备，无可指责。朱元璋满意地点点头："没错，这么办就对了。"

朱允炆暗自告诉自己：一切要等爷爷朱元璋去世后，我必将掀起滔天巨浪。

第三十八章 翰林学士

大明官员的晋升之路

登基没多久，朱允炆就找来了一个人，此人名叫黄子澄，时任翰林学士。

在建文朝，翰林学士虽还算不得很了不起的工作，但它依然非常重要。这个职位可以说对大明的政局有着持续而深远的影响，要理解这点，我们需要了解一位明代官员的权力晋升之路。

明代文官大体有三种晋升之路，最普遍也是最常规的一条，是从地方到中央的路线。

假设，你是一名考生，经过十几年寒窗苦读，一路过关斩将，在乡试、会试、殿试中都表现出色，一举冲入三甲，赐同进士出身。那么，你可能得到第一份工作：知县。

不要怀疑，这份工作一点也不委屈，知县是无数名垂青史的高官升迁之路的起点，更是皇上对你的考验。知县，从七品到从六品不等，官职不起眼，亮点是手里有实权。知县主政一方（虽然不大），集地方财政、司法、监察、军权于一身，是个相当磨炼人的工作。

然后，你卷起铺盖从京师离开，来到某个从没去过甚至从没听过的小县城。在这里你兢兢业业苦干三年，既要干出政绩，又要注意和各路上级搞好关系。朝廷见你表现得还不错，稍微给了一点动力，把你的职位动一动：从一个县调到了另一个县，还是担任知县。

不要急，这已经是提拔。

县也分好坏，上县、中县和下县是不一样的，你的官职会从从七品的下县知县升到正七品的中县知县。虽然进步不大，但好歹也是升迁嘛。

在新地方干了三年，朝廷的命令又来了。这次是调到南京担任礼部某个司的主事，品级从正七品升到正六品。

礼部掌管文教礼仪，还负责对外接待，身兼宣传、外交、教育、文化多种职能，事情又多又杂。升到礼部，许多事没接触过，你要从头学起。

忘了知县任上那一点点小成就吧，夹起尾巴来小心做人，即使只是陪都南京，官场的门道也是你闻所未闻的。

礼部是个锻炼人的地方，几年下来，你大致摸清了里面的道道。更重要的是，在南京，你的关系网络开始成形了，这对之后的升迁之路至关重要。

朝廷一纸诏书将你调任，这次是去某个中部地区当知府。这次大不一样，正四品的知府，权力比知县大得多，压力也大得多，这份新工作是机遇，也是挑战。

知府好当，也不好当，区别只是在于你想当什么样的知府。手握实权的知府很容易遭到各方力量“围猎”，稍有不慎就会成为地方豪强的保护伞。多年所受的教育起了作用，内心始终有个声音在告诉你，还是当个好官吧。

尽管很艰难，但你还是克服了诸多诱惑，秉持良善，丝毫不敢贪赃枉法。几年下来，为民造福，赢得了百姓的爱戴。

代价是工作任务重，担子大，要搞好的关系也多了很多。上有各类上司要拜，下有各县解决不了的问题要扔给你。在知府任上，你在礼部积攒的人脉起了作用，帮你处理了不少麻烦事。

对许多官员来说，知府已是他们梦寐以求的职务。可进士出身的你怎会留恋一个小小的知府呢？同之前的工作一样，知府也干不久，很快你又被调到东南某个行省担任按察副使。与知府相比，官阶反而降了，从正四品掉到了从四品。不过，你并不沮丧，因为这份工作是司法口的重要职务，职务的调整说明朝廷仍在继续观察你，并有重用你的意思。

那就干吧，你又先后在两个行省锻炼数年，搞清楚了这里面的关节，能做到秉公执法、断案严明，从而官声优秀。

而且，你的人脉又扩展了。现在，你已是官场上的一个人物，在吏部考功司的绩效考核名单上常年名列前茅，朝堂上开始不时提到你的名字。

任命如期而至，这次是要把你调回京师。

高中进士已经十几年，从知县干到按察，从北跑到南，工作小心翼翼、勤勤恳恳，从来没出过什么差错，难道这次朝廷是真打算提拔你到京师担当重任了？

可等太监读完诏书，你又有点泄气了，这次委任你为光禄寺少卿。

光禄寺是听命于礼部的一个机构，负责御膳食材的采买。光禄寺少卿的品级不低：从三品。

虽然有点小失望，本着“天生我材必有用”的信念，你继续在新岗位发光发热，好在有礼部的锻炼，上手并不太困难。又有做按察使得到的经验，你像断案一样对待食品采购与宴会接单工作，妥善地解决了各种食品安全问题，让皇上和众官员吃得安全、吃得放心。

皇帝和大臣对你好评如潮。朝廷决定再把你挪一下，挪到了太常寺，还是担任少卿，仍旧是从三品，具体工作变成了负责礼仪和祭祀。

现在除了兵部，无论把你调到哪里，都能即调即用。这一干，又是六七年。

由于朝中的政治斗争，一个重要的职位空缺了出来——都察院左佥都御史。没多久，朝廷又升你为左副都御史。跳跃有点大，不过有之前按察副使的经验，你已驾轻就熟。

此时，你已进入朝廷中枢，一举一动都被人注意，不卷入政治斗争是不可能的。很不幸，你在斗争中失败了，被革去所有职务，在京城闲住。

这就结束了吗？都已经奋斗到正二品了，升迁之路却被打断，这如何叫人甘心？

天无绝人之路，闲住好几年后，政治环境发生翻天覆地的变化，新皇帝登基了。政敌很快被打倒，朝廷将你重新起用，这次起步就是南京户部尚书。

古代的官场之路就是这样，越往上，收益越高，可风险也越大。

从此你顺风顺水，先后出任南京吏部尚书，又被调到京师担任刑部尚书，直到你官职的终点：吏部尚书。

某天，当你对着镜子，突然发现自己紧致的肌肤变得松弛，乌丝已成白发，年华的痕迹布满脸庞。你这才意识到，岁月已侵蚀了你的身心，自己已是个年过花甲的老人。呵，此时离你出任第一份工作——知县，已经过去了四十四年。

还能再往上升迁吗？很抱歉，不行了，这就是你官职的终点。吏部尚书已经是正二品的高官，历来是六部长官之首，被称为“天官”。能一路来到这个位置，你已击败了无数对手，家里祖坟上早就冒起了青烟。

以上就是一位三甲进士的晋升之路。在这个级别上，他的经历很有代表性，他的名字叫郑三俊，历仕万历—天启—崇祯三朝，在崇祯朝以吏部尚书致仕。

根据科举成绩不同，许多名次靠后的进士会先被分配到地方，出任知州、知县、推官之类的地方官，在多个不同的岗位锻炼，再一步步升迁到六部中的实权职位。当然也有运气好一些的，会被留在京师担任六部属官。不管如何，这个锻炼过程都通常要花几十年。

郑三俊的工作经历依次为：元氏知县、南京礼部郎中、归德府知府、福建按察副使、浙江按察司副使、光禄寺少卿、太常寺少卿、都察院左佥都御史、都察院左副都御史、户部右侍郎、南京户部尚书、南京吏部尚书、刑部尚书、吏部尚书。

郑三俊是个失败者吗？绝对不是，相反他的仕途已超级成功。进士需要担任多年流官历练，一步一步地踏入中央。如果只是举人，虽然也能做官，十年未可升迁也是常事。在这条路上，越到后面越难走，跌倒在地乃至丧命的人不计其数，古代无数官员都达不到郑三俊的高度。

下面看第二种，成绩好一些的进士可能会走科道官路线。

科道官就是御史、给事中这些“言官”。这条路线比较稳当，上手就有不小的权力，升迁概率较高，缺点是上限未必很高（特殊人才、特殊贡献除外）。

举个例子，一位新科进士被任命为某科给事中，他比较理想的晋升路线是都给事中—通政参议—太常少卿（太仆少卿）—大理寺卿。

不出意料，正三品到头了，尚书的门槛摸不到。

给事中是京官又能接近皇帝，还是比较吃得开的。要是被分配当个外放御史，升迁的主流是地方按察使（正三品），或都察院佥都御史（正四品），还不如给事中。

所谓“学成文武艺，货与帝王家”。要问读书人仕途的顶点在哪里，毫无疑问是被称为百官之长的丞相。可是明朝的情况有点特殊，丞相已经被朱元璋给永久性废除了。不过，这难不倒他的子孙们，他们搞出一个叫作内阁的机构，取代了丞相的部分权力。在后人眼中，有资格进内阁办事的那群人，也就等同于拜相了。

上面两条路都不通往内阁，那么内阁的位子给谁留着呢？

第三条路——成为翰林官员。

翰林学士

翰林院的名字来自“文翰如林”，一听就知道是个文化水平很高的地方。明朝的翰林院比前朝更加重要，翰林学士就是翰林院的正官，洪武十五年（1382年），朱元璋钦定其官阶为正五品。

翰林院云集了大明最厉害的笔杆子们，他们是天子的顾问，皇帝要发布什么诏令、读什么书都离不开翰林，甚至皇帝的一言一行，翰林们都会忠实地记录下来，这叫作“起居注”。“起居注”记录了皇帝的私生活，不少皇帝不喜欢自己身后有个时刻记录之人，经常会找理由把它撤掉，所以时有时无。它最大的贡献是为大明“贡献”了一位皇帝，即万历皇帝朱翊钧的儿子朱常洛，这是后话。

简而言之，翰林既是生活秘书又是工作秘书，还是教授、陪读。翰林院是科举精英会聚所在，进入条件非常严苛，一届科举结束，通常一甲三人（状元、榜眼、探花）会被授予翰林院官职。

除他们之外，排名靠前的进士们会再经历一次挑选，其中长得相貌端正又有能力的人会被授予“庶吉士”身份。一旦被选为“庶吉士”，就意味着进入了帝国重点储备人才行列（“始进之时，已群目为储相”），人生从此加速，平步青云不是梦想。

在踏上人生巅峰之前，“庶吉士”们还有道必经的程序——“选馆”。

“选馆”就是进入翰林院学习，拜一位翰林学士为师，学习各种知识。三年后，“庶吉士”要经历一次大考，称为“散馆”，成绩优异者留在翰林院，正式成为翰林。

虽说翰林官员未必都能进入内阁，但内阁成员必须出自翰林院，并逐渐成为惯例——“非进士不入翰林，非翰林不入内阁”。

据《明史·职官制》统计，“有明一代宰辅一百七十余人，由翰林者十有其九”。

“庶吉士”们大多是未来的宰辅人选，翰林院是培训“庶吉士”的地方，翰林学士是翰林院的正官。这样的联系，让五品翰林学士成为许多未来内阁学士的老师，翰林院的政治功能因此得到空前强化。

除了培训“庶吉士”，一些翰林学士还要担任太子老师的角色。因此太子登基后，这些人得到重用几乎是肯定的事，他们往往会被优先提拔进内阁。

建文年间，内阁还没有产生。这位黄子澄时任翰林学士，他还有另外一个身份，朱标当太子时，他曾在东宫伴读。有这样的关系，朱允炆对他非常尊敬，将他引为首席智囊。他与另一位建文朝重臣齐泰实际上起到了内阁的作用。

说来有趣，洪武十八年（1385年）就以会试第一、殿试第三的成绩高中探花的黄子澄，担任过翰林编修、修撰，朱元璋却没提拔他当学士，只是丢给他一个太常寺卿的官职。这个官说小不小（正三品），说大不大（没啥实权），主要工作是主管祭祀、礼乐和翻译。

说白了，黄子澄是个书呆子，朱元璋把他放到这个岗位确实是人尽其用。黄子澄的学问并不足以应付国家大事，但足以胜任这些文字性、礼节性的工作。

然而朱允炆并不这么看。

朱允炆喜好古礼，恰好黄子澄精于此道，两人经常一起讨论问题。有一次，谈着谈着，朱允炆就向时任太常寺卿的黄子澄大倒苦水："诸叔藩王皆拥重兵，如有变端，怎么办？"

黄子澄引经据典地回答道："藩王们的护卫只能自保，一旦有变化，我们能调集全国的力量打他，谁能抵挡？汉初的七国怎么样，最后不还是被灭了？藩王的力量远不如七国，放心，他们不敢造反。"

朱允炆大喜："您说得太对了！"后来，每次他叫黄子澄，必尊称为黄先生。

朱允炆即位后，立即把黄子澄提升为翰林学士，与他共谋国政。

把这样一个毫无政务经验的书呆子当成国师，后果会很严重。

第三十九章 朱允炆要「削藩」

为什么要“削藩”？

数百年来，人们读到建文帝“削藩”这段历史，自然而然会想到一个问题，朱允炆为什么要“削藩”？

藩王造反了吗？没有。藩王威胁中央了吗？也没有。国家养不起藩王了吗？并不是。以上理由都不成立，朱允炆为啥要一根筋地“削藩”呢？

朱允炆是有政治抱负的，即位后，他优容文士，宽刑省狱，减轻赋税，裁减冗官冗员，改变祖父朱元璋的一些严厉政策，史称“建文新政”。

这一切，没有威信怎么行？

朱允炆和勋贵们不熟，也没有可以依靠的外戚力量。矛盾的是，他却迫切需要建立自己的权威。

皇帝要想充分发挥自己的领导力，威信的高低是个关键的因素。然而，威信不是自封的，也不能靠别人给。它是实践的产物，只能靠自己的一言一行、一点一滴浇铸起来。

朱元璋立朱允炆为皇太孙，不代表朱允炆就有了朱标的威信。朱标经过长期的实践，已经在大家心目中自然形成了一种力量，但朱允炆没有。朱允炆既没有班底，也没有足够的时间树立威信，他要推行自己的政策，自然是困难重重。

如何既快又好地建立自己的威信呢？

“削藩”很安全，“削藩”能收回权力，“削藩”能树立威信。“削藩”的好处多多，为啥不削叔叔们呢？

按照明初的政治局面，朱元璋搞分封并不是个多大的问题，反而算得上是个稳固统治的制度。

朱元璋给孙子朱允炆设计了严密的防线，希望朱允炆安安稳稳地做个太平皇帝，他在中央稳坐钓鱼台，宗室力量在四方拱卫，老朱家的江山世代永固。

分封也确实存在着一定的不稳定性，考虑到这一点，朱元璋也为孙子朱允炆设计了一套多方制衡的方案。等到朱允炆和他的子孙坐稳了江山，随着帝国边防压力的减轻，经济情况的好转，中央会更加强而有力，到时候不管他们是搞“推恩令”，还是直接解除藩王们的权力，都有了足够的条件。

然而在朱允炆眼里，这套方案变成了：自己的盘子稳得很，叔叔们无非是一只只猪羊，就等着自己动刀呢。

削不削藩已不是问题，问题是先削谁。

除了朱允炆提拔的黄子澄、方孝孺等几个人，朱元璋还给他留下一文一武两个人才：兵部侍郎齐泰和驸马都尉梅殷，两人受顾命辅佐建文帝。

梅殷领兵出镇在外，黄子澄、齐泰、方孝孺，朕只能靠你们了。

第四十章 燕王朱棣起兵

第一刀

这么多叔叔，先动哪个好呢？齐泰觉得，“擒贼先擒王”是自古不变的真理，燕王是个最大的反骨仔。太子朱标在世时，蓝玉和晋王都进行过汇报，先把燕王削了，后面的事就好办了。黄子澄有不同的意见，他认为应该先从燕王的同母兄弟周王开始，削了周王就等于削了燕王的手足，让他孤掌难鸣。

朱允炆对这套理论并不怎么信服，常识告诉他，周王这个不成器的叔叔能力有限，虽然不太安分，但也搞不出什么大动作。

当他还在考虑的时候，一个偶然性因素改变了事件的走向。

周王朱橚，冯胜的女婿之一，他并不是个强大的藩王。早在洪武二十二年（1389 年），他还闹出过私自跑到凤阳密会冯胜的事，朱元璋气得要把他迁到云南。

归藩后，周王朱橚似乎并没吸取教训，还是不时搞点小动作，王府幕僚长王翰数次劝他不听，干脆装疯而去。这件小事说明周王的能力实在是不高，既做不到保密，又不能收买身边人的信任。

甚至连亲儿子他也没能搞定。朱橚次子叫朱有爋，为了争夺王位继承权，他毅然决定大义灭亲，向朝廷举报父亲谋逆。

朱允炆正在举棋不定，朱有爋的举报帮助他作出了决断。他命李景隆以巡边的名义率兵北上，路过开封时突然包围周王府，将朱橚全家带回京城。朱允炆按照爷爷朱元璋的思路将他贬为庶人，发配到云南蒙化。

既然动手了，那就没什么好遮掩的了。继周王之后，建文元年（1399 年）四月，短短一个月内，建文帝连削齐、湘、代三王。这等于是昭告天下：朕开始“削藩”了。

周王被削的消息传到北平，燕王朱棣心里开始发慌：先废了自己的同母兄弟周王朱橚，摆明了接下来要收拾自己嘛！

侄儿朱允炆的行动一步比一步明显，朱棣只有两个选择：要么束手就擒，要么起兵反抗。他算了又算，还是主动投降比较靠谱。

朱棣绝不是个甘心认输的人，但在这时，他连起兵的本钱都没有了。废掉周王后，朱允炆就对四叔朱棣做了一番部署，先是任命谢贵为北平都指挥使，张昺为北平布政使，又把燕王府的精锐护卫以备边理由调到了开平。

这是手好棋，谢贵、张昺都是朱允炆信任的人，由他们接过北平的军政大权，既能控制北平，又能监视燕王。

四个月以后，按照齐泰、黄子澄的建议，朱允炆又命都督宋忠率兵三万驻守开平，把开平的王府护卫和燕王部下的蒙古骑兵转到宋忠麾下。

这样一顿操作下来，朱棣手里还剩下八百名卫士，需要面对的是侄儿朱允炆的亲信和他们控制的整个北平军区的军队。

这个难度已经不是噩梦级了，而是地狱级的。

真的完了吗？朱棣未必甘心，这个时候就需要有其他因素来帮助他作出决断。

具体来讲，是一个人和一件事。

黑衣僧人

洪武十五年（1382年）八月初十，仁慈的马皇后去世了。这个女人虽贵为皇后，但每天仍亲自操办朱元璋的膳食，连皇子皇孙的饭食穿戴，她也亲自过问，无微不至。宫人犯错，她从不疾言遽色；嫔妃或忤上意，马皇后设法从中调停；朱元璋要杀臣下，她时常劝阻；朱元璋想寻找马皇后的族人分封官爵，她坚决拒绝。无论何等急事，她总是态度温婉，举止从容，确是国母风范。

马皇后病逝，享年五十一岁，谥号“孝慈高皇后”，九月葬入钟山南麓玩珠峰下营建好的陵墓，定名为“孝陵”。孝陵之名，取意于谥号中的“孝”字，也就是今天南京的明孝陵。

朱元璋非常伤心，整个应天亦沉浸在一片哀痛之中，全国都停止了娱乐活动。已经就藩各地的藩王们纷纷赶往京师，送马皇后最后一程，朱棣自然也在其中。马皇后一生亲自抚养了朱元璋的头五个儿子，视他们如已出，当作亲生儿子一样疼爱。上到天子亲王，下到平民百姓，对马皇后的哀悼都是真心实意的，这个女人担得起“母仪天下”四个字。

作为名分上嫡出的儿子，朱棣更是悲痛，他以亲儿子的身份为马皇后送葬。临走时，几个皇子余哀未尽，向父亲朱元璋提出派高僧跟他们一起回王府，为马皇后诵经祈福。

儿子有此等孝心，老父亲当然欣慰，朱元璋命令掌管全国佛教事务的僧录司推荐高僧。僧录司的宗泐很负责地精挑细选，到了朱棣这里，给他推荐了一位名叫道衍的僧人。

一看到道衍，朱棣就有点毛了。

推荐给兄弟们的僧人都是天庭饱满，法相庄严，再看自己这位道衍，一袭黑色僧衣，长得歪瓜裂枣，形如病夫，一双三角眼还不断射出诡异的精光。这哪像什么高僧？

道衍好似看出朱棣的心事，他只是压低嗓子神秘地说：“如果让我跟随燕王，我一定奉一顶白帽子给大王戴。”朱棣这一惊非同小可，就算他再没文化，也明王字头上加个白是什么意思。这个面相怪异的僧人，莫非预示着什么？他再次望向宗泐，宗泐只是神秘一笑。

洪武十五年（1382 年），朱标还壮得像头牛，朱棣也并不是真的缺和尚。道衍成功地激起了朱棣的好奇心，他决定把道衍带回北平，看看这个怪和尚是不是有真本事。

道衍确实不是个简单的和尚，他本名姚广孝，年轻时就出家为僧。这个和尚不喜念经，生平喜好阴阳术数之学，为此他甚至拜了著名道士席应真为师学习方术。和尚拜道士为师，这种不着边际的事说明，道衍实在是个唯恐天下不乱的人。

有一次，道衍游历到嵩山，遇到了另一个怪人，著名的相面术士袁珙。袁珙当时早已名满天下，号称相面识人从不失手，他见到道衍仍然不禁一哆嗦。这个和尚长得太奇特了，三角眼，形如病虎，性情一定嗜杀，却又是个出家人。想了一想，他给道衍下了个结论：你以后一定是刘秉忠那样的人物。

刘秉忠是元初政坛的重要人物，他以僧人的身份辅佐元世祖忽必烈成就帝业，“大元”的国号便是由他建议而来。

穷和尚道衍能和刘秉忠相提并论，袁珙是不是看走眼了？道衍却不怒反喜，袁珙看穿了他心中的志向，这两人是一路人，他们从此成了好朋友。

志向远大的道衍要想成为刘秉忠，只有把学识卖与帝王家才有可能。所以，道衍和理想之间，关键在于他如何踏进这个门槛。

机会在洪武八年（1375 年）不期而至，姚广孝以通儒僧人的身份被明太祖朱元璋召入京师。可惜因为学得太杂耽误了老本行佛学而没能成为僧官，只是领到了一席僧衣。道衍本来应该打道回府了，他却得到了右善世宗泐的欣赏。经宗泐推荐，他得以进入天界寺，谋得一份固定的僧职，这份不起眼的工作帮助他留在了京城。

刘秉忠辅佐忽必烈走上从龙之路，道衍又能辅佐谁呢？直到宗泐把他推荐给朱棣，袁珙的预言似乎出现了一点苗头。

这中间宗泐发挥的作用不可或缺，从这位高僧的表现来看，他早就了解道衍的远大理想，把他推荐给燕王很可能是有意为之。至于目的是什么很耐人捉摸，随着宗泐在洪武二十四年（1391 年）圆寂，已经说不清了。

朱棣把道衍带回北平后，发现这个和尚不是骗子，确有真才实学。两人相谈甚欢，道衍很快成了燕王府的常客，朱棣的首席智囊。

那刘秉忠呢？还是没边的事。充其量，朱棣不过是个在大明军界崭露头角的塞王，怎么能和手握重兵的忽必烈相提并论？道衍时不时给朱棣提起“白帽子”的说法，朱棣不疯也不傻，每次他都是开开心心地听，客客气气地装糊涂。

为了推销自己的造反理论，道衍把袁珙也推荐到了北平。朱棣对袁珙的相面水平闻名已久，便将他召入宫中私下给自己看相。袁珙让朱棣走了两圈后，说出了两句云遮雾绕的话：“殿下您走路很有姿态，印堂高高突起，形状像个小太阳，”然后他断言，“这是帝王之相啊，到您四十岁胡须过了肚脐的时候，就要登上皇位了。”

袁珙越说越兴奋，他甚至具体到了王府的哪个将校将来会封什么爵位。朱棣的眼睛眯成了一条线，他丝毫没有责怪袁珙，只是摆了摆手让他降低声音，小心隔墙有耳。

古人是非常迷信的，刘福通一个神神道道的独眼石人能挑动黄河天下反，到了朱棣这个层次，“石人一只眼”之类的低级迷信已经糊弄不了他了，但相术这种高级手段还是能够镇住场子的。袁珙有相术奇人之称，名满天下，他曾经为数十位士大夫相面，包括元朝大夫普化帖木儿和朱元璋手下文士陶凯，无一失手。

朱棣有野心也有能力，欠缺的只是机遇。如今机遇来了，有道衍这样的造反者矢志不渝地在耳旁吹风，又有相术大师袁珙的理论支撑，朱棣不可能不产生一些想法。但他还是犹豫不决，毕竟实力太悬殊了。以一隅敌全国？就是当平头老百姓，也比白白送命强吧！

直到目睹湘王朱柏的遭遇，朱棣才彻底改变了想法。

湘王朱柏

洪武三十一年（1398年）八月，朱允炆削周王朱橚，将他贬为庶人，徙云南蒙化。第二年四月，建文帝以各种罪名将齐王朱榑、岷王朱楩废为庶人。

几乎就在同时，一桩准军事行动也在酝酿中。五月，朱允炆派兵伪装成商队直抵荆州城下，城内王府中的藩王是湘王朱柏。

为何要派兵对付朱柏呢？

这位湘王是朱元璋第十二子，洪武十八年（1385年）就藩。朱柏性好学问，亦喜谈论军事。他曾数次率军出征，洪武十八年还亲自率兵平定了常德降兵叛乱。事后朱元璋对朱柏赞许不已，特地召他回京，以示奖励。

朱柏聪慧勇武，显露出的文采武功远甚于不成器的朱橚、朱榑之流。荆襄之地离京师也不太遥远，所以湘王被朱允炆圈定为第一批下手的五位藩王之一。

不知是巧合还是刻意安排，就在朱允炆想动十二叔的时候，突然有人举报湘王私造假币，这正中朱允炆下怀。为防备湘王反抗，经开会讨论后决定，朱允炆派遣军队伪装成商队，把兵器藏在装满木材堆的车子里，出其不意地袭击湘王府。

这招果然奏效，荆州城内的军民都没反应过来，官军已乘夜包围王府，使者拿出圣旨宣读完毕，便要逮捕朱柏。

毫无思想准备的朱柏闻讯既惊且怒，仰天叹道："今又将辱于奴婢之人乎？苟求生活吾不能也！"意思是说，我已经有四位兄长被贬为庶人，今天又要像折辱奴婢一样折辱我吗？我岂能为了生存而苟活？！

不愿放弃尊严的湘王朱柏，要为自己选择另一个结局。接下来，朱柏含泪痛饮，和妻妾一一作别，然后放火烧掉湘王府。当熊熊烈火焮天铄地时，他穿戴整齐，骑着白马，挽着长弓跳入火海。史载：与宫人痛饮泣别，纵火焚其宫……乘白马，执弓跃入火中死。

朱柏无子，全宫皆从朱柏而死，死后国除。

当年那个意气风发的湘王成了一具焦炭，朱允炆在长舒一口气的同时，却并不想就此放过十二叔。他赐给朱柏的谥号为“戾”，这是个一等一的恶谥，等于人死还要诛心。

朱允炆或许在得意，他并不知道，朱柏之死给千里之外的朱棣带来了什么样的刺激。

朱棣和朱柏虽非同母兄弟，两人的关系却非比寻常。当年在紫禁城内，朱柏相当于朱棣的一个小跟班，他们性格相近，感情一直很好。

当李景隆带兵冲入周王府邸时，燕王朱棣开始惴惴不安；当齐、代、岷三王被贬为庶人时，朱棣犹豫是否和朝廷正面对抗；当十二弟朱柏举火自焚的消息传到北平时，朱棣已经明白，以自己的性格和能力，说不定也要步湘王后尘。除了造反，他已无路可走。

最后一个问题，朱允炆毕竟是名正言顺的皇帝，自己一动手就真成反贼了，属于大逆不道，怎么办？

朱棣召来道衍咨询：“万一，民心向着朱允炆呢？”道衍呵呵一笑：“我只知道‘天道’，管什么民心。”妥了，天和民哪个大，朱棣自然是明白的。

历史有规律吗

我们已经大致推算过藩王们造反成功的概率，朱允炆拥有全国的资源，朱棣只有一个北平。

以一地而击一国，按事物发展的规律来说，没人会觉得存在这种可能性。

历史每个节点的发展都是当时无法预测的。我们无法准确解释这一切，只能笼统地称为“气数”或是“天命”。

在历史发展过程中，任何一个节点都有无数种可能，每一刻都可能发生不可预知的变数。而在其中，最无法预知的就是人的因素。

一小段历史，需要千千万万的人去参与，这些人不是编好的程序，他们各有自己的思想，他们的行为是无法被预知的。所以，我们只能说“以史为鉴”，而不能简单地把历史作为规律来套用，因为根本找不到类似公式一样的规律。然而，“以史为鉴”在绝大部分时候是一句空话，历史一再证明的只有一点：人类从历史中得到的教训，就是没有得到任何教训。

在另一方面，历史又是有迹可循的，它在偶然中有着必然，必然中有着偶然。

大元的灭亡是偶然的，多个节点发生的偶然可能让它无法存续下去。比如天灾（瘟疫 + 黄河决口）、刘福通的漏网、脱脱的失败、察罕帖木儿被刺。大元的灭亡又是必然的，它具备了王朝覆灭的一切条件，不是朱元璋，也会有其他人取而代之。

大元之所以会灭亡，是因为历史为农民军提供了起义的条件和可能。只要元朝这种环境存在，推翻大元的人就必定会在某一阶段出现。

总之，历史进程中，充满了偶然性与必然性。它受到时代、环境、人物等各个因素的影响，发展方向变化莫测，无法预测。在这些因素之中，主要决策者的因素无疑是最重要的。按照必然性，朱允炆的实力必定能碾轧叔叔们，他的“削藩”必然会成功；按照偶然性，朱允炆同样存在着失败的风险。比如，他自己决策失误。

如果朱元璋知道朱允炆在自己死后就立即动手“削藩”，还是以那样激烈的方式，朱元璋估计不会把皇位传给朱允炆。